福建省社科重大项目："福建省坚持扩大内需战略研究"（FJ2022Z006）
闽江学院引进人才科技预研项目：绿色广告诉求对绿色农产品溢价支付意愿的影响研究

动漫衍生品

冲动性购买行为及其开发研究

郑秋锦　著

中国广播影视出版社

图书在版编目（CIP）数据

动漫衍生品冲动性购买行为及其开发研究 / 郑秋锦
著 . —— 北京 : 中国广播影视出版社 , 2022.12
ISBN 978-7-5043-8961-9

Ⅰ . ①动… Ⅱ . ①郑… Ⅲ . ①动漫－手工艺品－消费
者行为论－研究 Ⅳ . ① F768.7

中国版本图书馆 CIP 数据核字（2022）第 255820 号

动漫衍生品冲动性购买行为及其开发研究

郑秋锦　著

责任编辑　杨　凡
封面设计　文人雅士
责任校对　龚　晨

出版发行	中国广播影视出版社
电　　话	010-86093580　010-86093583
社　　址	北京市西城区真武庙二条 9 号
邮　　编	100045
网　　址	www.crtp.com.cn
电子邮箱	crtp8@sina.com
经　　销	全国各地新华书店
印　　刷	廊坊市海涛印刷有限公司
开　　本	710 毫米 ×1000 毫米　1/16
字　　数	246（千）字
印　　张	16.25
版　　次	2023 年 4 月第 1 版　2023 年 4 月第 1 次印刷
书　　号	ISBN 978-7-5043-8961-9
定　　价	78.00 元

序　言

习近平总书记指出，谋划"十四五"时期发展，要高度重视发展文化产业。发展文化产业是激发文化创作活力、推进文化强国建设的必然要求。动漫产业是文化产业的重要分支，拥有广阔的发展空间和较高的经济价值，对青少年有着强大的号召力，是21世纪知识经济的核心产业之一。发展动漫产业对于满足国民精神文化需求、传播先进文化、丰富群众生活、促进青少年健康成长、进一步优化产业结构、扩大消费和就业、培育新的经济增长点都具有重要意义。

近年来，随着5G、VR等数字技术的兴起与应用，动漫产业迎来了爆发式增长，动漫影视、动漫展览、动漫周边等多业态领域实现全链条开发。2020年，我国动漫产业产值已经突破2000亿元。在市场上，动漫衍生品已经演化成为一个完整的产业链。目前，我国动画衍生品行业获利占整个动画产业链的70%以上，良好的衍生品产业可以反哺动漫内容创作，助力中国原创动画成长和文化国际地位提高。就当前的发展现状而言，动漫产业机构不断增长，动漫衍生产品供给不断提升，我国动漫产业市场具有较大的发展潜力，但我们也要清醒地认识到，中国动漫产业与美国、日本等发达国家的差距仍然较大。因此，如何提升我国动漫创意能力、填补国内动漫人才缺口、更深层次地挖掘动漫衍生市场值得深入思考。

相对于一般产品的理性消费行为而言，冲动性购买是动漫衍生品购买的重要特征。对于企业而言，了解消费者的冲动性购买行为有助于企业基于消费者实际需求来开发、设计、生产和营销动漫衍生品，获取更多的经营利润；对于政府而言，有助于加速动漫衍生品产业链的完善过程，发挥中国制造业大国的优势，对外扩大出口，与国际接轨，对内刺激消费，带动更多的就业。为此，本书从冲动性购买行为入手，探究消费者个体特征、情景因素、营销刺激等对动漫衍生品冲动购买行为的影响，这为现有动漫衍生品消费行为的研究提供了丰富的借鉴价值，相关研究可据此结论进一步探索特定动漫衍生品的需求发生机制和消费行为发生机制。本书对了解动漫衍生品消费群体的冲动购买行为，针对性提出开发模式与策略具有重要意义。同时，本书还选取并研究了中国、美国和日本部分开发较为成功的案例，生动真实，可读性强，以期在一定程度上给动漫产业从业者和研究者们以帮助。

本书由郑秋锦为主撰写，完成10.1万字，并负责统稿。郑秋琴、魏晨雯、石玉婷、庞健、潘浩、徐乐乐、曾海媚、王超、黄梦岚、孙丽丽、陈迪、陈仪微、吴奕珍共同参与了资料收集与撰写工作，其中郑秋琴完成5.5万字，魏晨雯完成5万字。

目　录

第一章　动漫产业与动漫衍生品

第一节　动漫产业

一、动漫、动漫衍生品概念

（一）动漫

动漫是动画和漫画二者结合的产物。动漫这一合称最早源于日本的动画和漫画二者相结合所提出的概念。一些研究学者将动画的主体概念归结为三个部分组成，即：动画、漫画和游戏。在研究人员看来，扮装（cosplay）对于卡通人物的模仿可以认为是真实的动画。依照广大受众对于动画概念的接受程度详细地阐述了动画、漫画和游戏的概念。

第一，动画是漫画的一个重要部分。动画通常有两种含义：其一，动画具有线条简单，描绘的篇幅较小等特点，带有嘲讽、幽默和戏剧性的氛围的艺术作品，并富有强烈的意愿。例如，丰子恺和林语堂的漫画为达到欢笑或是赞美的艺术作品的目的，使用夸张、比喻等方式来记录生活中的琐事。其二，通过多重绘画的角色来传达一种优美浪漫的故事情节。这些艺术作品带有手感细腻、内容广泛、风格独特且逼真的特征。卡通作为一种独立的文学艺术表现形式，在民俗学领域有着广泛的大众基础。漫画在现代社会中的地位有了前所未有的提高，被西方艺术家称为"第九艺术"，与绘画、建筑、摄影、版画、雕塑等艺术同名。

1814年，日本最初提出"漫画"一词。在中国，漫画的历史发展不足百年。1925年，中国现代画家丰子恺在《文学周刊》以"漫画"为题发表的画作，是中国第一次接触"动漫"。当时我国漫画题材主要以讽刺、广告和娱乐为主。内容形式单一，缺乏与电影、电视的互动。值得注意的是在19世纪30年代，《三毛流浪记》这一作品的问世为漫画的发展方面做出了重大的突破。

西方漫画发展有着几百年的历史，很多漫画在报纸的娱乐页面上都很受欢迎，漫画也被认为是一种独特的艺术表达方式。西方漫画的发展和中国不同，这些漫画针对的群体不仅是儿童，而是全民共享。早期的漫画内容主要集中在讽刺和幽默上，之后，漫画逐渐发展成讲述故事，培养全民美好品德的主要载体，后来，他们被改写成永久性的"漫画"，发展成为独立的出版物。和传统的动漫相比，漫画更容易受到广大人民的欢迎。

第二，动漫指的是多帧图画视觉的连续重现。"动漫"是东方国家的一种表达，西方国家将动漫称为卡通，它们起源于二战前后的日本。卡通的视觉效果是利用人类"视觉停留"的特性来实现的，是具有直观性、大众性的一种文学艺术表达方式。20世纪20年代，随着电影、电视的出现，美国首次将漫画改为动画片，从那时起，动画片在西方国家开始流行了起来。

第三，动画也包含电子游戏。随着信息技术的进步和发展，网络游戏逐渐兴起，伴随着电脑移动端的普及，动漫手游风靡整个消费市场，倍受广大人民群众的关注和欢迎。1961年麻省理工学院在美国开发并安装了世界上第一款游戏软件，在动漫发展史和世界游戏史上有重要的历史意义。20世纪40年代，一款名为《帝国》的游戏横空出世，这是一款需要由32人在线玩的标准实时战略游戏。20世纪80年代，日本任天堂公司开创了第一代家用游戏机——红白机的科技新时代，改写了电子游戏的历史。使得消费电子游戏机的规模化程度逐步提高，2001年，日本任天堂公司的游戏产业在全球娱乐业中位居第一，产值高达94亿。

动画概念的一些核心元素包括：漫画、动画和电脑游戏。事实上，动画广泛的现实意义是动画相关产品的衍生和开发。包括动漫人物形象设计、动画制作、网络游戏、图书、电影、玩具、人物配音、原声音乐、服装设计、动漫产业链等。从本质上讲，动画属于视觉艺术的一种形式，视觉文化由视觉感知传递信息和实际意义，并使用图像来表达创意。丹尼尔·贝尔认为，当代文化正在变成一种视觉文化，而不是一种印刷文化。

（二）动漫衍生品

不同学者对于动画衍生品概念的阐述提出了不同的观点。王蕊将动漫衍生品界定为是设计师根据一定的动画作品、动画人物、动画品牌，在动画设计师的授权下，依照两个或是两个以上合作伙伴订立的合作开发和生产的商品。笔者认为，动漫衍生品是在动画作品的基础上进行创作的延伸。专业研发团队在卡通团队的授权下，设计开发一系列与卡通形象相关的商品和服务，主要包含玩偶、服装、玩具、生活用品等，并借助卡通形象设计开发一系列满足市场需求并在消费市场上带来更多价值的产品。

动漫衍生品将一些影视作品中开发的卡通动画图像等元素带到百姓日常生活中，使得影视作品中的卡通形象元素更为生动、形象、具体，并为动画图像创作消费市场。动漫衍生品在现有动漫载体的基础上，逐渐渗透到人们生活的方方面面，形成了较大的产业链。庞冲认为，制作动漫衍生品概率的高低与原创动漫电影的票房密切相关。

现如今，我国的动漫衍生品主要包括动漫游戏、动漫玩具，以及动漫出版物。依照现有文献，学者将依照不同的分类标准对不同类型的动漫衍生品展开分类。学者斯特里特（Street）在研究中指出，根据广大顾客对动漫的偏好，动漫可以划分为两种不同的受众，即男性和女性。根据维纳（Winer）的研究，动画衍生品应基于动漫爱好者的偏好展开分类。学者张蕾蕾认为，根据动漫衍生品的作用，可以把衍生品归结为收藏产品、欣赏产品和生活实用必需品。

动漫投资的主要收入来自动漫衍生品的发行和销售，动漫衍生品是动漫产业链中重要的组成部分。由于衍生品在整个生产链中的可以获得高利润的投资回报，一些影片和动漫商品甚至在争夺动漫衍生品。为了精准销售某一主题的动漫玩具或用品，他们会投资制作特定的电影动画片。因此，在策划设计影视动画时，衍生品已可以投入生产。当影视动画片开始播出时，相应的衍生品便可以对外出售，这不仅创作了投资收益，还能在消费市场上引起轰动。因而，优秀的衍生品不只可以产生丰厚的收益，也可以提高动漫形象的市场知名度，创作市场影响力。

动漫衍生产品的开发必须与消费者层面紧密联系，根据不同层次、不同年龄的消费者设计不同层次的商品。因此，对衍生品进行科学分类非常重要。针对学龄前儿童的商品主要是动画片、玩具、衣服、零食等。首先，在向市场投放动漫衍生品时要重视产品的安全性，投放的产品应具有较高的品质，并且对儿童具有教育性。其次，需要考虑到童年漫画的形象对于儿童今后的生活有着持续的影响，这个年龄层的消费者有着持久的市场消费潜力。因此，在衍生品的开发和营销中，树立品牌形象、拟定长期发展计划和开发产品就极为重要。而成人消费者喜欢休闲、舒适的产品，他们对于产品品质和风格有着很高的要求，可以加强广告宣传，增强消费者对于动漫衍生品的认同感和信任度，从而增强消费者的购买意愿。

在斯特里特（Street）看来，动漫衍生品是根据性别区分为女性动漫衍生品和男性动漫衍生品。性别差异体现在对动漫衍生品选购的差异上，男性消费者喜爱魔术和科幻产品，而女性消费者喜爱教育和浪漫商品。在设计方面，男性消费者倾向于挑选炫酷色彩的商品，而女性消费者倾向于选购鲜艳可爱色彩的产品。

学者邬厚民对动漫衍生品进行分类，主要分为三类：第一类是形象类衍生品。其中许多衍生品以动漫形象进行出售，以吸引消费者的注意力并给他们留下深刻印象。第二类被称为常规类衍生产品，这类产品主要包括日用品、服装、食品等。制造商搜集大众欢迎度较高的动漫形象和符号，在所生产的产品上对动漫图像进行印刻，以刺激消费者的购买欲望，为动画开发企业创作多渠道的利润。第三类商品是一种辅助衍生产品，必须根据特殊需要设计和制造，比如与体育相关的赛事吉祥物，中国的传统节日等。开发这些动漫衍生品具有季节性和临时性特点。

　　企业对不同类型的动漫衍生品在设计、开发和营销上都有各自的策略，打造特色的衍生产品、通过差异化竞争来增加市场份额。从衍生工具的基本功能和经济效益来看，衍生工具可分为定量衍生工具和优化衍生工具。定量产品在数量上有优势，在价格上也有优势，这些产品种类繁多，投资收益稳定。其中大多数由传统衍生品和图像组成，毛利率在40%—50%之间。优化后的衍生产品具有很强的群体消费目的，产品往往具有纪念意义和收藏价值，这种产品不需要太多的品种，需要控制数量。有限销售应该是一种常见的促销模式，其产品通常以形象产品和辅助产品为主，投资收益往往很高，平均为70%—90%。

　　学者邓智平主要以青少年为研究对象，根据衍生工具的流行程度将其分为以下几类：最流行的喜剧类、侦探类、科幻类、格斗类、恐怖类，次流行的是神话类、爱情类、体育类等。其中，男孩更喜欢格斗类、侦探类、科幻类；女孩更喜欢喜剧类、爱情类。此外，何桃还将动画衍生产品分为观赏性产品、收藏性产品和现实生活产品。这也是衍生动画发展的两个重点方向。

二、动漫产业的概念（包含动漫产业链）

　　动漫产业是以"创意"为核心内容，以动画、漫画为主要表现形式，动漫产业包括动画片、报纸杂志、电影、音乐剧等具体的产品，此外还包含动漫产品的设计、开发、出版、播出、销售等现代传播技术，动漫产业因其广阔发展的前景而被称为"朝阳产业"。

　　我国的动漫产业发展起步较晚，动漫衍生品消费市场处于初级发展阶段，在国家产业政策的扶持下，动漫产业发展迅速，动漫影片的放映次数、电影票房以及观影群体等关键指标均一枝独秀。伴随着动漫产业的快速发展，动漫衍生品涵盖的范围亦一直在扩大，逐渐走进百姓日常家庭生活中来。从刚开始的多以动漫影视作品为原型开发的服装、食品、办公用品、生活用品、家电、音乐专辑等，到如今深受追捧的引入动漫元素的主题商场、餐厅、购物中心、KTV、公园、体育馆、游乐场等。在消费市场上，动漫衍生品已经成为一个完整的产业链。我国影视衍生品商业价值高，有着良好的成长环境和广阔的发展空间。虽然我国的动漫衍生品消费市场只是一个新兴消费市场,其容量是不可小觑的。我国有着庞大的人口数量,动漫衍生品拥有十几亿的潜在购买者,市场空间广阔。

据统计,动漫衍生品在全球创作的产值已经超过5000亿美元。尤其是在动漫产业发达的美国、日本、韩国等,动漫产业已演变成本国重要的文化产业,文化产业在总产业输出中占据重要的比重。美国的网络游戏产业比好莱坞影片占有更多的市场份额和更宽阔的前景,成为美国最突出的娱乐产业。对日本来说,动漫产业更是极为重要,它的出口额远高于传统的钢铁、煤炭行业,日本将动漫产业视为国民经济的基础产业,是最受国民和政府关注的产业。一个优质的卡通形象背后往往蕴涵较大的市场潜力和经济利益,米老鼠、唐老鸭、流氓兔、哆啦A梦、皮卡丘等都为国民经济创作了较大的工业产值。动漫衍生品的收益应当大于动漫作品本身,动漫产业一半以上的投资收益源于动漫衍生品的开发与销售。

三、动漫产业的特征

动漫(创意)产业,是以"创意"为重要的发展方向,以动画、漫画为表现手法,产业形式多种多样,其中包含动漫书籍、报纸杂志、电影、电视、音乐和基于现代教学信息传播技术设备的动漫新品种等动漫直接产品的开发、生产、出版、播出、演出和销售,以及与动漫形象有关的服装、玩具、网络游戏等衍生产品的生产和经营的产业。

首先,创意是动漫产业发展的核心,动漫产品的具体内容价值取决于创意环节的复杂性,进而影响动漫产业的其他相关环节。其次,动漫产品的媒体呈现出电子化、网络化、多元化的倾向。之后,动漫产业和其衍生产业之间存在着高度的关联关系。史密斯(Smith)和帕克(Park)的调查表明,现有品牌可以促进新的消费市场的发展。这两位学者认为,动漫作品初期相当于为衍生品做广告,从而可以达到为该品牌做宣传推广的效果。

在学者林德瓦尔(Lindvall)和梅尔顿(Melton)看来,动漫衍生品是整个动漫产业链的延伸部分,也是最重要的盈利关键。动漫衍生品和动漫产业其他的环节一起为购买者提供了内容丰富的服务，而动漫衍生品的经济效益也是整个产业链得以顺利运行的重要支撑。此外，衍生品的设计、开发和销售均取决于动漫消费市场的反映，而动漫影视、动画的成功主要取决于前期的投入，这充分体现出动漫产业是资本密集型产业的特征。

蔡君平提到，动漫文化的核心内容在于原始的动漫形象，这直接关系到消费市场效应和后期衍生品开发的成败。现如今，动漫形象与动漫衍生品之间的联系，主要有三种途径：（1）生活用品中借鉴动漫形象和动漫风格，例如服装、食品、玩具、文具用品等；（2）交通工具、装修设计等运用动画形象或是借鉴动画思维，这些形象和思维所蕴含的动漫文化获得受众的广泛认可；（3）在手机游戏、网络视频、网络聊天等虚拟网络空间中推广动漫形象，这些网络空间为动漫文化提供了互动的平台，从而使衍生品趋于多样化。

四、动漫产业盈利模式

动漫产业的盈利模式主要有网络广告、消费者付费、IP授权变现。动漫产业上游大小工作室并存，主要依赖于稿费收入，人力成本极高，盈利能力一般。动漫产业的消费市场包含衍生品消费市场和播映消费市场。衍生品消费市场也能定位为两类：一类是以动漫作品人物为主要内容的书刊、音像制品的内容衍生品消费市场；另一类是动漫形象品牌化后，经国际品牌授权，获得收入的动漫形象衍生品消费市场。在成熟的动漫产业中，播映消费市场收益份额较小，特别是国际品牌授权所获收益占到绝大部分，且持续时间其较长。优质动漫品牌具有较高的知名度，美国、日本、韩国等动漫强国的消费市场和资源环境各有不同，建立品牌优势途径和方法存在差异，都带有各自典型的动漫形象设计风格和动漫品牌优势，通过一些经典作品提高自身知名度，展开严密的消费市场分工合作机制，大力发展适于本国的动漫衍生品开发，从而获得丰厚的经济效益。注重版权风险意识，由著作权经营方式科学合理地分配动漫产业的利益，这些都是美、日、韩动漫产业稳定向上盈利的根基，也是动漫产业健康持续发展的基本规律。

（一）美国动漫产业盈利模式

美国动漫产业有着非常成熟的盈利模式，动漫产业在美国是一种大型、垄断经营为主的盈利模式。这种模式主要分为三个部分：一是动漫电影本身的开发和制作。二是动漫艺术品和间接动漫产品的生产与销售。现阶段，盈利点主要是动漫产品和图书、音像的出版与销售。三是衍生产品的开发。这些盈利方式相互交织不可分割，形成了一条盈利的生产线，这已经成为大多数美国动漫企业盈利的共同优势。

（二）日本动漫产业盈利模式

日本是全球动漫行业的领军大国之一，也是世界上最大的动漫生产出口国，动画工业是日本的第三大工业。日本动画行业的发展大多依赖销售垄断，动漫开发公司具有小、散、多等特点。动漫产品以原创为主、外包为辅的产业布局，最终形成规模化、国际化、市场化的消费市场格局。这是"以漫画带动动画"方法。在漫画获得良好反响后，它进入了正式的"动画化"过程，最后在完成动漫之后进入衍生品开发阶段。供应链的每一个阶段都需要通过客户对下一环节的需求反馈进行判断，如果消费市场对此反应不好，那相应的动漫产品将无法进入生产和销售阶段。

（三）韩国动漫产业盈利模式

韩国是全球主要动漫产品生产国之一，相比日本、美国这些动漫大国来说是正在快速崛起的动画新生代国家。韩国动漫行业起初依赖于对国外动漫产业的代工，代工使得韩国人用了最少的时间和最好的方式掌握了动漫技术开发与制造经验，而且在韩国进行初期代工所取得的巨大利润，也为后期在本国发展动画行业累积了足够的财富。

（四）中国动漫产业盈利模式

到目前为止，国内动漫行业的发展还未能建立一个完善的模式。据了解，国内动漫行业中的投资收益大部分来自于漫画的阅读者；动漫产业主要通过

"动漫→投资"来获取生存；工业制造商经由"制造商→选购少部分动漫形象→消费者"来获取利益。国内的动漫生产企业还处在卖商品、卖品牌形象、挂品牌形象和外包加工阶段，尽管当前全国已经有了上万家动漫公司，但动画公司利润水平总体上较差、没有动漫龙头企业，且产业链还不完善，动漫的上、下游供应商没有协调形成统一的良性循环，因此，中国动漫产业链需要进行重新调整和布局。

（五）新兴的盈利模式

1. 手机动漫盈利模式。手机动漫盈利模式是指利用把动画要素或者意象导入MMS、WAP等各类品牌中的，并将具有MFLASH的动画品牌经由手机运营商（国内手机、国内联通、国内通信）或者网络公司把品牌转送给用户，再通过电信运营商进行消费的一项技术升值业务。

2. 主题公园动漫的盈利模式。是指把动漫元素和主题公园融合起来，从而形成新的投资收益增长点，最典型的例子就是迪士尼主题乐园、环球影城等主题公园的建设。这种运营模式的主要盈利特点是：随着产业链延伸，获利时间较长久，在与时俱进和创新发展的基础上，公司寿命也较长，适合进行长期投资。

3. 电影模式。运用动漫电影的形式来做影视大片，可以在短期内获得很大的利润，是短期投资的好选项，可使其产业链进一步延长，从而达到中期的投资收益。经典的案例有中国动漫电影《哪吒之魔童降世》，这部电影以中国神话故事为样本，介绍了哪吒虽"生而为魔"却"逆天而行战斗到底"的成长故事。一经上映，在不足两周的时间内便达到近亿元的电影票房，并且各种哪吒的手办与玩具也开始热卖。除了数以亿计的电影票房收入外，尚有其他的相关联商品的发展，使产销链条延伸，并带来了新一轮的投资收益增长点。

第二节　开发动漫衍生品的意义

动漫衍生品的开发、生产应该成为动漫产业发展的支柱。一方面，衍生品在动漫产业的盈利中占据重要地位，我国的制造业发达，发展衍生品产业带有得天独厚的优势。此外，进行动漫衍生品的开发，可以延展我国动漫产业的产业链，提升我国在国际动漫产业中的地位和影响力，优化动漫产业结构布局。由于可发展的动漫及其衍生产品种类多，且销售量之大，投资收益确实无法估量，堪称一本万利。随着我国人民群众物质生活的逐步发展，文化程度的逐步提高，对精神需求也有了多元化的要求。动漫产业有相当大的潜力值得大家去发掘，应当给予正确的发展引导，建设有中国民族特色的动漫产业，而不只是单纯的模仿日本和美国，避免拾人牙慧。

从企业层面上看，衍生品行业能够让动漫企业更好地开展营销活动，获得更多投资收益，动漫产业70%以上的收益是由动漫衍生开发与销售所带来的。动漫衍生品的开发可以协助企业更好地了解人们对现代动漫衍生品的消费观念，协助企业依照实际消费需求和动漫衍生品的起源，来开发、设计、生产动漫衍生品。面向市场拟定更为清晰、高效的产销策略，满足广大消费者的需求，创作更多的经营经济效益。

从社会层面上看，开发衍生品不仅能够满足人民日益增长的精神需求，还可以满足日益增长的社会需求，建立理性的消费观，形成对于动漫衍生品的正确认识。

总体来说，国内动漫衍生品有着无限的市场前景，中国是全球最大的衍生品加工和基地。购买者和销售商普遍认可动漫衍生品的消费市场价值，可中国动漫衍生品行业仍处在起步和发展阶段。国内相关企业在动漫衍生品行业的投资收益以及对于整个动漫衍生品产业链的贡献都低于欧洲、日本等发达地区和国家。

第二章 动漫产业的发展

第一节 中国动漫产业发展

一、中国漫画产业发展

我国动漫产生于19世纪末至20世纪初，此时正值清末民初，这一时期也被称为"动漫"发展的前世。当时还没有"动漫"这一称谓，民众一般就称其为：讽喻画、典故画、时动漫、谐画、笑动漫或滑稽画。其中，近代资产阶级民主革命运动、人民群众的反帝反封建斗争、机器印刷工艺的革命，对中国近代漫画的发展产生了十分重要的影响，代表作品有《时局图》。

五四运动无疑是一场极其伟大壮丽的中国反帝反封建社会政治启蒙运动，漫画也是有史以来与这场爱国运动的配合得最紧密的一种美术形式。当时的漫画家们对此也做出一些艰苦努力，1918年9月在上海创刊的《上海泼克》便是这一时期的代表作，它是中国第一本中英文对照的漫画刊物。

20世纪20年代至30年代，经过十几年的发展，中国漫画此时已经初创成型，这一阶段具有代表性的画家有：丰子恺、黄文龙、吴大羽、张光宇、鲁少飞、叶浅予等，其中丰子恺的《子恺漫画》火遍大江南北，很多人都渐渐地熟知这位画讽刺画的作家。1926年12月8日，在上海成立了中国漫画史上第一个漫画家团体——"漫画会"，并创办会刊《上海漫画》周刊，对中国漫画艺术的发展起到了重要的作用，发挥了漫画的积极社会功能。

1937年7月7日，卢沟桥事变爆发，拉开了中华民族全面抗战的序幕。在此环境下，民间人士组建了上海市漫画界救亡总会，并同时创立了会刊《救亡漫画》。不久，"八·一三"淞沪抗战爆发，为了适应战时宣传工作需求，上海漫画界救亡协会派出了以著名画家叶浅予为领队组成的救亡漫画宣传队。救亡漫画宣传队经南京到达武汉后，1938年1月1日，在武汉出版《抗战漫画》半月刊创刊号。此时，除了文字报道宣传抗日，漫画也加入了宣传抗战队伍，各个地区抗战的报道都会以漫画的形式刊登在《抗战漫画》上。《抗战漫画》1937年创刊，至1942年解散，这本漫画充分调动了人民抗战情绪，符合当时历史发展，记录了人民抗战历史，是中国漫画史上浓墨重彩的一笔。

在中华人民共和国解放战争时期，存在着两条历史战线，分别为人民解放军部队的敌后正面防御作战斗争，对国民党军队统治区实行的社会主义爱国革命民主改造斗争，全国漫画美术创作都密切配合这两条历史战线。在此期间，漫画家们都以手中画笔为武器，将中国这片波澜壮阔、曲折跌宕的历史时期都以漫画的形式一一记录在中国漫画宝库里，意义深远。

20世纪50年代初期，漫画正式进入发展的大时代，1950年，由米谷主编的月刊《漫画》成为当时的经典。这一时期，在中国诞生出了华君武、方成、米谷、廖冰兄、丁聪、张乐平、王成喜、英韬、江有生、李滨声、朱宣咸、江帆、韦启美、詹同、毕克官等著名漫画家。1949年—1956年间，具有中华民族特色的彩色连环画在此阶段诞生。连环画，又称彩色连环图画、连环图、小人书、小礼书、公仔书等，主要通过一些连续有趣的图画来叙述故事、刻画历史人物。连环画的题材、内容比较广泛，是不同年龄段的人们喜闻乐见的一种大众通俗儿童读物，伴随着印刷术的发展逐渐成形，最终成为一种中国传统文化艺术。在1957年—1965年间连环画得到了迅猛的发展，此后十几年连环画在中国逐步发展直至顶峰，从20世纪80年代后期逐渐落寞。"文革"后漫画迎来了良好的发展和新局面，出现了大量优秀的漫画作品，同时，幽默漫画和科学漫画也渐渐进入大众的视野，受到人们极大的欢迎。

20世纪90年代，日本系列漫画进入国内市场，此时我国传统长篇连环画则已成夕阳产业。据不完全统计，到1994年时，约有一亿册的日本彩色漫画覆盖中国的少儿图画书市场，市场总体占有率高达90%。

进入21世纪，随着技术的进步，网络成为漫画发展的新媒介，除了传统的漫画书，漫画更多地通过网络传播。互联网信息技术为漫画的发展注入了新的活力，催生了漫画新形态和新的发展空间。

二、中国动画产业发展

1922年—1945年间是中国动画产业的初步创作与酝酿期。万氏兄弟，中国美术片的开拓者，在没有取得足够的资金，没有足够的设备支持，也没有大量原始动画资料做支撑保障的一个特殊历史条件下，以坚忍顽强的毅力，历尽艰辛，终于在1925年绘制成功中国第一部动画片（广告片）《舒振东华文打字机》，之后又创作了第一部中国自制的人画合演的动画片《大闹画室》。1930年万氏兄弟又曾分别组织摄制并生产制作出全国第一部反映同种类型题材生活的黑白真人动画片《纸人捣乱记》。1931年后，在当时反对日本帝国主义的怒潮和左翼文化运动的影响下万氏兄弟决心以动画为武器，开展抗日宣传活动，这一时期，先后拍出20余部黑白动画短片。上海"八一三事变"后，万氏兄弟加入中国电影制片厂，他们先后为绘制了四集《抗战标语卡通》和七集《抗战歌辑》等配合抗日宣传的动画短片。1940年，万籁鸣、万古蟾应上海新华联合影片邀请，成立卡通部，历时两年创作出中国第一部动画长片《铁扇公主》，影片讲述了唐僧师徒四人取经路上途经火焰山求借芭蕉扇的故事。影片设计新颖，形象生动，孙悟空的72变，铁扇公主的种种妖法，被描绘得活灵活现，出神入化。该片中的动画技术和电影人物造型设定，在当时的中国电影界可谓史无前例的大胆变革与艺术创新，大量中国传统戏曲元素被运用到片中人物动作设计上和电影动画人物打斗的动作场面设计中，吸收借鉴了传统中国戏曲造型艺术的基本特点，使电影片中的人物刻画显得更加生动，这无疑也是一个大胆地尝试。此外，此片还将中国的山水画搬上银幕，第一次让静止的山水动起来。影片在拍摄时正值国内抗日战争时期，其民族隐喻之深远意义可谓是昭然若揭，上映之时在国内外引起了强烈的反响。

1946年—1956年是新中国动画发展期，这一时期出现了寓教于乐的童话类题材动画片，如《乌鸦为什么是黑的》；还有开创了我国少数民族风貌动漫先例的《神笔》《骄傲的将军》，在中国动画史上占据重要地位，成为"中国学派"式动漫的开山作品。《神笔》是由上海美术电影制片厂1955年制作的木偶人动画片，该片讲述了自幼家贫的马良用仙人赠送的神笔帮助穷苦老百姓，并用智慧与贪官做斗争，最后消灭贪官，惩恶扬善的故事。获得第八届国际儿童影片节儿童娱乐片一等奖，这是第一部在国际上获奖的中国美术片。

1957年—1965年是中国动画的繁荣期，这一时期民族风格动画的繁荣表现在剪纸和皮影戏衍生来的剪纸片、具有乡土气息的木偶片、充满童趣的折纸片、独具中国特色的水墨动画。由上海美术电影制片厂于1960年5月制成的童话主题动画片《聪明的鸭子》，是我国首部折纸故事片，故事介绍了三只小鸭机灵、英勇地对抗小黑猫的故事。影片一经播出受到了小朋友的热烈欢迎，还于1981年9月在意大利第十一届吉福尼国际幼儿影展上映，广受赞誉。

1961年—1964年，上海美术电影制片厂制作了中国一部彩色动画长片《大闹天宫》，该片以神话形式，通过孙悟空闹龙宫、反天庭的故事，比较集中而突出地表现了主角孙悟空的传奇经历。据不完全统计，从1964年《大闹天宫》在国内公映至今，除在国内外反复播出之外，该部动画片还在44个国家和地区出口、发行和播映。

1977年—1989年间是"中国学派"系列动画制作的巅峰期。这一时期创作出的动画片题材包括童话题材作品、神话题材作品、民间传说故事、古代文学题材作品、成语作品、寓言故事、科学题材作品等。在欧美以及日本等国的动漫冲击下，我国也开始了摄制、创作动漫片的新旅程，诞生了包括《三毛流浪记》《黑猫警长》《葫芦兄弟》等耳熟能详的经典作品。由上海美术电影制片厂在1984年创作的经典动画《黑猫警长》，是依据诸志祥同名小说所改编的五集动画。讲述了充满机智、勇敢、帅气个性的黑猫警长率领着全体警员们一起成功破获了一个又一个危害森林安全的案件。自从在1984年中央电视台播出以来，一直受到广大观众，尤其是少年儿童们的喜爱，成为20世纪八九十年代少儿的美好记忆。1985年—1987年原创出品的13集系列剪纸动画片《葫芦兄弟》至今仍是风靡动漫界的经典。1979年5月19日，我国第一部大型彩色宽银幕动画长片《哪吒闹海》在国内影院上映，在国内外各大电影节上均获得过多个奖项，1980年获得大众电影百花奖最佳动画电影奖，1983年获得菲律宾马尼拉国际电影节特别奖。

20世纪90年代初期是国产系列动画产业发展历程的快速转型期，这一时期，动画行业从事者与动画制作公司不断增加，动画作品数量突飞猛进。随着制作科技不断发展，动画创作、动画市场、动画产业已逐步形成产业链。期间，根据中国神话传说改编创作的同名系列电影动画短片《宝莲灯》于1999年7月30日在上映，并最终斩获第19届中国电影金鸡奖最佳美术片奖。

2000年—2010年是中国动画的发展机遇期，2004年国家广电总局印发的《关于发展我国影视动画产业的若干意见》中规定：在每个播出动画片的频道中，国产动画片与引进动画片每季度播出比例不低于6∶4，即国产动画片每季度播出数量不少于60%，这一政策促进了国产动漫的发展。这一时期，在各地政府主管部门的重点扶持与推动下，中国动漫产业高歌猛进且初具规模，成立了北京、上海、广东、浙江四大动画生产基地。第一部代表作是《喜羊羊与灰太狼》，该动画节目播出一周后即广受各界好评，深受广大儿童的喜爱。截至2022年2月，《喜羊羊与灰太狼》共播出作品36部2659集（主线24部1982集、网络短剧12部677集）、电影10部、舞台剧5部。

2011年是国产系列电视动画制作发展进程的又一个辉煌新起点，在这一年，国产系列电视动画生产量突破了26万分钟，一跃成为世界第一大动画生产国。自2010年秋季起，国产动画电影的数量逐步上升，一批中国原创动画电影涌入院线，2015年的《大圣归来》获得空前的票房成功，2019年上映的《哪吒之魔童降世》，票房更是为中国动漫电影筑起新高地。

第二节　日本动漫产业发展

一、日本漫画产业发展

日本漫画的发展要从手冢治虫的漫画作品开始，1947年，漫画家手冢治虫发表了《新宝岛》奠定了日本漫画的叙述方式,他利用影视制作手段,以变焦、广角、俯视等方式协助故事剧情快速发展来呈现动漫画面,从而使凝固的动画"活了",他创立了日本漫画意识形态。1951年手冢治虫从大阪高校医学部毕业后,全身心投向动漫创作,1952年《铁臂阿童木》问世,轰动全日本,他顺利扭转了民众认为动漫"幼稚"的偏见,那些以前认为儿童连环画会影响学业甚至还会受到不良影响的家长们,开始鼓励孩子看动漫。手冢治虫正是通过《铁臂阿童木》确立了自己在日本动画业界的领导地位。手冢治虫将日本现代漫画发展分为六个阶段。第一阶段:"玩具时代",漫画只是孩子们的玩具。第二阶段:"清除时代",这个时代,漫画被成年人认为是一种粗俗的读物,难登大雅之堂。第三阶段:"点心时代",父母和教师勉强允许孩子可以在不妨碍学习的条件下看一点漫画。第四阶段:"主食时代",1963年TV动画《铁臂阿童木》在电视上连续放映,许多家庭中的大人和孩子一起观看,漫画得到社会肯定。第五阶段:"空气时代",漫画已成为青少年生活中的一部分,不可分割。第六阶段:"记号时代",漫画已成为一种交流工具,成为一种记号,深深地烙印在日本民众的心里。

二、日本动画产业发展

日本动画系列作品可以分为六个主要时期:摇篮时期(1917年—1945年),探索的时期(1945年—1962年),全面发展的振兴时期(1963年—1978年),黄金时代期(1978年—1989年),20世纪末的辉煌期(1990年—2000年),新世纪的迷惘期(2001年至今)。

萌芽时期(1917年—1945年)。美国动画片《变形的奶嘴》和法国动画片《凸坊新画帐》是日本动画的启蒙老师,这时期的日本动画已逐步开始萌芽,代表作是《桃太郎·海上神兵》系列作品。在相当长的一段时间内,由于受到世界战争局势与全球政治动荡的影响,加之日本动画的起步阶段较晚,日本动画的发展可谓步履蹒跚。日本的动画从业者已深深察觉到:只有超越了迪士尼动画,日本动画才能生存下来。

探索时期(1945年—1962年)。这一时期,由手冢治虫绘制的红皮书《新宝岛》横空出世，狂销四十万册，不少人也模仿他的绘画方式进行连环画的创作，这就是后来连环画发行单行本的雏形。手冢治虫的《新宝岛》动画表现方法是一个划时代的发展，确定了手冢作品未来的发展路线，也彻底改变了当时日本人关于动画发展的观念。

全面繁荣时代（1963年—1978年），20世纪60年代，电视节目变成了现代日本动漫的新舞台和主要战场。1963年—1966年在日本富士电视台播出的经典动漫《铁臂阿童木》，取得全国平均收视率30%的记录，这不仅是日本首部电视节目连续动漫，也象征着日本动画新时代的到来。《铁臂阿童木》的热播，也表明了日本动漫来到了全面振兴时代。

黄金时期（1978年—1989年），这段时间，诞生了许多经典作品，如《高达》《叮当猫》等。不少优秀的日本动漫巨匠都在此时登场：宫崎骏、松本零士、藤子·F·不二雄、高桥留美子、鸟山明、美树本晴彦、车田正美等等，这是日本动漫发展过程中最富有创造性的阶段，这时的日本动漫不管是从剧情、内容，还有画技上都具有极高的水平，是真正的黄金时期。在1985年宫崎骏的吉卜力工作室（Ghibli）正式创立，该工作室成立后创作了一系列耳熟能详的经典佳作，如《天空之城》《风之谷》《魔女宅急便》等。

20世纪末的辉煌期（1990年—2000年）。1988年—1989年间日本曾经发生"宫崎勤"事件，其所带来的巨大的文化负面社会影响，使日本动漫画产业遭受了打击。在此期间，随着日本系列动画产业更加精益求精，作品质量也更加全面和精致化，在内容上也更加积极向上。诸如《樱桃小丸子》《蜡笔小新》《美少女战士》《灌篮高手》等一系列经典作品便在这一时期纷纷登场。此外，由于受到一些外国奇幻文学作品的影响，此时的日本系列动画作品里增加了许多世界神话、魔法题材，题材内容在思想广度和艺术文化深度方面均有了很大进步。

新世纪的迷惘期（2001年至今）。宫崎骏所创作的《千与千寻》可谓是这一时代的经典，该作品气势恢宏，规模亦空前之靓丽，首次把一个看似具有虚幻色彩，实际充满着现代生活情调的魔法世界，呈现在广大观众面前。虽然日本动漫系列在20世纪70年代之初便已取得了辉煌的成就，新世纪后的日本动漫依旧面临许多挑战，一方面，大量的庸俗产品充斥着漫画界；另一方面，资本的注入导致日本漫画被迫失去原有的特色，丧失了本土的艺术特征。

第三节　美国动漫产业发展

一、美国漫画产业发展

美国漫画发展大致分为6个阶段：漫画的早期发展（1895年—1938年），超级英雄时代（1938年—1955年），超级英雄的回归时代（1956年—1969年），转折时代：新的超级英雄类型的出现（1970年—1985年），变革时代：改造的英雄（1986年—1999年），漫画的电影时代（2000年至今）。

早期发展（1895年—1938年）。美国漫画家奥特考特于1896年5月所刊登连载的短篇漫画《黄孩子》，标志着美国现代短篇漫画风格的诞生。这一时期的漫画题材很广泛，类型呈现多元化发展：家庭类漫画、儿童类漫画、少女类漫画、科幻类漫画、侦探破案类漫画、历险类漫画等

超级英雄时代（1938年—1955年）。此阶段市面上的漫画杂志布满了超级英雄的身影。在这个漫长的历史时期中，诞生了众多全球知名的超级英雄，如：超人、蝙蝠侠、闪电侠、潜水侠等，其中更以超人系列和超级蝙蝠侠系列影响力范围最大。此段时期超级英雄漫画题材被市场迅速接纳，超级英雄类题材的漫画作品也随之受到读者的普遍欢迎。

超级英雄的回归时代（1956年—1969年）。"闪电侠"的登场意味着超级英雄已经回归，此时，新老英雄开始交替，新一代超级英雄们也不断被创作出来，其中包括了在1962年左右首次登场的"蜘蛛侠""绿巨人"。这一时期漫画的发展逐渐趋向商业和模式化。1961年，斯坦·李创作出了《神奇四侠》，这本漫画成为"漫威时代"开始的标志。

转折时代（1970年—1985年）。美国漫画在这一时期变得复杂化，人物和故事变得更加丰满，表现出了少年化的形式和青年化的内容，由于读者的年龄层次有所提高，成年读者逐步成为漫威的目标顾客。

变革时代：改造的英雄（1986年—1999年）。当时的漫画作品将超级英雄写向灭亡，彻底改变了以往漫画英雄的世界观，此举动在社会上引起强烈反应，引发读者的深刻反思，这种"黑色基调"成为这一变革时代的特征，因而被称为"黑色时期"。美国漫画的电影时代（2000年至今）。2000年之后，美国漫画的发展进入了一个全新的漫画大片时代。

二、美国动画产业发展

美国动画产业在当代世界动画史的发展上都发挥着其举足轻重的领导作用，是代表世界动画片技术的潮流方向和行业发展主流方向的领头羊。美国动画商业公司的运作经营模式十分成熟，不仅在全球拥有众多国际知名电影动画制片厂，还同时拥有大量世界顶尖一流高水平的数码动画专业设计技术和特效制作领域的高端人才，是当之无愧的数字电影产业和动画王国。美国动画的发展历程大致分为以下几个历程。

美国动画的初创期（1906年—1936年）。1906年，影片《一张滑稽面孔的幽默姿态》的创作完成标志着美国的动画片摄制史将正式开始，这部影片被公认是世界上第一部动画影片。这个时期出现的动画先驱有温莎·麦克凯兄弟、派特·苏立文兄弟、弗莱舍兄弟等，代表作有《大力水手》。20世纪20年代，华特·迪士尼公司开始快速崛起，《汽船威利号》是迪士尼公司于1928年推出的世界首部有声卡通片。受当时技术的限制，这一时期的动画制作简单、粗糙，仅有短短几分钟。1921年—1923年间，为制作富有故事性色彩的滑稽动画短片，迪士尼公司成立了欢乐卡通影片公司。1928年，华特·迪士尼和Ub Iwerks共同创作了米老鼠这一动画人物，此后成为迪士尼公司的代表人物。

美国动画发展期（1937年—1949年）。1937年由迪士尼公司动画本部推出和制作发行了《白雪公主》系列动画作品，这部经典动画影片在世界动画史的舞台上有着划时代的意义，开创了世界首次制作影院版动画长片的历史先河，改写了当时整个世界动画产业发展历程，迪士尼开始将长片动画视为战略目标，动画制作也由短片转向至长片。此后迪士尼陆续拍摄了《木偶奇遇记》《幻想曲》《小鹿班比》等许多经典的动画系列长片。

美国动画第一繁荣期（1950年—1966年）。随着二战接近尾声，迪士尼已经沿着成熟的电影结构思路和剧情套路，几乎拍遍了世界所有地区的童话故事题材，进入了迪士尼公司的辉煌时代。此阶段代表作有《灰姑娘》（1950），《爱丽丝梦游仙境》（1951）和《睡美人》（1959）等。华特·迪士尼因肺癌医治无效，于1966年12月15日去世，他的去世标志着迪士尼的辉煌时代落幕。

美国动画转型期（1967年—1988年）。华特·迪士尼离世后，迪士尼公司出现了经营困难，他在世时运筹帷幄，既是导演也是编剧，他的去世使迪士尼几乎"失去了大脑"。同时，美国的动画产业也面临了前所未有的大萧条。20世纪60年代，是美国乃至当时全世界动画行业发展历史的重要转型阶段，这一时期电视行业的发达影响了电影行业，期间，以迪士尼影业为代表的美国动画产业规模几乎同时跌到谷底，整个70年代，迪士尼仅推出4部电影，美国电影动画的黄金岁月就此结束。1986年，美国皮克斯动画公司正式成立，皮克斯在制造电脑动画的路程中一直遥遥领先，且部部都是佳作，2017年上映的《寻梦环游记》获得第90届奥斯卡金像奖最佳动画长片。

美国动画第二繁荣期（1989年—2000年）。1989年迪士尼公司推出的《小美人鱼》大获成功，标示着美国的动画片生产再一次进入繁荣发展时期。期间涌现出来一大批著名的经典动画片，如教育意义深远的《狮子王》、口碑爆火的《玩具总动员》等，此时的美国系列动画已不再只是以冒险、刺激来吸引年轻观众，而是重视对人性、情感、自由、个性的生动表达，致力于用心打造出内涵丰富且意义深远的精品动画。随着电脑动画的快速普及与大量新技术成果的应用，动画制作与多媒体数字技术发展相结合，电脑特效也被大量地运用到各种剧情短片与数字电影中。

美国动画的新时代（2001年以来）。进入到21世纪，随着全球科技的高速发展，美国数字动画公司的相关技术研究和服务产业领域均持续高速发展，继续担任着世界动画产业发展领路人。成熟可靠的动画商业模式和拥有世界各国高素质的优秀动画创作人才资源，使美国成为当之无愧的动画王国。

第三章　动漫衍生品发展

第一节　动漫衍生品的缘起

动漫衍生产品与其他产品的区别在于它是从产品中产生的，自身就是一种有内涵、有故事色彩的产品。

动漫衍生产品的问世源于一位生意人的创意。1926年，迪士尼公司的首席创建者华特·迪士尼正式创立了迪士尼公司。1928年，迪士尼米老鼠电影之《疯狂的飞机》（Plane Crazy）上映，而巨星米老鼠（Mickey Mouse）一时间也成为全球公认和热爱的动漫明星。这个世界上最著名的老鼠已经是迪士尼动漫王国的一个标志性品牌和形象。同年，迪士尼公司出品的《威利号汽船》是首次有声音的动画片，以米奇为原型的几个卡通人物很快就为大众所熟知。最初的动漫衍生作品是由美国迪士尼公司制作的米奇玩具制作而成。1929年，一名发现商机的生意人请求，在儿童书桌上雕刻米奇老鼠的肖像，迪士尼公司由此走上了漫画衍生物的不断拓展之路，创作出了最有名也最值钱的老鼠，那一年便成为漫画衍生品的诞生年。随着米老鼠的形象被印在家电、文具、玩具、服饰等各大领域产品上，动漫相关延伸品便开启了它的发展进程奋斗史。随着市场的迅速发展，动漫衍生产品如服装、玩具、主题公园等衍生产品层出不穷并不断更新升级，动漫及其衍生产品的大量涌现占据了庞大的市场比例，已经形成一条完整的动漫和衍生品产业链。1937年，迪士尼又推出了动画长片《白雪公主》，这个带有梦幻色彩的形象直到现在仍然是孩子们心中无与伦比的童话，因此，也成为家喻户晓的经典角色。

相对全球的动漫行业来说，中国的动漫产业起步是比较早的。1918年，中国就引进了美国动画电影《从墨水瓶里跳出来》，这也是中国人首次认识动画，打开了通往对动画全新探索的大门。此后，第一批以制作属于自己的动画为梦想动力的动画人开始走上了历史舞台，例如万籁鸣、万超尘等。正是在他们的不懈努力下，中国第一部自制经典动画于1922年诞生，自此中国动漫产业的发展进入了一个全新的视觉时代。随着时代的发展，各种动漫作品层出不穷，给我们带来了庞大的市场需求，从街边的动漫店，到各个城市的动漫产品，再到迪士尼乐园、动漫城，各种动漫的销售渠道，都在快速的发展。

第二节　动漫衍生品的特色与盛行的原因

一、动漫衍生品的特色

（一）蕴含强大的文化基础

中国拥有全球最大的消费潜力来源，人口众多，国际竞争力也正在不断增强，同时良好的市场环境，既有利于促进国际经济的发展，也有利于文化和艺术的创作。一部优秀的动漫衍生产品的开发，应注重前期的文化投入与创意的融合，从而为后期的开发、营销提供良好的基础。比如，《三个和尚》《孙悟空》等动画，还有泥塑、剪纸、皮影等老艺术家创作的动画，都具有审美和文化的双重效果。同时，由于各种传统文化元素的加入，这些动画人物的艺术魅力、栩栩如生、富有民族色彩，至今仍为人们所熟知。此外，更加人性化的创作角度和最终化的人性化关怀，使得动漫在单纯的形态层面上更具思想和情感内涵，并逐渐成为一种文化象征。一部优秀的动画片，既是文学、戏剧、表演、音乐、造型艺术等众多艺术形式的结合，也是一国传统文化与意识形态的结晶；动漫形象作为一种文化载体，既反映了当时社会的意识形态、文化、审美取向，又是一种文化载体和一种象征符号。

（二）一门多元化的艺术种类

动漫产业的动漫衍生服务产品实质意义上是如何将动漫角色形象、品牌、价值观内涵等这些有无形有的文化价值要素与其产品融合在一起，将商业动画设计与现代工业产品的设计制作紧密地结合在一起，既要注重动漫产品本身的社会实用文化价值，又要注重对动漫产品的审美文化价值与审美情感体验。作为造型艺术的一类分支，动漫以其活泼生动、风格多样、个性鲜明的艺术发展至今。动漫不单单是一个独立的卡通艺术形象，一部动画片或是一套卡通出版物那么简单，而是囊括了调研、策划、设计、制作、传播、后期等产品开发过程的一门多元化艺术种类。

同时，动漫是一种介于文字与图像之间的媒介，它的文化本质通常是由动漫所衍生出来形象来表达的。动漫是一门很高深的幻想艺术，我们可以把人的想象力和创造性添加到现实中无法看见的东西上，从而更易于直观地表达和表达自己的情感。宫崎骏以他的隐喻手法，运用独特的角度，勾勒出了一个美妙的、如梦似幻的世界，并巧妙地利用了音像语言，带给人奇妙的感觉。

二、盛行的原因

（一）全年龄化动漫开启

动漫衍生产品不仅包括玩具、书籍、电影等，还有主题公园、主题餐饮、漫画水吧等领域。其受众群体也由最初的十几岁的青少年逐渐成长为成人，而伴随着日益增长的消费群，动漫衍生产品也日益与我们的生活紧密相连。中国动漫行业经过一定程度的发展，其消费人群的分化越来越明显，各年龄段的消费人群呈现出中国特有的特征。新一代的孩子在获得动画的途径上有了改变，不同于动画的高端消费人群。这些都为国产动漫衍生产品的消费阶层细致划分打下了坚实的基础。

儿童年龄阶段的消费者，其基本特点为：尚未熟练运用互联网获得资讯、接受动画内容作品的途径单一，所接触的动画作品大多为国产动画。他们在动画上的选择很少，但他们控制了一个家庭购买动漫产品的支出力度，是目前国内动画市场的主要消费群体，也是最忠诚的消费者，同时还会带动成人消费者的消费支出欲望。比如，相较于《十万个冷笑话》等成人动画，《熊出没》《喜羊羊与灰太狼》等儿童类动画片的市场占比更高，这就好比家长们买了一张带孩子们去看的门票。

青少年群体消费者的特点是：可以熟练运用网络等技能搜集资讯，对动画的也有了更多的选择，00后大都是在中国网络兴起的时代中长大的，他们很容易接受网络产品和网络文化。从小形成观看动画的习惯，因此，国产动画在00后群体中的渗透率较高。

大多数成年消费者都曾在八九十年代的电视节目中体验过国外动漫作品的火爆。他们对动漫的审美有很高的要求，如果是一些有深度的动漫作品，他们就会毫不犹豫地去支持，因此，他们对动漫衍生产品有着强烈的需求。

（二）市场需求多元化

动漫衍生品产业的发展基础在于多样化的市场需求。动漫的衍生产品并不仅仅局限于动漫角色本身，还包括动漫周边、DIY、Cosplay、动漫服装订制租赁、动漫餐饮、动漫游戏等周边相关产业，这些都是动漫行业迅速发展的重要因素。

（三）互联网的推动

当代动漫衍生品的发展趋向于虚拟衍生品，包含的技术性、娱乐性、创意性，是影响其产品品质的重要因素。2010年以后，我国的互联网行业开启了高速发展，国内动漫又有了一个新的传播平台，很多优秀的动漫都在网络平台上迅速传播开来，也让越来越多的动漫爱好者感受到了动漫的魅力。

目前有两大新媒介平台传播动漫产品，即智能手机与因特网。通过图形化的方式，刺激、调动观众的感官，在互动的过程中，让观众感受到一种独特的情绪，让观众有一种归属感，为这一情绪体验付出。

随着社会的发展，人们的行为表现出日益零散的特点，以网络、智能手机为核心的新型媒介平台呈现出的碎片化的行为含义和价值，使得产品设计人员可以准确捕捉、跟踪、响应、满足使用者的需要，随时随地为受众提供更加便捷的交互手段，从而成为衍生品设计、传播和营销的核心，真正实现了产品的设计、传播和营销。

第三节　中国动漫衍生品发展现状

一、动漫衍生品市场潜力巨大

在动画日益普及的同时，动画产业也呈现出巨大的商机。各种动漫题材改编的游戏、服饰、玩具、食物、文具、主题乐园等等，都在疯狂地增长。一项调查显示：当前我国动画产业的市场缺口已达到800亿元。甚至有专家预测，动漫衍生产品的年产值将超过1000亿元。

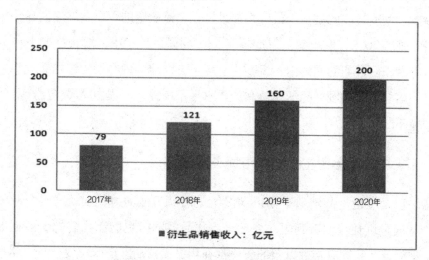

图3.1　国内衍生品销售收入测算

动漫衍生品是整个动漫产业链中的重要组成部分，由于可开发的动漫衍生品种类多、销量大，所以它的盈利能力确实很强，可以说是一笔巨大的收益。纵观日、韩、欧美等国家的动画衍生产业，其中最重要、最赚钱的莫过于动漫。虽然中国动画产业在市场的占比仅为30%，与占比70%至80%的动画发达国家仍有较大差距，但是，中国动漫衍生品市场仍有较大的发展空间，具有很大的市场潜力。

在动漫创意设计、发行与版权代理、衍生产品开发与销售三大环节中，衍生产品的开发与销售是这三大行业中最大的产出来源。然而，相对于中国，日本的动漫衍生产品的市场规模可以达到国产动漫的8—10倍，而国产的动漫衍生产品的市场规模仅为内容市场的2—4倍，因此，还需要对国产动漫衍生产品的市场进行深层次的挖掘。近些年来，相较于各种投资市场的疲弱与低迷，我国动漫市场表现出了明显的优势。据统计，中国的动漫产业在2004年的营业额就高达几十亿，国内动漫市场的需求还在快速增长，预计当前国内动漫相关产品的收入规模约为150亿元，其中70%来自于周边产品。

动漫周边产品蓬勃发展的前景也催生了许多动漫企业的诞生。近几年，我国文化产业的内容消费市场得到了快速的发展，其中动漫产业所占比重不断提高。受社会资本、新兴娱乐媒体、大众娱乐消费需求等社会诸多影响因素共同的影响，动漫行业的创意产出始终都维持在相对稳定的行业发展速度。我国的动画行业在2018年实现的年总产值高达1712亿，其年产值增长主要来自两方面：上游动画产业的原创内容市场、动画下游产业的内容衍生市场。近年来，随着国内非低端动漫产品的品质和产出水平不断提高，国内动漫衍生产品的市场规模不断扩大。

二、中国动漫衍生品消费市场类别

中国动漫衍生品消费市场以动漫衍生产品为推动力，推动动漫产业的发展，从而可以让我们看到更多新的动漫作品，同时也能让我们的生活更加充实。据统计，我国有半数以上的省份都在积极支持动漫产业发展，其中北京、上海、苏州、广州、深圳、大连等地纷纷推出了一系列优惠政策引导动漫产业的利好方向，如设立动漫产业基地；还有200余所高等院校纷纷开设了动漫系；在社会层面上各类动漫节、动漫展、动漫论坛、动漫培训班等活动也不断涌现。

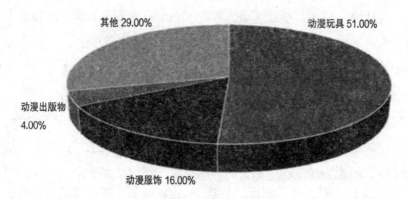

图3.2 我国各类动漫衍生品占比

在国家鼓励大学生自主创业的政策下，加盟将是今后动漫产业发展的一个新的方向。在细分市场上，我国动漫衍生商品的种类分为：漫画游戏玩具、漫画服饰、漫画图书。在这些周边产品中，动漫玩具是其中占比较大的一类，占据了市场的半壁江山。其中，动漫服饰和动漫产品销售分别占16%和4%。中国动漫市场是近些年来发展极为迅速的一个新兴行业，动漫衍生品是动漫产业链中最大的市场，其市场规模比动漫产品的播放市场大得多。

三、国外动漫衍生品占据市场主导地位

虽然动漫衍生产品销量很好，但是国内在售的大多数品牌还是"洋货"，目前市面上的动漫产品主要来自日本、美国，国内的动漫作品却少之又少。国内动漫产业的盈利主要来源于对国外产品的加工费，国内动漫产业链出现了断续的现象。当被问到"你最熟悉的卡通人物是谁时？"不管是成年人还是小朋友，都会提到一些外国的卡通人物：史努比、米老鼠、Kitty猫、皮卡丘、机器猫、铁臂阿童木、火影忍者等，国外动漫形象深入人心、随处可见。

四、突破传统领域，IP概念盛行

当前，国内动漫行业已步入高速发展时期，其70%—80%的消费需求都来源于动漫衍生产品。八九十年代的人，都是从观看日漫和美漫中成长起来的，随着动漫IP的出现，动漫的衍生产品也不再局限于传统的玩具产业，而是以娱

乐为主，与动漫、影视、游戏互动，形成了一个新的发展方向。IP和商业地产的融合，形成了主题展览、主题乐园、主题咖啡馆等多种模式。

随着国内各个产业对动漫产品的前景越来越看好，未来的产业竞争也会越来越激烈。随着行业的有利因素越来越多，更多的公司看到了动漫衍生产品的发展，以及动漫产品对传统行业的拉动效应，纷纷进入市场，使得市场竞争更加激烈。由于动漫衍生产品已经成为动漫产业的重要收入来源，衍生产品的市场潜力无限，而作为动画行业最大的利润来源，衍生产品也渐渐开始重视以IP为中心的泛娱乐产业链，一些原本以游戏为基础的大公司，如今都将目光投向了阿里巴巴、百度、腾讯、万达等互联网企业的泛娱乐领域。

五、"Z世代"逐渐成为消费的主力军

从消费类型上来看，当前Z世代青年以95后和00后为代表，这一群人的消费意识和购买力都很强，二次元文化传播带来的流量红利将给我们带来空前的发展机会。据艾瑞咨询《2018年中国动漫行业报告》所做的一项调研，发现动漫使用者的年龄都比较小，他们是随着中国网络的发展而逐渐成熟的。作为动漫行业盈利的一个重要途径，大量的动漫爱好者为中国动漫行业的发展带来了巨大的商机。

第四节　中国动漫衍生品存在的问题

一、产业层面：国产动漫衍生品产业链不健全

欧美、日韩等国，在动漫的前期、中期、后期的市场推广、衍生产品的研发上，都有自己的一条完整的产业链，动漫衍生品市场相对成熟。而国产漫画衍生品的产业链体系不完善，直接造成了漫画商品的单一和营销的滞后。与国内动漫数量稀少的品牌相比，动漫产品种类简单、品质低劣、盗版现象普遍存在，导致国内动漫衍生品市场秩序紊乱。由于国内动漫产业缺乏完整的产业链，缺乏原创形象的开发，后期的衍生产品生产和销售力量不足，使得具有深

厚历史底蕴的齐天大圣、哪吒等优秀国产动漫形象也就失去了其应有的价值。

自2004年起，我国对动漫行业进行了全面的扶持和扶持，并投入了大量的资金和人力，在一定程度上形成了产业链上游环节。然而，在国内动漫产业链中，特别是衍生产品的产业化，却没有得到足够的重视，这已经成为制约我国动漫产业链健康发展的重要因素。

二、企业层面：企业参与者较多，竞争格局分散

近年来，我国动漫企业数量迅速增长，总量庞大，企业资产规模不断扩张，主要分布在众多的中小型动漫企业中，缺少规模效应。国内动画行业的整体市场呈现出参与者众多，但市场竞争分散的现象。并未形成如美国迪士尼、梦工厂、蓝天工作室、华纳兄弟等动画巨头。中国动漫衍生产品的发展还很依赖国外的动漫产业，企业的整体发展还比较落后，大部分公司还停留在动漫产业链的最底层，缺少品牌的营销、服务和推广，以及动漫衍生产品的研发和设计能力，这种情况下很难有持续的盈利和竞争能力。尽管国内出现了奥飞文化、中南卡通等一大批经国家认可、业绩突出的大中型动漫公司，但与国外的大型动漫公司以及精英动漫制作公司相比存在着较大的差距。

三、市场层面：动漫衍生品原创力不足，优质原创IP较缺乏

动漫的核心在于创意，而动漫衍生产品的关键在于IP。动漫行业70%的盈利来自于动漫衍生产品的研发和销售，但是中国公司的动漫衍生产品的原创性还很薄弱，产品的开发和设计仍然是初级的盲目模仿，原创程度不够，缺少自己的风格和特点，剧情也很难被观众所认可。

当前，国内动漫IP尚未完全开发其商业价值，缺少高质量的原创IP，且大部分IP都处于针对低年龄段的经营状态，对于优质原创IP的全面经营还处于起步阶段，国内动漫IP的版权市场还需要进一步挖掘。

在中国的文化理念和要素被外国动漫所运用的同时，我国的动漫制作者仍在仿效美国和日本的动漫，对优秀的本土文化不屑一顾。由于国内动漫形象还没有形成中国特有的地方特征和民族特征，致使国产动漫缺少了精神内核和独

特的个性。国内动漫衍生产品市场上除了国产IP之外，还有美、日、韩三国动漫形象，特别是日本动漫IP，在国内衍生产品市场占有很大的份额。国内IP缺乏竞争力，衍生品公司要想获得国外IP的版权，必须付出高昂的成本，这是目前国内动漫产业发展的一个难点。

中国玩具及婴幼儿用品学会品牌授权专业委员会的《2021中国品牌授权行业发展白皮书》显示，2020年中国内地IP仅占全球IP市场的32.6%，不足1/3，其中美国占比30.5%、欧洲10.2%、日本9.8%。在销售上，日本IP在国产动画作品中也占据了很大的比重。以哔哩哔哩会员购物商城为例，截至2022年1月，日本占了全球五大周边产品及移动设备的IP来源地。

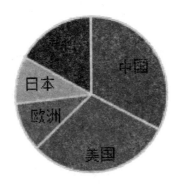

图3.3　2020年我国IP授权市场来源国家分布[①]

总之，近几年来，虽然我国的动漫产品发展迅速，动漫产业正在蓬勃发展，国内IP的特色化趋势日益突出，但是与美国、日本等国家成熟的动漫产业相比，还有很大的差距，衍生品的市场份额依然很小，而国外的动漫IP，特别是日本的IP，依然占据了中国市场一半以上的份额。不过随着国内IP的市场竞争力逐步增强，国内动漫产业的发展也将会有很大的发展空间。

四、法律层面：知识产权法律制度的构建仍有不足

我国目前对动漫产品的知识产权缺乏有效地保护，在法律上也很难有效地遏制侵权人的行为。从2013年始，中国动漫行业逐步进入高速发展时期，涉及

---

① 数据来源：《2021中国品牌授权行业发展白皮书》。

动漫内容、动漫发行和衍生产品的争议也日益增多。大量的盗版和衍生产品的复制行为，不但会对动漫公司的盈利产生一定的影响，还会对品牌产生不利的影响。由于正版动漫衍生产品的生产，包含了从创作者到销售商的层层费用，所以其制作费用非常昂贵，而仿冒品既便宜，市面上又容易买到。大量的盗版不仅会影响其权利的实现，而且也会成为制约其健康发展的障碍。

实际上，盗版、恶意抢注商标现象十分严重，主要有抢注商标、抢注域名、抢注专利等。在实践中，商标侵权的问题十分突出。比如《三国演义》《水浒传》《西游记》等知名的作品被抢注，既是对知名作品著作权的侵犯，也是对其商标权的侵犯。过度使用知名动漫形象，还会使观众质疑动漫作品的质量，同时也会削弱动漫作品特有的商业价值，从而损害原作应有的收益。法律的完善不是一朝一夕就能完成的，中国动漫的发展任重而道远。

五、人才方面：原创型动漫人才较为匮乏

动漫创作人才匮乏是制约我国动漫产业发展的最大障碍。目前，国内动漫人才紧缺，人才缺口已高达80万人。国内动漫人才总量处于两头小、中庸、原创型人才极度短缺、原创性实力与市场需求严重不符，中国已成为世界上最大的动漫输入国。尽管一些动漫类的专业人员（比如2D动漫类的专业人员）已经能够满足市场的需要，但是原创以及创意类的动漫人才却是凤毛麟角。尤其是在对动漫人才的需求日益增加的情况下，3D动漫人才的匮乏，将进一步限制国漫的发展速度。而3D动漫正是世界动漫发展的大潮，这也是国内动漫公司的主要发展方向。

江苏电影动漫学会主任杜俊表示：动漫在中国并没有真正发展起来，缺乏优秀的原创剧本，准确地说，中国缺乏高端人才。而且，国产动漫人才拿到的薪酬比外国漫画家要少得多，这就使得原创动漫人才的流失更加严重。当前，影响我国动漫产业发展的关键性因素主要有两方面：一方面是由于文化创意市场的不成熟，另一方面是由于缺少专业的人才。

第四章　动漫衍生品开发模式

第一节　动漫衍生品开发的核心要素

成功的动漫衍生品离不开深入人心的动漫故事与动漫形象，而这些故事和形象一般都具有高辨识度的价值符号。从开发内容上看，动漫衍生品可以从画面、音效、故事三个核心要素出发，打造独特的动漫衍生品价值符号。

一、从画面打造动漫衍生品的价值符号

画面是动漫影视作品不可或缺的一部分，也是动漫衍生品开发的核心要素之一。影视作品中精湛的画面可以为动漫故事进行背景铺垫，比如，其画面色彩的应用往往能展现故事的情感走向，画面元素的选取可以展现故事的文化背景，从而为观众展现一个更为立体、完整的动漫作品。国产动漫《白蛇：缘起》可以说是国漫作品中画面制作的佼佼者，整部影片不仅充分展现了中国的壮丽河山，还为其衍生品的开发留足空间。比如其衍生品just mode白蛇伞，就充分复刻了影片中的画面，打造了唯美、精致的中国风产品。

二、从音乐打造动漫衍生品的价值符号

扣人心弦的音乐是动漫作品成功的必要因素。如果将动漫作品比作一幢房子，其中的情节、画面是房屋的框架和主体，而音乐就是那精心设计的摆件。音乐带给观众的主观感受是强烈而持久的，它能够在最短的时间内唤醒观众

的同理心，陷入作品设计好的情感氛围中。动漫中的音乐美具有不可抗拒的魅力，与动漫情节相得益彰。如宫崎骏的系列动画影片，可以说每一部都有出彩的音乐为其增色，且音乐也是观众在影片播放后对宫崎骏动画留下的主要印象之一，是其衍生品开发的主要要素，比如宫崎骏音乐会以及在音乐平台上上线的久石让音乐作品，都是宫崎骏粉丝关注的重要衍生品。

三、从故事打造动漫衍生品的价值符号

故事包括了场景、情节、人物三个要素。热播国产动漫电影《大鱼海棠》的场景灵感来自福建土楼，影片通过红、蓝等色彩的运用和圆柱形建筑的应用，巧妙的表现了特殊世界的昼夜与四季，并与电影情节的起伏紧密呼应。此外，通过人物造型、表情、个性等塑造了展现东方美学和中华文化的主人公椿、鲲、湫以及配角灵婆等，恰如其分地传递了中华文化与人为善、牺牲小我的价值观和五千年文明孕育出的神秘色彩。一个以东方神话为背景的故事让《大鱼海棠》得到了里程碑式的胜利。其影片场景、人物等也成为衍生品开发的要点，如印有电影场景的护肤品、人物公仔、明信片、手机壁纸等。

第二节 国内外动漫衍生品的开发模式

一、按动漫衍生品在动漫产业链上的角色划分

动漫衍生品是整个动漫产业链的延伸部分，同时也是最重要的盈利关键。动漫衍生品和动漫产业的其他环节一起为消费者提供了丰富的动漫服务，而动漫衍生品的经济效益则是整个产业链得以顺利运行的重要支撑。根据动漫衍生品在动漫产业链上的角色，可以将其开发模式分为从动画到产业链模式、从形象到产业链模式和从产品深度开发模式三种。

（一）从动画到产业链模式

从动画到产业链模式是指动漫企业以成功的影视作品为基础，凭借消费者

对影片的热度继续开发周边产品，并在全球范围内向粉丝推广相关衍生品，使产业链得到最大限度的延升，打造以影视作品"粉丝"为核心的消费者群。此模式中最为典型的例子是美国迪士尼动漫产业链。从动漫作品到动漫衍生品，迪士尼公司已经形成了成熟的动漫衍生品开发模式。

首先，迪士尼公司通过制作精良的动漫影视作品吸引大量观众，比如通过童话故事《白雪公主》，形象可爱的《米奇妙妙屋》等培养稳定的观众基础。其次，发挥迪士尼在全球的产业链规模优势，开发多层次、多品类衍生品，拓展多领域消费市场。在世界各地建立迪士尼主题乐园，在网络上运营迪士尼官方旗舰店售卖周边产品等，提高动漫产品的影响力。最后，在不同国家进行品牌授权，通过二级代理商打开不同国家的动漫市场，以满足不同文化背景下消费者对动漫衍生品的需求，形成强大的品牌效应，实现高额收益。

以成熟的动画片和动画电影为基础的衍生品开发模式，能够充分利用动漫作品的粉丝热度，为衍生品带来可以预见的巨大销量，节省了市场推广方面的成本。此模式的弊端是，一方面不适合所有的动漫企业，基于拥有粉丝群的动漫作品开发动漫衍生品，要求动漫企业具有雄厚的资金实力，并且能够对动漫市场需求进行准确地把握，能够成功抓住当下消费者的审美点和关注点；另一方面存在动漫延衍生品的开发滞后问题，容易错过营销的最佳时期，难以及时刺激粉丝消费。因此，采用此类开发模式的动漫企业需要找到平衡，先摸清市场对动漫的需求，打造高质量的精品动漫，在动漫播出的同时就宣发动漫衍生品，将粉丝热度进行最大限度的开发，刺激冲动消费。

（二）从形象到产业链模式

从形象到产业链模式是指动漫企业打造具有高度辨识性和认可度的动漫形象，并将其运用到高品质的产品上，让消费者真实触摸到有动漫形象的产品，由此潜移默化地向消费者输出动漫品牌。在动漫形象产品拥有一定的粉丝群体后，动漫企业通常会通过开发动漫形象家族、形象授权、跨界联名等方式布局更多系列的衍生品，从而使动漫形象及其衍生品触及更多的消费领域，提高影响力。

在日本，运用此种模式最成功的莫过于凯蒂猫（Hello Kitty）。凯蒂猫自1974年诞生至今，受到全球数以亿计粉丝的追捧。雪白的肌肤、粉色的蝴蝶结加上粉色背心裙的凯蒂猫以一位可爱女生的形象，赢得了儿童和女性消费者的喜爱。凯蒂猫致力于通过产品销售的方式推广其品牌，比如将Hello Kitty应用到玩具、贴纸、贺卡、服装、饰品、学习用品、盘子、家庭用具等几乎所有与日常生活相关的物品上，但至今仍没有开发影视作品。除此之外，在凯蒂猫的品牌效应逐渐成熟后，其公司三丽欧又设计出了凯蒂家族、凯蒂好友等动漫形象，其系列品牌产品累计达2万多种，这是凯蒂猫品牌长盛不衰的关键密码。在中国，小黄鸭（B. Duck）也是相当成功的产品类动漫形象。小黄鸭的首款产品是浴室防水收音机，设计师的初心是希望儿童可以拥有愉快的沐浴时光。产品一经推出，呆萌可爱的小黄鸭便得到来自中国、日本、欧洲等消费者的欢迎。目前小黄鸭在国内外拥有逾2.5万个单品，产品涵盖家居、服饰、玩具级婴幼儿护理、鞋履、消费型电子产品等多个系列。十几年的发展中，小黄鸭与明星、喜茶等新式茶饮、《和平精英》等跨界联名，成功打开知名度，并成为儿童产品中的明星形象。此外，其公司业致力于开发B. Duck家族、B. Duck朋友、B. Duck Baby等系列的形象衍生品。

此开发模式省去了前期开发影视剧作品所需要花费的巨大人力、物力，而是专注于动漫形象本身的开发，在动漫形象的基础上发展各类衍生品，降低成本。难点是由于没有深入人心的影视作品，动漫形象在宣传和设计上需要花费大量的精力，动漫形象的开发者需要对消费者审美和市场需求有极敏锐的嗅觉，其背后的动漫公司应具备强大的运营和宣传能力，才能保证这类衍生品的成功。

（三）从产品深度开发模式

从产品深度开发模式是指动漫企业根据目标消费者的喜好进行动画创作或设计玩具产品，包含两种方式：一是在市场上推出优质的动漫形象商品，如卡通玩具、卡通日用品等，当形象产品获得较高的商业价值后，再争取投资机构的资金制作动漫影视作品以提高品牌知名度，后利用影视作品热度进一步推出动漫衍生品，按"产品—动漫作品—产品"的路径交替刺激占领市场。二是开发优质的动画剧集，在动画片收获较高人气并收回部分利润后，开发系列动漫衍生品，衍生品消费市场所获资金再次投入到动画剧集的开发中，按"动漫—产品—动漫"的路径交替刺激占领市场。其背后的共同逻辑是，利用动漫衍生品本身的吸引力，推动整个动漫产业链的发展。

变形金刚走的是"产品—动漫作品—产品"的衍生品开发模式。1984年美国孩之宝公司与日本TAKARA公司推出变形金刚玩具，为配合玩具的销售，推出了同名漫画连载作品和电影。变形金刚系列产品的源头是玩具，其核心也是玩具销售，动漫影视作品作为其宣传产品的方式存在，其最终目的是为玩具升级赚取更多资金，并为玩具推广制造话题。变形金刚的成功之处在于它创作了深入人心的故事，使产品和英雄消费者的英雄情结产生联系。消费者购买变形金刚玩具的实质满足自己的英雄梦，因此，只要变形金刚的故事继续，其消费群体的黏性也将与日俱增。喜羊羊与灰太狼走的是"动漫—产品—动漫"的衍生品开发模式。2005年《喜羊羊与灰太狼》的故事一经播出，聪明勇敢的羊群与大灰狼斗智斗勇的故事收到儿童观众的追捧，获得庞大的粉丝群。其公司原创动力利用动画片的热度推出动漫衍生品，获得可观的收益。在动画片和衍生品占有了一定的市场份额后，《喜羊羊与灰太狼》推出电影版，占领节假日影院票房，创作新的收视奇迹。该模式是用动漫衍生品服务影视作品的开发，通过动漫作品和衍生品的交替刺激实现公司开发资金的良性循环。整体而言，从产品深度开发模式较为灵活，其中心思想是对动漫市场进行探索并适时拓展其品牌影响力，一方面可以解决衍生品发展滞后的问题，另一方面可以及时补充动漫影视作品运营所需要的资金，为动漫企业带来多方面盈利。

二、按动漫衍生品采用的动漫元素划分

动漫文化的核心在于原始的动漫形象，这直接关系到一个动漫形象的市场效应和后期衍生品开发的成败。目前，动漫形象与动漫衍生品之间的联系，存在两种路径：一是生活用品中借鉴动漫形象和动漫样式，如服装、玩具、包装等；二是交通工具、建筑设计等运用动画形象或借鉴动画思维，当然，这些形

象和思维所蕴含的动漫文化需要得到大众的广泛认可。

（一）以动漫原型为基础的开发模式

该模式是衍生品的开发和设计者，充分利用动漫原型高识别度的价值符号，对动漫人物标志性的服饰色彩、动作、语言和行动等进行多角度的刻画，开发动漫衍生品。常见的形象类动漫衍生品有文具、书本、服装、食品包装、办公用品、日用品、家电、音乐专辑等。按照对动漫原型的再现程度，可分为动漫原型再现化开发和动漫原型改良化开发两类。

1. 动漫原型再现化开发

动漫原型再现化开发指复刻动漫作品形象，最大限度地保留动漫原型的造型、神态、姿势、色彩搭配等，达到动漫形象从荧幕中走出的效果。此类开发模式多应用于硬周边产品，比如手办、公仔等，其对艺术创作的要求较低，对形象的还原度要求较高。比如迪士尼经典的米妮公仔，完整的复刻了米妮标志性的硕大蝴蝶结、圆点连衣裙和甜美笑容，其面部情态、衣着、色彩的还原度极高，看起来真的如同米妮从二维世界走出来。

2. 动漫原型改良化开发

动漫原型改良化开发通常是简化、改良动漫原型的形象，只保留原动漫形象最具代表性的部分，或将形象抽象化，对原动漫作品中的服饰配色、角色表情等进行二次创作。施华洛世奇热销的凯蒂猫系列饰品，在保留凯蒂猫圆脸加蝴蝶结的形象基础上，用水晶、纯银等创作出不同造型、不用色彩搭配的首饰。凯蒂猫形象的饰品不仅具有很高的辨识度，且还带有动漫形象特有的可爱风格，进一步提高了产品调性。

以动漫原型为基础开发动漫衍生品，借助受欢迎的动漫形象来推广和销售商品，通过提高商品附加值以赚取更多利润，实现经济效益最大化。对喜爱动漫原型的消费者而言，形象类动漫衍生品因带有原动漫角色的精神内涵，能够满足与二次元形象近距离接触的特殊体验，刺激消费者的购满欲望，巩固消费者对动漫品牌的忠诚度。

（二）融入动漫思维的开发模式

该模式主要以经典动画场景和动画思维为借鉴对象，用动漫表现手法重现经典台词、经典动作、经典场景等，将动漫元素融入主题餐厅、歌舞厅、酒吧、会所、商场、KTV、公园、广场、游乐园等，有时甚至可以运用到城市交通工具、建筑设计中，开发新的城市微景观。此种开发模式实现了城市景观、自然风景等的动漫化、虚拟化和动态化。

1. 动漫思维在餐厅的应用

例如迪士尼乐园的主题餐厅，为消费者打造了独具迪士尼浪漫色彩的用餐空间。迪士尼世界的美女与野兽餐厅，根据动画片灵感打造梦幻城堡，配有女主角贝儿与野兽共度时光的大舞厅，再现多个动漫场景，并设计了迪士尼角色与消费者互动的情节。而迪士尼在2021年推出的"太空餐厅"，设计了太空电梯、时空隧道、太空农场，通过3D影像效果打造环绕餐厅的平面投影，模拟太空场景并再现《星战》中的飞船，让消费者获得沉浸式的动漫体验。

2. 动漫思维在购物场景中的应用

随着90后、00后消费大军的崛起，将二次元元素应用于消费场景成了许多商圈、购物中心的共识。比如上海2021年开业的ESP电竞体验中心，是一家"电竞+购物中心"的大型综合体。综合体不仅承办王者荣耀等电竞赛事，还充分利用购物中心的商业模式，打造电竞体验空间、电竞餐厅、室内运动等消费场景，各类科技感十足的电竞元素极大满足了电竞玩家的线下体验需求，迅速成为网红打卡点，深受年轻人喜爱。把电竞元素融入购物场景在配以整套消费模式，在极大程度上扩展了电竞产业的原有价值，为游戏这一动漫产业分支带来可观收益。

动漫思维在各类消费情景中的应用，使经营项目和氛围围绕动漫主题展开，并随之生成一系列可以使消费者充分感受到其主题思想的集合项目。消费者通过主动参与、亲身体验动漫情景，不仅能够短暂的远离现实生活的喧嚣，在二次元世界感受轻松氛围，还能从环境和人群中获得感官、情感、知识、行为、尊重等各方面的体验。此外，动漫思维的应用能够加强不同商业领域的联系，形成混合消费。比如迪士尼乐园的主题餐厅、住宿、购物、娱乐等形式，互相提供了消费机会，形成了消费网络，在满足游客吃住行等需求时，亦形成了一条完整的文化旅游产业链，带动了旅游业、零售业、餐饮业等的发展。

三、按动漫衍生品展现的文化元素划分

（一）融合多民族文化元素的开发模式

融合多民族文化元素的开发模式是指动漫作品及其衍生品的开发和设计者，将世界多民族文化高度融合并注入动漫形象及其衍生品中。一般而言，该类动漫衍生品通常会将本国特色文化元素与国际上普遍认可的文化元素相结合，让消费者在感受异域文化的同时能找到熟悉的文化价值观，从而提高对动漫产品的认同感和接受度。

1. 动漫形象中的多元文化与动漫衍生品

日本动漫形象中的跨文化融合是使之收获众多国家动漫迷的主要原因之一。比如《美少女战士》中主角的发色不再是具有东方色彩的黑发，而是采用了金色、绿色、粉色等大胆的发色来展现文化的开放性。此外，《美少女战士》中主角服饰对国际奢侈品牌香奈儿的致敬，让其主人公的形象在女性消费者中更加深入人心。这也使《美少女战士》衍生的服饰如水手服、手办如月野兔、魔杖等常年成为其热门衍生产品。

2. 动漫视听中的多元文化与动漫衍生品

日本宫崎骏动漫电影尤为擅长在动画试听中将日本传统文化与西方文化相结合。比如《天空之城》的配乐《伴随着你》，营造了缥缈与悲哀的氛围；《魔女宅急便》的配乐《更替的四季》，缓缓走出了小魔女离开父母以后独自成长的故事，表现出小魔女独立、乐观、坚强的人格特质；《千与千寻》的配乐《与你同在》，用钢琴与弦乐编曲翟俺了千寻探险过程的不安、犹豫同时又坚定、纯净的情感世界。宫崎骏动画中巧妙精湛的音乐，除了帮助电影将一个个温暖、童真的童话故事娓娓道来外，还让宫崎骏动画衍生品——宫崎骏动漫

视听音乐会，得以在世界范围内广泛传播并保持热度。

3. 动漫价值观中的多元文化与动漫衍生品

日本动漫《海贼王》在价值观的传递上，不再局限于表现日本本土文化，而是效仿美国好莱坞巨制，采用更加普世的价值观。《海贼王》通过讲述一群怀有热血理想的青年踏上了未知旅途的故事，向观众传递了热血、理想、勇敢的普世价值观。由此，《海贼王》汇聚了来自世界各地不同年龄段的影迷。其衍生品的开发从儿童玩具延伸到服饰、饮食、家居、香水等，受到不同文化背景、不同性别、不同年龄段消费者的热捧。

（二）融入民族传统文化元素的开发模式

融合多民族文化元素的开发模式是指在动漫衍生品的开发过程中，从本国的传统文学、民间艺术、历史文化中汲取具有民族特色的文化元素和艺术表现形式，通过现代科技、现代创意等手段融入动漫衍生品的设计中，由此创作出更易被现代消费者接受的动漫衍生产品。

1. 中国传统文化与动漫衍生品

中国博大精深的传统文化和丰富多样的地域文化资源，为本土动漫衍生品开发提供了肥沃的土壤。在动漫衍生品中融入中国传统文化有三种主要方式。

一是以中国古典文学为灵感开发动漫衍生品。目前，已经投入到衍生品开发中的中国故事题材包括《西游记》《哪吒传奇》《济公》等少年儿童喜欢的斗智斗勇的神话故事，和唐宋传奇、夕已杂剧、清讽刺小说等成年人喜欢的叙事题材。本土动漫衍生品对中国经典故事元素的开发有《西游记之大圣归来》的周边动漫产品，该影片刷新了近50年来国产动画票房的最高纪录，由于"粉丝"对大圣系列衍生品的呼吁声高涨，而发行了系列动漫衍生品。迪士尼以中国民间乐府诗《木兰辞》为灵感开发的《花木兰》，开发了迪士尼视角下独树一帜的"公主"故事，将中国传统故事和共通的人类情感相结合，成功将"花木兰"动漫衍生品推向全球。

二是以传统民间艺术为灵感开发动漫衍生品。中国传统的水墨、剪纸、皮影、年画、川剧变脸等，由于具有鲜明且独特的艺术性，可以在动漫作品及其衍生品中进行深度加工利用，开发出属于中国特色的动漫形象。其中较为成功的例子有《喜羊羊与灰太狼》利用传统文化设计动漫形象服饰。比如春节档动画片中共的虎头帽等服饰配件，增加了动画片的中国味。这些配件的增加也可开发成衍生品，在推广衍生品的同时，宣传了中国传统民间艺术。这种开发模式能够大大节约二次创作衍生品的时间，缩短了产品推出市场的周期。

三是以历史文化为灵感开发动漫衍生品。中国历史文化博大精深，将传统的历史建筑、人物形象或艺术设计与动漫衍生产品设计相结合，能创作出丰厚的商业价值。故宫作为最典型的历史文化代表，为动漫衍生品的开发贡献了许多中国元素。将故宫萌化的故宫小猫、帝后存钱罐、格格摆件等，打破了故宫带给人们的庄严感和距离感，受到年轻人的喜爱；将传统文化元素抽象化的六色故宫口红、紫禁薰香薰蜡烛等兼具传统文化特色和实用性，亦受到了众多女性消费者的追捧。

2. 欧美民族文化与动漫衍生品

欧美动漫市场比中国更为成熟，欧美动漫作品中一些国家级的动漫明星身上具有鲜明的民族特征，是民族精神的典型代表。比如法国《疯狂约会美丽都》讲述了苏沙婆婆拯救孙子的故事，展现了法国女性了热爱自由、善用计谋的特点；英国动漫《憨豆先生》用喜剧情节勾勒出倒霉却充满欢乐的形象，展现了英国人忍耐、幽默、绅士的特点；迪士尼系列动画向世界展现的则是快乐、勇敢、有梦想的美国精神。此外，欧洲的动漫作品及其衍生品也注重对经典文学等的挖掘。如英国根据莎士比亚的著名作品制作《莎士比亚名剧动画》，利用青少年喜闻乐见的动漫形式推广名著，起到教育作用。

将民族文化的艺术特色与动漫衍生品的开发相结合，不仅能弘扬传统文化的精髓，还能推动本国动漫市场的发展，文化传承与动漫衍生品营销具有双赢效果。

（三）融入现代流行文化元素的开发模式

融入现代流行文化元素的开发模式是指在开发动漫衍生品的过程中，将贴近生活和具有鲜明时代特征的流行文化作为动漫衍生品开发的重要灵感，比如将网络流行语、网络文学作品等元素融入动漫衍生品中，开发出时髦、有趣的产品，并被大众快速接受。

随着互联网的快速发展，网络用于也逐渐从互联网世界走进人们的日常对话，懂得用网络流行语成为时髦的表现。《喜羊羊与灰太狼》动画片对网络文化的应用较为典型。剧中通过主人公的对话说出"给力""秒杀"等接地气又新鲜的词汇，增加动漫形象的鲜活性，且拉近了动漫形象与观众的距离。动过动漫作品和网络文化的双重宣传，为动漫延伸品的开发奠定良好的消费基础。现代网络文学也是动漫灵感的重要来源。比如bilibili网站出品的《天官赐福》改编自其同名小说，将文字中的形象和情节具象化，展现了浪漫故事，深受海内外观众喜爱。一系列网文改编的动漫作品带动了电影、漫画、动漫周边整条产业链的运转。将动漫作品、动漫延伸品与现代文化相结合，不仅可以缩短故事设计的时间，还能够以较快的速度培养消费群体，降低了动漫产业的资金风险。

四、按动漫衍生品的市场定位划分

（一）以消费者需求为主导的开发模式

动漫衍生品是拥有其特定的消费人群的，不同消费群体对动漫衍生品有着不同的消费特点和消费心理。以消费者需求为主导的开发模式，是指动漫企业通过科学的市场调研来对受众进行准确的市场细分，划分清晰地目标消费人群，了解不同消费群体对衍生品的偏好和需求，并由此开发出个性化的动漫衍生品以满足消费者的真实需求。简单来说，就是以受众为产品开发导向，针对不同年龄段、不同职业类型、不同性别类型、不同消费层次的受众设计符合该类群体的衍生产品。

1. 以性别为主导的开发模式

用性别来区分动漫衍生品，主要体现在对衍生品种类选取的差异上。对男性偏向于魔幻、科幻类的产品，而女性则偏向于选择教育、现实类的产品。在设计上男性受众群体的产品偏向于选择颜色较暗的炫酷类，而女性受众群体则偏向于购买颜色明亮的可爱款。此外，男生偏爱格斗、科幻类，而女生则更喜欢爱情类。国产动画电影《大鱼海棠》在首播的短短15天内票房收入就超过5亿元，电影本身画面精美，通过跌宕起伏的情节展现主人公对爱情和亲情的守护，体现了女性坚定、纯洁的品性，由此获得雄厚的女性粉丝。《大鱼海棠》的衍生品除了主角手办外，还开发出家具产品、护肤品、化妆品等，迎合女性消费需求。

2. 以年龄为主导的开发模式

按照消费者的年龄层级，可将动漫衍生品分为两类就，集针对儿童的动漫衍生品和针对成年消费群体的动漫衍生品。针对儿童的动漫衍生类产品主要集中于漫画书籍和卡通动画、玩具、衣服、零食等，这类产品需要保证其质量，注重产品的安全性能，尽量使其具有教育意义。考虑到儿童时期的动漫形象往往对其今后的生活也具一定的影响力，因此这一年龄段的消费者具有持久的消费潜力，在衍生品的开发和营销上应注重树立品牌形象，确立长久的开发计划，使产品具有生长性。如《喜羊羊与灰太狼》这样的动画作品，它的衍生品设计一定是围绕着低年龄段玩具和生活用品展开的。针对成年消费群体的动漫衍生品，则对产品的功能、审美价值、质量等提出更高要求。美国、日本将成年人作为动漫衍生品的主要受众。相较于儿童，成年消费者更追求时尚、新鲜的产品，对衍生品的品质提出更高要求，且消费能力远超儿童。成年消费群体较为青睐一些休闲、具有生活指导意义、放松身心的产品，对产品的质量和款式的要求较高，以装饰类、具有收藏价值的产品为主，能够通过加强广告宣传来确立顾客的信任度，促进购买。

以消费者需求为主导的开发模式能够提升用户的归属感。该模式开发的动漫衍生品能够站在消费者角度融入群体文化和审美喜好，根据不同群体的喜好和尊重的价值观打造产品细分市场，有助于消费者在群体中找到相同爱好的"同类人"，这些爱好相同的人聚在一起就形成了一个稳固的小型社群，用户"归属感"倍增，有助于为动漫品牌积聚一个强大的流量。此外，以消费者需求为主导也满足了消费者的差异化需求。在弘扬个性的时代，消费者追求个性化的定制服务。在动漫衍生品的开发商，企业满足消费者个体的差异化需求，在产品中反映消费者的个性化心理，能够将独特的品牌形象注入消费者的思维中，提高客户忠诚度。

（二）以动漫衍生品功能为主导的开发模式

动漫衍生品作为一种商品，具有不同的使用价值。以动漫衍生品功能为主导的开发模式，是指动漫企业清晰划分目标消费人群，了解不同群体的个性品位和对产品效用的需求，由此开发出具有不同性质、功能和效益的动漫衍生品，以满足消费者的审美、使用、收藏等个性化诉求。按此模式开发的动漫衍生品大致可以分为赏玩珍藏类商品和生活普通用品。

1. 赏玩珍藏类商品

赏玩珍藏类商品一般具有收藏价值和升值空间，针对忠诚度高的客户群体。此类商品大部分由形象类和辅助类衍生品组成，具有优质的质量和精美的外形，如具有收藏价值的纪念衫、纪念册、卡通玩具、游戏模型等，其主要特点是对消费群体具有很强的针对性和目标性，往往能够满足客户的一些特殊要求并提高客户群对品牌形象的忠诚度和黏度。赏玩珍藏类商品类型不多，销售数量控制在一定范围内，往往以限量形式推广销售。通常情况下，珍藏品作为动漫企业回馈客户的手段，能够巩固客户关系，是动漫衍生品获利的重要组成部分。日本Cosplay作为动漫衍生品的一个门类，已经发展得相当完善。动漫粉丝不仅可以扮演动漫影视作品中的人物，还可以扮演游戏形象，比如器械人。Cosplay服饰制作工序复杂，精品的数量较少，甚至需要限量定制，无形中抬高了其在粉丝心中的价值。虽然Cosplay服饰因其夸张、另类等原因无法作为日常穿搭，但其复古、趣味对年轻一代有着极大的吸引力，粉丝通过角色扮演获得沉浸体验，增加了对动漫品牌的忠诚度，具有较高的收藏价值。

2. 生活普通用品

生活普通用品是具有实用价值的动漫衍生品，由常规类和形象类两种衍生产品组成，如文具、礼品、服装、容器等，由于兼具生活用品的实用属性和动漫产品的娱乐属性而受到消费者的喜爱。一般而言，生活普通用品类动漫衍生品在价格上有相当的市场优势，由于种类丰富多样且销售量比较大，能够在多领域形成规模较大的客户群体。其开发的难点在于如何将人们的情感需求和该产品本身的使用价值完美结合，使其符合当地的文化需求，共同构成商品的吸引力。此外，该类产品容易产生盗版问题，需要加大力度严厉打击盗版。

随着人们消费习惯回归理性，除了关注产品外观外，还注重其价格及品质，论动漫企业以哪种市场定位开发动漫衍生品，都需要努力提高产品的性能、开发多样化的功能，满足消费者的实用需求和观赏需求，才能提高消费者的忠诚度。

第五章　国内外动漫衍生品研究综述

第一节　动漫衍生品的价值认同

动漫衍生品在整个动漫产业链中的作用得到了学界的普遍认同，已成为动漫开发公司获取盈利的主要渠道。赵路平（2007）认为，国外的动漫衍生品市场已经成熟，有衍生品销售的专柜、专卖店、游乐城等；相比之下，国内市场依然薄弱，零散经营的小店难成规模。在产品开发上，国外的动漫品牌占据主导地位，尤其是美、日、韩三国的动漫形象几乎卷走了国内80%以上的动漫衍生品利润，几乎形成了垄断格局。在国内，动漫衍生品的开发则显得滞后、缺乏吸引力。面对巨大的商业利润的诱惑，国内的动漫衍生品市场也在不断努力，渐有风生水起之势。国内的动漫衍生品生产遵循着衍生品发展的一般模式，一种是依靠影视作品，开发相应周边的衍生产品；另一种是开发独立的动画形象，凭借原创形象制造衍生产品。一些民营企业往往是将动画影视作品免费提供给电视台，依靠动漫衍生产品获利。目前，我国的动漫衍生品在设计和生产环节存在的一些问题通常体现在六个方面：（1）销售方面的货源问题；（2）非品牌产品乃至盗版的引进使市场上的衍生产品参差不齐；（3）品牌质量难以保证，购买者对正品持怀疑和观望的想法；（4）对购买者的定位低龄化，社会号召力不够；（5）依靠国外原创形象，衍生品链条萎缩；（6）版权问题，应该说，对版权的保护是动漫产业链健康发展的保障。

任小飞（2012）以"喜羊羊"为例，研究国内动漫衍生品产业的发展方向。作者认为，"喜羊羊"衍生品的成功主要在于其开发和设计的多样性，其衍生产品高达1000多种，包括食品、服装、图书等多个领域。除此之外，其原创公司也具有诸多优势：准确的市场定位、本土化的形象特点，以及活泼的性格设定等，这些都符合其面向幼儿的初衷。然而，"喜羊羊"衍生产品的发展过程也显示出中国衍生品市场所面临的共同问题：盗版猖獗、开发力度不足、原创性和大品牌极其匮乏。

赵路平、任小飞的研究基本概括了国内动漫衍生品市场的发展现状、面临的问题和未来发展的路径，他们指出了国内衍生品市场的一些普遍共性，同时也认为各地的衍生品市场具有各自不同的特点。林静（2011）具体分析了长沙一地的动漫衍生品发展状况，她认为动漫产业在长沙属于三大创意支柱产业之一，且发展的势头良好。例如，长沙三辰集团所开发和设计的蓝猫形象已经成为全国动漫产业的范本。但是，长沙的动漫产业也面临着诸多问题，开发优势不突出，很多有影响力的动漫形象未见相关的衍生品问世，品牌延伸失控，没有走大品牌、高品质的路线，没有形成产业集群，"动漫湘军"没有形成集体的凝聚力等。此外，三辰集团、宏梦集团作为主要的竞争对手，其开发的蓝猫和虹猫蓝兔的动漫形象过于同质化，原创性不足。

顾旭明（2009）指出，动漫衍生品产业属于朝阳产业，有着十分乐观的发展前景，北京、上海、广州、福州以及浙中城市群等地都在打造完整的动漫产业链条，而北京更是在努力经营其全球首屈一指的动漫产业中心。其中，浙中在动漫衍生产业上的优势在于：（1）义乌是国际化的商贸城市，依托该商品市场，动漫衍生产品生产、销售和输出就有了便利的渠道；（2）行业和企业对于动漫衍生产品的开发有着高涨的热情，近年来，问世的成果比比皆是；（3）当地已经有多所院校开设了动漫设计与开发专业，这可以为产业的发展输送相应的人才。当然，在政策的大力支持下，今后浙中还有望建成自己的产业基地，这对进一步完善义乌商贸城对动漫衍生品的服务功能具有积极意义，能使浙中的动漫衍生品发展趋向更好、更光明的前景。

胡鹏飞（2011）指出，伴随动漫行业的蓬勃发展，国内的动漫衍生品消费市场也在持续增长，目前，消费人群接近5亿，而每年的市场空间则超过千亿。应该说，广东作为全国的制造业基地，为东莞衍生品产业的发展开创了良好的开端；但是，东莞目前的产品生产有90%都是在为国外动漫公司进行代工，所以，今后还应注意利用现有的企业资源，加强自身的品牌研发，由代加工逐步向自主研发和生产转型。

动漫衍生品的开发、生产应当成为动漫产业发展的支柱。一方面，衍生品在动漫产业的盈利中占据重要位置，我国的制造业发达，发展衍生品产业具有得天独到的优势；另一方面，进行衍生品的开发，可以延伸我国动漫产业的产业链，提升我国在国际动漫产业中的影响和地位，优化我国的动漫产业结构。

综上所述，国内的动漫衍生品市场广阔，且又是全球最大的衍生品加工、代工基地，消费者和生产商都对衍生品的市场价值有着普遍的认同。但是，我国的衍生品产业才刚刚起步，还处于发展的阶段，衍生品产业对企业盈利及整个动漫衍生品产业链的贡献不及欧美、日韩这样的发达国家。针对上述产业发展中的不足，学者们的观点和意见主要有：第一，增强动漫形象的原创能力，创建自身的动漫原创品牌；第二，创建完善、紧密的动漫产业链条，重视衍生品的开发，缩短衍生品与影视作品之间的时滞；第三，提高知识产权保护意识，打击盗版；第四，多方式引进资金，鼓励各方资金的加入等。

第二节　动漫衍生品的设计与开发

动漫衍生品的设计与开发一直是动漫衍生品领域研究的重点，相关方面的研究成果也较为丰富。

托马斯和约翰斯顿（Thomas&Johnston，1995）分析指出，动漫衍生品在设计研究与开发时需要关注其内部制约因素和外部环境因素。首先，动漫衍生品的开发要考虑接受群体的文化背景和世界观。同时，动漫衍生品的设计还要与动漫作者本身设计的故事和人物形象保持一致的精神境界和文化内涵，这样，开发和设计出来的动漫衍生品才不会偏离原本动画形象的设定，而生产出来的衍生产品也才能够得到受众的接受和认同，并激发其购买和收藏的欲望。

其次，动漫有其自身的世界观，这一世界观的组成，取决于导演设计的动漫形象的服装、走路方式以及说话方式等，动漫衍生品的开发和设计应遵循这些原则和方式，以保证原动画人物的精神内涵和生活方式在衍生产品中得以延续。每一个动漫人物都有其独特的价值符号，有时衣服的颜色都会成为动漫衍生品的卖点，如一身黄配蓝的工装服就会让人立刻联想到小黄人，而一顶黄色的帽子立刻就会想到路飞，这也是动漫衍生品开发中要把握的重点。动漫衍生产品的设计与文化背景的结合，考验着设计者的创新能力和市场把握能力。当前的衍生产品开发对文化背景的利用主要体现在诸多的主题设计当中，比如节日主题、热点主题、童话主题等。再次，动漫衍生品的畅销同样与优质的后期制作不可分割。一个比较重要的方面，就是音乐的设计。无论是普通的影视作品，抑或是动漫影视作品，片头、片尾及背景音乐都会带动作品本身的观看人群，优质的音乐会扩大后期衍生产品的人气，与影视作品产生互动的效果。还有一个重要方面，就是衍生产品的质量和包装。优质的质量和精美的外形才会使商品具有收藏价值。事实上，许多衍生产品的质量和包装难以得到保障，致使原本优质的动漫资源被白白浪费。最后，动漫衍生品的开发还应注重多变性与多样化。随着故事情节的展开、人物的增多，设计相应的衍生产品也应注意产品的多变性和多样化，这样才能拓宽消费市场。此外，外部环境，如衍生品消费市场上受众群体的年龄层次、受众群体的消费动机，以及经济的商业化程度等也都会对衍生产品的销售产生影响。以受众为生产导向，依据不同的消费人群制定具有针对性的设计方案，这才是动漫衍生品设计和开发的关键。

进一步地，托马斯和约翰斯顿（Thomas&Johnston）以迪士尼动画开发为例，分析了动漫衍生品开发需要遵循的原则。作者指出，迪士尼的知名动画人物在行为方式上具有某些共同的特点，比如拥有自己的标志性动作、语言和行动的适度夸张等，以此来使特定形象具有很高的识别度。为了在不增加生产成本的前提下使动画形象产生最大的社会影响，衍生品的开发和设计者需要对形象本身的肢体动作、语言行为等各个方面进行多角度的刻画。此外，通过对迪士尼成功案例的分析，文章还阐明了衍生品开发在整个动漫产业链中的重要作用，并在产品开发方面提供了诸多可供借鉴的经验。

温德尔、道拉塔巴迪和米勒·扎内克（Winder、Dowlatabadi&Miller-Zarneke，2001）对不同消费群体的消费能力和消费意愿进行了比较和分析，指出不同消费群体对动漫衍生品有着不同的消费特点和消费心理。分析中，作者提出了动漫衍生品开发的十二条原则，其中一个最核心的问题是处理好现实与夸张之间的关系。动漫形象及其衍生品的开发要遵循现实的原则，一个有长久生命力的形象必然有其现实的指导意义，对生活有启发的作用。当然，遵循现实也不能太流于教化，缺乏活力和吸引力，因此，必然要有夸张的设计成分。而消费群体和消费意愿的不同又要求在产品开发过程中对现实元素和夸张因素的比例加以权衡。

皮尔斯和阿特金斯（Pierce&Atkinson，2003）研究了工业设计专业的学生与教学经验丰富的教师对动画功能的不同理解，并在此基础上提出了交互式的动漫衍生品开发和设计原则。更进一步，作者还设计了一个简单的JAVA程序来实现上述原则。应当指出，该原则为动漫衍生品的开发和设计提供了新的工具，而二者的巧妙结合，对动漫衍生品的开发和设计来说无疑具有里程碑式的意义。

中国本土的动漫衍生品的开发和设计，是在充分借鉴国际成功经验基础上，不断融入自身文化因素后才逐渐得以形成的。孙超（2011）以《喜羊羊与灰太狼》为例，提出本土的动漫衍生品开发应当与自身传统文化与现代文化相结合，并对传统的中国文化元素进行改进和创新，因为一些传统的艺术样式仍然具有深厚的挖掘价值和传播意义。同时，考虑到流行文化对消费的刺激作用，网络流行语、网络文学作品等流行文化元素，也可以融入衍生产品的设计与开发之中。

动漫衍生品产业是典型的创意产业，其设计和开发的成本较高，涉及的面也很广，而中国本土的动漫衍生品开发目前仍比较薄弱，因此，需要借鉴美国、日本、韩国等动漫大国的经验。张哲（2016）重点分析了本土衍生品开发和设计环境的诸多不足：（1）动漫产业链缺失，不够健全；（2）企业的盈利模式单一；（3）国外的动漫衍生品产业在我国占主要地位。基于上述判断，作者提出了促进衍生品设计开发的措施：（1）体现民族特色，充分挖掘传统文化资源；（2）提高衍生品质量，打造精品产业，开发具有收藏价值的产品；（3）彰显个性，凸显动漫人物独特魅力；（4）坚决依法打击盗版。此外，作者还认为，动漫衍生品的营销方面应更加关注消费者的需求，降低消费者的消费总成本，多开发电子商务和第三方物流；同时，还应不断开拓更多的销售渠道，为购买者提供便捷的服务，增强与购买者的双向沟通。

　　郭冲冲和尹洪毅（2013）从动漫产业链的角度剖析了本土的衍生品在开发和设计上的特点，并提出相应的政策建议。他们认为，动漫产业链和衍生品开发销售是一个互动过程，一是动漫衍生品在整个产业链中占据重要位置，二是一个良好的衍生品生产销售环节又对整个产业链的运行具有很好的促进作用。因此，衍生品行业的发展需要从整个产业链来着手，而现在国内动漫产业链的弊端集中于：（1）在初创阶段，动漫人物原创性不足，传统文化元素难以体现，资金紧张，投入不够；（2）在产业链的中游，营销手段跟不上时代传播手段，市场推广力度不足，相关方面的人才缺失，产权保护欠缺，盗版猖獗；（3）在产业链的下游，也就是衍生品的开发销售阶段，创意人才的缺乏使作品吸引力不足，衍生品的开发往往与原著之间时滞很长，丧失了最佳的市场机遇，产权保护和资金投入都不到位。总之，资金、人才、创意、定位等都成为整个产业链的症结所在。针对以上情况，郭冲冲、尹洪毅提出了以下解决方案：（1）动漫衍生品的开发要对动漫产品进行分级定位，少儿、青少年、大学生都是动漫的主要接受群体，衍生品的开发和设计应准确连接上述各个年龄段群体的需求；（2）积极培养相关人才，使其兼具艺术和技术能力，增强衍生产品的原创性和功能性；（3）大力吸引民间资本，拓宽资金引进渠道，做优质的衍生产品。

　　动漫衍生品的设计、开发、销售中的各个环节都可自成体系，而相关的研究也涉及各个层面。魏虎（2012）从包装角度总结了国外经典动漫衍生品在设计方面的长处和借鉴意义。作者认为，国外的知名动漫衍生品在包装上以动漫人物的性格特征为依据，同时该包装还与产品本身的特征相联系，力求动漫人物的个性、特征等与产品的使用特性、包装等一致。

　　李洁（2014）独辟蹊径，从"红色文化"的视角给出了动漫衍生品开发的新方向。文中，作者针对动漫衍生品市场上的跟风和一边倒现状，分析了挖掘"红色文化"的积极意义，总结了树立正确价值观念的重要性。她还特别将小兵张嘎、王二小等列为有待开发的重要资源。

与李洁的观点有所不同，李月（2011）则认为，国内衍生品的设计开发应遵循动漫大国的成熟范式，引导动漫衍生品的开发与原创动画的设计开发同步进行，促使衍生品的质量、属性、工艺和动画形象高度一致，防止衍生品开发滞后的情况出现，确保衍生品与动画影视作品之间的带动效果可以最大限度地发挥出来。另一方面，动漫衍生品的开发还应紧密抓住商品附加值的提高而进行，在艺术价值之外，增加其实用性，保证产品的质量、实用性和美观度，并做好市场区分工作，明确目标群体。

邓飞（2013）将心理学与动漫衍生品的设计开发相结合，认为影响消费者购买动漫衍生品的动机不外乎三个方面：（1）该产品的安全性；（2）该产品的趣味性；（3）该产品的收藏价值。显然，文章对衍生品的使用价值做了很好的定位。作者指出，只要满足了以上三点，也就等同于满足了消费的需求。可见，动漫衍生品的设计要适应消费者的消费心理，在产品设计时应适当增加更多的人性化因素，确保消费者的审美诉求、使用诉求和收藏诉求得到满足。此外，作者还指出，开发和设计者需要对市场进行细分，有针对性地进行衍生产品的开发和设计。

张蕾蕾（2013）从情感角度出发概括了新媒体动漫衍生品的设计要点。引用唐纳德·诺曼的情感设计理论，作者指出，实体动漫衍生品的设计可借助人的情感本能，将产品的色泽设计得更为鲜艳，以此刺激消费者的感官系统；同时，毛绒玩具也可设计成可爱的外形，以此给人亲切的感觉；再者，开发者还可以通过材质、外形等达到消费者的情感需要。即动漫衍生品的设计应当成为一种尽量满足消费者情感的设计。

动漫衍生品的设计、开发与营销在国内不同的地域也会呈现出不同的特点，鉴于此，不少研究还以地域为切入点，研究分析了当地的动漫衍生品设计和开发的现状和策略。程元刚（2012）探讨了河北省的动漫衍生品开发的策略，指出燕赵土地历史文化悠久、名人众多、典故丰富，可以作为漫画的素材。事实上，河北省动漫衍生品的设计开发可以依赖于当地浓厚的文化土壤，并且可以借鉴河北的地方艺术形式来发展动漫衍生品产业，如蔚县剪纸、唐山皮影、武强年画等。另外，河北的红色文化传统同样可以成为衍生品设计的创意来源。文章中，作者还分析了河北在动漫衍生品开发时所具有的诸多优势和发展的方向，指出选择二维动画的方式可以大大减少开发和设计投入，此外，他还建议当地开创系列化的原创动漫形象。

关荣（2015）以韩信形象的设计为例，分析了淮安地域动漫衍生品设计的特点。作者认为，韩信作为著名的中华文化符号，可以对其进行艺术的加工，使其转换为鲜明的视觉符号。韩信一生曲折离奇、富有故事性，如果能将此人物形象与产品设计结合，定能创作出丰厚的商业价值。

马茜（2016）研究了川剧玩偶在设计上的特点，指出了川剧与动漫衍生品开发相结合的具体思路。实际上，由于川剧特有的、完整的表演程式，其动漫衍生品的开发和设计也存在很多的切入点，如变脸玩偶，川剧丝巾等。这些戏剧元素大多可以被加工和利用。进一步地，还可以将这些元素加以生活化和功能化的包装，然后再进行产业化的生产。川剧动漫衍生品有其自身的优势，作为一种文化传承的符号，容易使消费者产生情感的共鸣，成为传递文化、感知文化的良好途径。并且，这种交流还可以成为一种互动的交流，如变脸娃娃等，它就是通过互动得以产生文化体验的方式。

许素君、李洁（2015）研究了徽派艺术影响下的动漫衍生品设计过程，指出上述动漫衍生品的设计多带有徽派艺术的典型特点，而徽派建筑、菜系、特色物种等也都可以成为衍生品设计的原型，并在徽派文化地域中深受喜爱。作者在文章中倡导将当地文化的艺术特色与衍生品的设计开发相结合，在弘扬传统文化精髓的同时，开发当地的动漫市场。作者指出，此种开发模式对文化传承与动漫衍生品营销具有双赢效果。总之，地域文化、传统文化与动漫衍生品设计开发的关系紧密，涉及的地域也极为广泛，除上文提到的河北、四川、安徽、江淮等地，还有不少具有地域文化的特色动漫衍生品也已经或正在走进了大众的生活和研究者的视野，限于篇幅所限，这里不再一一列举。

第三节 动漫作品与动漫衍生品开发之间的关系

史密斯和帕克（Smith&Park，1992）调查了现有的品牌形象对新市场开发的助推作用，他们指出，动漫作品相当于衍生品的前期广告宣传，并在很大程度上为该品牌的其他产品定型，在塑造衍生品特性以及产品延伸方向的同时，极大地影响着新型动漫衍生品的受欢迎程度。不过，相较独立的动漫品牌，有着广泛延伸功能的动漫品牌却有着更多的市场份额和更广的市场效应。因此，母品牌力量的增强并非来自于强效的广告，而是来自于衍生产品的宣传效应。当然，竞争也会成就品牌在市场上的广告效应。不过，这里的竞争是有限的竞争，因为过于激烈的竞争并不利于市场份额的扩大。此外，企业应该充分利用现有的品牌优势，在原有品牌的市场效应下，扩大衍生产品的开发和市场影响力。

林德瓦尔和梅尔顿（Lindvall&Melton，1997）认为，动漫衍生品是整个动漫产业链的延伸部分，同时也是最重要的盈利关键。动漫衍生品和动漫产业的其他环节一起为消费者提供了丰富的动漫服务，而动漫衍生品的经济效益则是整个产业链得以顺利运行的重要支撑。同时，衍生品的设计、开发和营销都依赖于动漫市场的反映，而动漫影视、漫画作品等的成功又依赖于前期的投入，这充分体现出动漫产业作为资本密集型产业的特点。

洪、唐、谭（Hong、Thong&Tam，2004）将研究的重点集中于flash动画上，他们发现，flash动画所传递的信息和人物特征更为易记，且便于回忆。相较于动漫影视和漫画作品，flash动画属于交互式动画制作，具有互动性强、表现力好、特色鲜明等特点。这意味着，flash动画延伸下的衍生产品也更容易被大众所接受，因此，也将拥有更好的市场表现。

蔡君平（2007）指出，动漫文化的核心在于原始的动漫形象，这直接关系到一个动漫形象的市场效应和后期衍生品开发的成败。目前，动漫形象与动漫衍生品之间的联系，主要存在三种路径：（1）生活用品中借鉴动漫形象和动漫样式，如服装、文具、包装等；（2）交通工具、建筑设计等运用动画形象或借鉴动画思维，当然，这些形象和思维所蕴含的动漫文化需要得到大众的广泛认可；（3）在网络游戏、网络视频、机器人等虚拟网络空间中推广动漫形象，应该说，这些网络空间为动漫文化提供了互动的平台，因此，也使得衍生品趋于多样化。无可否认，原始的动漫形象是动漫文化的基石，动漫衍生品就是要追求与原始动漫形象的相似性，将影视作品的虚拟形象变为可触摸的实体形象。因此，动漫衍生品与原始的动漫形象的一致性越高，则其就会越发受到消费者的认可和追捧。例如，文章中所提到的：可以将动漫作品中的台词、经典镜头等作为元素加入到衍生产品的设计中；又或者，可以在产品的外包装上重现动漫作品的场景。

苏超（2011）在分析完《喜羊羊与灰太狼》这一动漫作品后，归纳和总结了引致其成功的几个重要方面：（1）对国内消费群体的准确定位；（2）鲜明的画风，简单易懂的情节，以及朗朗上口而又结合传统文化的形象名字；（3）具有明确的市场意识，能够在衍生产品热销和获利的同时，通过市场取得良好的广告宣传效果。不过，作者也指出，国内衍生品市场极不规范，盗版猖獗，版权意识薄弱，这些都给企业造成了损失。

综上所述，动漫衍生品在分类、价值认同、设计与开发等方面的文献为动漫衍生品的相关研究和探索构建起了较为完善的理论基础，对本书后面的研究具有很好的指导、借鉴意义。结合本书的研究目的，我们继续对各类消费行为研究进行回顾和分析。

第四节　本章小结

改革开放以来，我国的经济逐步提高，人们的生活状况得到了很大的改善，消费能力也越来越好，逐渐追求生活多样化，而我国动漫和动漫衍生品的快速发展，恰好与人们日益增长的物质文化需求相呼应。我国动漫市场前景广阔，消费潜力巨大，在动漫衍生品销售额逐年增加的情况下，吸引着许多商家和学者的关注。从以往的文献可知，关于动漫的有关研究中，学者们关注的焦点主要有三点：（1）动漫组成部分的研究；（2）动漫产业的研究，以及我国动漫产业的发展现状研究；（3）动漫衍生品的研究。在动漫衍生品的研究，学者们研究的重点包括：第一，研究动漫衍生品的设计、包装、价值认同等方面；第二，动漫衍生品消费行为的研究。学者们关于动漫衍生品消费行为的研究，大多是从社会学角度对动漫文化的产生、发展和流行作了现象的描述，对各群体钟情、购买和使用动漫衍生品的原因的分析，大多是零散的定性概述和偏于现象学层面的解释，缺少从专业的消费心理学角度作的深层次、系统研究。

第六章　动漫衍生品与消费者行为

从一定意义上讲，动漫衍生品的消费者行为意为个体、群体或组织为满足对动漫衍生品需求而对动漫衍生品、服务、体验或观点进行选择、获取、使用或处置的过程以及由此对消费者和社会产生的影响。正确认识和理解产生动漫衍生品消费需求、行为影响因素及行为特征等方面是能否高质量发展动漫产业的关键。

第一节　群体对动漫衍生品需求动机

动漫衍生品需求涵盖各个年龄段的人群，这使其具备强烈市场需求。但是因为不同年龄层级对于动漫衍生品的消费行为动机不同，为了更好讨论动漫衍生品需求动机，有必要对受众人群展开分类讨论。按照消费活动主体的年龄层次划分，大抵可分成幼儿动漫衍生品消费行为、青少年动漫衍生品消费行为、成年人群的动漫衍生品消费行为，兴起动机可依照三个方面展开梳理。

一、儿童的动漫衍生品消费行为动机

（一）满足"自我扩张幻想"需求

儿童，主要包括幼儿园的孩童及小学生人群。迈尔和莫雷诺（Mayer&Moreno）认为，幼儿在对于影视作品及鉴于影视作品开发的衍生商品的消费过程中，充分展示了幼儿的"自我扩张幻想"。"自我扩张幻想"指的是幼儿

通过影像来表达自身的个性特征等。固然，"自我扩张幻想"仅仅是幼儿的一种遥想，只是依据看影像判断自己是会真正成为强劲的人。但是，动漫衍生品正是迎合了这一需求，才受幼儿人群欢迎。动漫衍生品综合了文学作品、音乐、舞蹈等多种文学艺术款式及科学合理制作技巧，具备独特的审美价值，因而倍受幼儿青睐。"看短片、写卡通书稿、穿卡通衫、食卡通饼、学卡通人"等衍生品形象地表述了当今社会中孩子对动漫衍生品的痴迷现状。皮亚杰教授认为，孩子最明显的特点应该是"泛灵论"现象，孩子们早期是将事情看作有灵魂以及有意志的事情的一个趋向。而动画片的品牌形象也是儿童对现实社会物品表现形式的超越。它并不见得符合大人的认知逻辑，但是由于它和儿童之间的特殊心理联系，很容易产生情感共鸣。儿童审美幻想的提供是无穷无尽的，而创造性风险意识的发展潜力则是永无止境的。这就使儿童的创作力突破了知识表象、跨越空间、超越了前人、甚至超越自我。而动画片的精神来源也应该是一个实用性很强的艺术形式。它并不拒绝一切的美和幻想，能够将幻想中奇异美妙的思绪变成了艺术作品中的现实，能够随意驰骋，能够天马行空。日本著名儿童影像艺术大师高锅勋曾说：日本动画展示了日本儿童的自我扩张梦想。日本儿童心理也富于幻想，他们都是通过影视作品穿梭在充满真实和幻想的世界。

（二）审美偏好

审美倾向是审美心态研究范畴的基础定义。纵观艺术和审美心理学的研究发展史，对审美观偏好问题的认识主要可概括为两类：（1）传统美学以及审美心理学的方法论。学者们主张审美偏爱是个人的审美鉴赏力，譬如康德把包含审美偏爱在内的欣赏看成是一种判别美的能力；（2）现代艺术和审美心理学的方法论。主张审美观偏好是指个人的审美观个人特征心灵普遍性，应该是指个人对某种审美观客体或者特定形式、艺术风格、文化主题的艺术品优先关注或者优先看待的审美观特征心理倾向性，一些专家学者也将之称为审美观倾向。孩子的审美倾向，就是孩子审美心理活动的针对性和导向性。心理学的有关研究人员注意到，新生儿阶段就开始碰到对于质感以及柔和音响等主要由化学客观因素所决定的"本性"偏好，到了幼儿期就逐步开始对美的客观事物和表现美的艺术品等显示出审美性偏好。儿童卡通的审美偏好，是指孩子们对于动漫形象中那一种艺术符号语言的优先关注程度或选择上的心理偏好。这一方面，在某种程度上决定了孩子们对卡通那一艺术方式的导向性以及针对性，而另一方面也是孩子们对于卡通品牌形象本身的情感质感上的感受和体验。它也更进一步证实了亚里士多德的"文学艺术即人类感情的符号"。几乎每一位在社会中生活的成年人也有自身的审美偏爱，它是每个人具备的审美情绪倾向。

（三）精神寄托

研究者从社会关怀精神的视角来剖析幼儿的动漫衍生品消费行为。霍尔姆（Holme）等指出，众多突出的影视对幼儿来说其不只是一种物质模式，更多的是一种精神寄托。那是幼儿追求消费动漫及衍生商品的重要因素。幼儿心里面经常还能思索一些即使是哲学家还感到难以理解的疑惑，那彰显出对幼儿的精神认识论，揭露出幼儿对于精神生命的理解。拉森和法尔曼（Larsen&Fireman）认为，幼儿在成长的过程中，应该经历各式各样的精神压力及麻烦。与成人相比，他们不论在身体体质方面，还是感情或者精神方面，大多数时候也不能依照自身的想法去做自身愿意做的事。但是在纯洁烂漫的动漫衍生品王国中，他们仍然能够暂且躲进虚拟世界获得部分自由，进而提高自己的合法利益，这是他们消费动漫衍生品的一个重要出发点。学者孔庆康从幼儿的内心来洞悉其动漫衍生品消费行为。他指出，幼儿的内心里到处是敏感及神奇的想象场景，其思维形式主要是从自身的视角出发，这不太能够很明晰地把自我与其他活动主体分开。幼儿认为，客观事物本来是那些样子且不太重要，重要的是对于自身来说是否有现实意义。在他们盼望的世界里面，动漫衍生品承载元素及品牌形象促成了此种现实意义。

二、青少年的动漫衍生品消费行为动机

（一）同辈交流需要

学生的人际交往方式存在着兴趣主导性强、交际对象变动大等特点。调查表明，在中学生中通过动漫与同窗的沟通交流比率超过25.3%。年轻人普遍热爱漫画，动漫是一个社会语言，动漫衍生品自然而然便成为重要载体。人群中具备了调控所有成员行为的人群标准，人们共同热爱的电影也为他们创作了一个沟通交流的平台。

（二）青少年自身成长发展的需要

动漫衍生产品也被当成动漫形象的主要载体，集智慧韵味为一体。动漫衍生产品不仅能文又会武，而且风趣诙谐，充满怪异魔法，但与此同时，又是充满了孩子气的形象。他会完成在现实生命中没有完成的事务，能说出在现实中没有说出过的话，个性叛逆，不拘一格，又不太遵守社会约定俗成的规则，极大地满足了当代青少年在现实生活中不可迎合的愿望，从而可以获得身体的愉悦和轻松。在孩子的成长过程中，通过观察掌握和了解人际关系的规律，再将之运用于实践，动漫衍生产品也演变成了一种学习的来源。因为动漫衍生品透射强烈的个人光芒，正好符合了年轻人渴望新奇事物和张扬自己的个性，能唤起他们的好奇以及探索欲。动漫衍生品，让年轻人在现实生活中所无法实现或适应的愿望，在幻想的世界里实现了，使他们可以通过移情来排解情感。青少年正是处于"心理之上的断乳期"，这一时期也称作"情感之上的急风暴雨"时期。在此阶段，孩子的独立性意识大大增强，力图摆脱对长辈的依赖性，向往着自己对社会、对生命及对今后生活的设想，也盼望过着快乐的生活，希望借助动漫中的人物性格找到自己的生活答案。

（三）彰显个性

虽然青少年喜欢与同辈人保持步调一致，讨论相同或者类似的动漫衍生品，但是同时也追求另类、特立独行的生活方式，希望以此区别于其他人。他

们普遍认为，那是一个设计自我、发展自我的网络时代，而是动漫衍生品也恰恰充溢着迷人的个性特征色调，与青少年此种追求自我民族特色的情绪相照应。不得不否认，动漫及衍生商品激起了青少年的好奇心及摸索欲，促使他们不太自觉地成为动漫文化的追随者。

（四）逃避现实

逃避现实还可能成为青少年锁定消费动漫衍生品的重要原因。青少年时期正处于身心较为独立的阶段，在感情上容易发生阴晴不定的状况。一方面他们对于未来充满向往，希望能够有很好的生活，但他们解决问题的能力在现阶段不够，承担失败的情绪还较差，因此，往往会向影视中的人物形象学习，进而去追寻自身认同的答案。从疏解精神压力的角度看，现代社会生活的节奏加速，青少年愈来愈处在一种情绪低落、不安、压抑、疲惫的状态。动漫文化具有情绪疏解及感情转化能力，影视及衍生品能够削弱他们的精神压力，促使他们减轻消极情绪。

三、成年人的动漫衍生品消费行为动机

（一）视听和娱乐体验

动漫衍生品的购买者有较大的一部分是成年人群。拉克鲁瓦（Lacroix）指出，技术设备、理性、收益及产品购买充满了整个生活，促使人们呼吸也觉得麻烦，并且现代人的想象力还在缓缓退化。在此情景之下，人的精神日益薄弱、空幻，于是动漫进入了成年人群的视线。消费动漫或其衍生品，使群体取得梦想中的东西，在精神上获得短暂的迎合，进而促使消极情绪获得放松。丹茹（Danjoux）指出，成年人喜欢动漫及衍生商品最为重要的原因就是视听及娱乐体验。形形色色的动漫艺术作品可以促使现代人的视听获得迎合，可以使不断处在疲惫中的成年人获得欢快及抽离。

（二）放松心态

李明及肖玮指出影视艺术作品的故事情节轻松好笑、寓意深远，镜头色彩

鲜艳、变动速度快，句子浅显易懂，手势极具亲和力，能够削弱精神压力，使身心愉快。当下动漫已成为一种时尚，消费者希望获得的内容，在动漫世界里面也会获得迎合，它们是图像及图画间紧密而是繁杂的结合，且拥有轻松、欢快、幽默及舒适的品格。幼儿从动漫及衍生品中看见的是一种直接印象及幽默好笑的镜像，但成年人仍然被其夸大的文学艺术感所打动，促使其享用到一种休闲及童真的快乐。感情的虚拟化、工作的挫折，人与人间关系的浅淡及各式各样的重负，使现代人的生活越来越沉闷、乏味，面对这些身心精神压力，通常难以释怀，为了解决此种状况，成人人群往往需要通过影视作品来减轻。动漫艺术作品及衍生商品，几乎穷尽了现代人对于生活及财产的所有假想。那是一个奇妙的世界，可以各种异想天开，因此能打动了众多成人，成为他们暂且歇息的港湾。

第二节　动漫衍生品冲动性消费行为影响因素

早在20世纪60年代末，斯特恩（Stern）就指出，冲动购买行为有别于理智购买行为及时间表购买行为，受消费者自己特性要素的影响，比如家庭背景、爱情、婚姻状况等，还受购买情形要素的影响，比如购物时长、可支付能力、是否有同伴、购物环境的刺激、商品的陈列展现等；受刺激方面要素的影响，比如电视广告、品牌形象、促销活动、价格刺激、购买渠道等。动漫衍生品冲动购买受消费者个人特性、情形要素以及营销刺激三方面影响。

一、动漫衍生品与消费者个体特征

消费者对动漫衍生品冲动购买行为的最重要影响要素之一是个人特征，个体特征与其冲动购买行为关系密切。消费者的个体特性主要有性别、学历、年龄、月收入等人口统计变量，冲动购买的特质、感情倾向、自我调节等方面的要素。其中消费者的动漫衍生品冲动购买特质与其成长环境、经济社会地位、婚姻状况等相关，在单亲家庭成长的女人，倘若经济社会收入不高也较为在意物质的话，亦愈加容易产生对动漫衍生品的冲动性购买行为。与年纪稍较长的消费者相比，年轻的消费者控制力比较低，信息加工妥善处理的能力较强，购买的实践经验较少，因而他们施行动漫衍生品冲动购买行为愈加频繁。不同婚姻状况的消费者对于不同品种的商品产生冲动购买行为，比如男人可能更多是出于消遣的目标，而是女人亦是出于感情释怀目标等其余要素。

（一）冲动性倾向

消费者产生动漫衍生品的冲动购买行为最为主要的因素是其具备购买冲动倾向。消费者的冲动特质是不自觉的、未经深思熟虑的、立刻消费的特征，是冲动购买行为产生的根本原因。消费者的冲动特质主要受价值体系、享受购物的程度、自我控制力的大小等方面的影响。

（二）购买情感

购买感情是消费者的一种情绪状态，与动漫衍生品冲动购买行为同样具备密切的关系。感情是情感及情绪活动的内在统称，情感是消费者对于客观事物思考现象的剖析、认知、评价引发的一种情绪状态，伴有生理反应过程，常常体现为形体语言。动漫衍生品购买者消费时所产生的消极情绪能从内部激发起冲动性购买行为。学者王晓敏通过研究得知，消费者的消极情绪与动漫衍生品冲动购买行为呈正相关关系。

（三）自我调节

自我调节主要是指购买者在消费过程中涉及的精力，自我调节具有消耗精力的特质。消费者在精力困倦时往往更难采取冲动购买行为，因此，那些能够减少其自我调节教育资源的要素推动了消费者冲动购买行为的出现。

二、动漫衍生品与情景因素

情形要素是指那些在一定时间与地点影响消费者购买行为的要素，这些要素的共同特性是不由个体产生，而且并非长久的刺激物。这方面要素可大抵归结为消费者可利用时间、可支付能力、别人伴同、用餐环境与购物环境。

（一）可利用时间

消费者在购买动漫衍生品时可利用时间能影响其冲动购买行为。冲动购买行为是购买者拥有非常剧烈的购买意向，且施行购买行为的时间短暂，通常是一种当机立断的行为。此种行为认知缺少理性，也并非个体的最佳判别抉择。因此，当消费者在购物时面对时间精神压力，亦能够轻易地引起其冲动购买行为。换言之，当消费者可支配时间较为短时，其面临的时间精神压力便能减小，而掌控能力便能上升，进而冲动购买行为的出现愈加频繁。贝蒂和费雷尔（Beatty&Ferrell）在研究成果中剖析探讨了时间及冲动购买行为间关系，通过研究成果证明，当消费者可利用时间较充裕时，其在店铺之内旅游观光的时间便越多，店铺内的活动便会较为轻易地影响他们，亦容易实施冲动购买行为。

（二）可支付能力

消费者在购买动漫衍生品时可支付能力也能影响其冲动购买行为。倘若消费者可支配金钱不多时，在施行消费过程中便能展开较为理智的思考，精打细算，因此不易产生冲动行为；相反，倘若消费者的可支配能力较为多，在消费时便会越容易冲动购买。曾浩和王利萍也曾经在他们的研究成果中利用信用可支付来剖析可支付能力与冲动购买行为的关系，他们的研究成果证明了由于信用卡支付的消费者感觉不到金钱的精神压力，使用信用卡支付会促使消费者愈加轻易地展开冲动购买。

（三）他人建议

消费者在做出购买动漫衍生品管理决策的过程中，别人建议还可以影响决策，这是因为别人伴同使消费者减少了自我控制力，出于对于伙伴的信赖而改变原有的购买决策。鲁克和费希尔（Rook&Fisher）在他们的研究成果中指出，当消费者觉得自身的冲动购买行为不太适合时候，伙伴的建议便能促使其购买行为产生不好的情绪。李和卡森（Lee&Kacen）指出，消费者在消费的过程中，同伴的意见对于其冲动购买行为产生影响，与同伴一起消费比起来，消费者在独自一人订餐时候施行的冲动购买行为比较高；其中，店员的意见也还能影响购买者出现冲动购买行为。

（四）购物环境

消费者的动漫衍生品冲动购买行为很受购物环境的影响。订餐环境的布置能影响购买者的冲动购买行为，订餐环境指的是购买者对于店铺之内所有物品的整体感触，比如对于商场位置、店铺之内空间布局、家具形状、电磁波高低、音响大小、气息、店铺之内工作人员服饰等的感知。众多研究学者认为，消费者购买衍生品时心境、积极态度受环境的影响，是引发购买者施行冲动购买行为的重要因素。商场内清爽的香气、明亮的环境能够促使消费者拥有好心情，提升消费者对于商场的信任感、满意度。商场的空间布局及物品的陈列应当在最大程度上使消费者感到舒服，而且设有符合要求的导购员，一个杰出的导购员能够推动消费者的购买行为，在购买过程中给其合理的建议。

三、动漫衍生品与营销刺激

营销刺激是可以控制动漫衍生品冲动性购买的外部刺激要素。营销刺激要素有很多，依据对于已有文献的经验总结、梳理，本书认为，营销刺激要素主要包括商品本身的刺激及商店活动的刺激。这些刺激要素主要有产品价格、产品类别、广告促销、品牌形象影响程度以及购物者对于商品的感受等。

（一）产品价格

动漫衍生品的价格能影响消费者冲动购买行为，其研究成果都证明了倘若商品本身出售的价钱比较高，即消费者应该支付的金钱会越小，其展开冲动购买的概率便会越低。但是，倘若是消费较为贵重的动漫衍生品，由于购物者应该付出较为多的金钱，在施行购买行为之前往往能先浏览数据资料，展开评估，而后才做出购买决定。

（二）产品类别

消费者施行动漫衍生品冲动购买行为的频率会因商品的品种不同而出现

变动。消费者通常对于那些轻巧易拎的、易于储藏的动漫衍生品施行冲动性购买。消费者购买奢侈型动漫衍生品的目标在于享福情绪，而购买功能型动漫衍生品的目标是在于实际的功能。购物者在消费过程中倘若是因为享福情绪，奢侈型商品能够自然而然地使其展开冲动性购买。奢侈型商品的色彩更强，比功能型商品更会彰显消费者的个性特征。帕波提亚（Parboteeah）的研究成果指出，消费者倘若常常冲动购买某个商品，那么与其余产品相比，那类产品亦能够轻易地引发其冲动购买，是因为那类产品的品种、价钱以及色彩比其余商品更打动人。

（三）广告促销

广告促销活动也是影响消费者产生动漫衍生品冲动购买行为的因素之一。斯特恩（Stern）在他的研究成果中证明了大规模电视广告活动能够推动消费者冲动购买行为的产生。阿吉（Agee）及玛蒂娜（Martin）在研究成果中指出，卖家利用广告传播信息内容，使消费者认识到商品的存在及其与其余商品的差异，从而刺激购物者的需求。除此之外，消费者所需要购买商品运输成本的高低，也对于其冲动行为产生影响。而促销活动往往能够给消费者提供更多的优惠，因此，更会轻易地激发购物者的购买意愿，促使其施行冲动购买行为。对整体运输成本相同的动漫衍生品，不同的价钱优惠组合形式对于消费者的商品偏好会产生明显的影响。倘若动漫衍生品价钱比较低，减少价钱的促销形式较为打动消费者；倘若动漫衍生品的价钱较高，购买者较为喜爱数目的促销形式。赫尔曼（Heilman）证明了购物者的冲动购买行为受商场促销活动的影响，消费者冲动购买行为的出现往往是因为在商场里面碰到促销活动导致的，而是在众多的促销形式中价钱打折及直接减少价钱的商品较为因受消费者的青睐。

（四）动漫衍生品品牌影响力

动漫衍生品品牌形象影响程度的大小对于消费者的购买行为具备影响作用。已有研究从动漫衍生企业形象、品牌形象偏好、品牌形象关系品质等多个方面着手，研究成果品牌形象对于消费者购买行为的影响，消费者的购买愿望很受企业形象中商品品牌形象的影响。姚杰的研究成果证明了企业形象中的视觉效果品牌形象可以推动购买者情绪归属感的增多，促使其产生品牌形象忠诚度，从而展开购买行为的产生。庄贵军等研究的成果得知购物者品的牌偏好能够影响其购买行为。福尼尔（Fournier）认为，当消费者与企业品牌形象的关联越强时，该类品牌形象便能会越引发其强烈的购买志愿及冲动。

（五）消费者切身接触

消费者的动漫衍生品冲动购买行为有时由于对于商品的触摸而是出现。派克（Peck）等在研究成果中表明，购买者通过对于商品的抚摸，能够对于一件商品产生更充分地认知，改变对于商品的原有积极态度，有时能提升他们对于商品的评价，促使其购买决定加强。麦卡贝（McCabe）等研究成果得知，购买者经过触碰之后，能够取得比较多的商品信息内容，进而加强了消费者的购买志愿。在触摸不能促使消费者取得商品信息内容的状况之下，触摸可以改变消费者的购买感情，因而同样可以改变其购买意愿。除此之外，因为消费者对于触摸的需求不同，触摸的影响实际效果还不同，而是并非所有的消费者也会通过触摸达到相同的实际效果。倘若购物者对于本能性触摸的要求比较低，那么便较为难展开冲动购买行为，而是通过触摸的营销沟通能够提升购买者的本能性触摸，从而影响其购买意愿。当然正面性感受反馈的商品更会激起消费者的购买愿望。

第七章　动漫衍生品消费行为相关理论

第一节　理性行为理论

一、理性行为理论的主要内容

消费者行为学研究的重中之重是掌握消费者的行为规律。为能准确地预测和把握消费者的行为规律，国内外学者提出了许多理论研究和模型设计。菲什拜因和阿耶兹（Fishbein&Ajzen，1975）在他的理论研究专著中提出的理性行为理论（Theory of Reasoned Action，TRA）具有代表意义。作为研究消费者行为最基础、最有力的理论之一，理性行为理论利用社会心理学的分析方法，为解释个体为什么做出或不做出某种行为提供了简洁的思路。

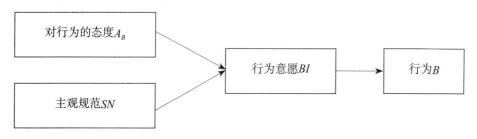

图7.1　理性行为理论的模型示意图

根据菲什拜因（Fishbein）和阿耶兹（Ajzen）的理性行为理论模型图可知，B代表个体受意志支配和控制下的行为，BI表示个体对该行为的意愿，

A_B是个体对该行为的态度，SN是作为感知主体，表示周围大多数人对其实施该种行为的态度，是否认同其行为。

理性行为理论有两个基本假设：其一，态度和主观规范是自变量，对行为产生影响；其二，行为意愿作为中间变量，是态度和主观规范影响行为的变量。理性行为理论表明，个体行为的主观目的和周围环境的规范信息是影响个体行为的重要元素，这一理论的推理经过了严格证实，使用能力非常广泛。

在理性行为理论中，特定个体的行为意愿受行为态度和主观规范两方面因素的影响。当个体的行为态度是积极的，态度的强烈程度与行为意愿的强烈程度呈正比，行为意愿会随之增高；而当个体的行为态度是消极的，个体的行为态度与行为意愿呈反比，态度较强烈时，行为意愿反而较低。同理，如果个体的主观规范为是积极的，规范越强烈，与之呈正相关的行为意愿越高；当个体的主观规范是消极的，规范与行为意愿呈负相关，规范越强意越低。

一般情况下，特定个体的行为态度可用如下公式进行测量：

$$A_B=\sum_{i=1}^{m}b_ie_i$$

这里，b_i代表特定个体对行为结果i所持有的信念；e_i表示该个体对行为结果i的评价；m是行为结果i的总量。

主观规范，其测量公式可表示为：

$$SN=\sum_{j=1}^{n}NB_jMC_j$$

其中，NB_j代表规范性信念，指特定个体所感知到的j（重要的参考个体或群体）认为的其需要或不需要实施某项行为的态度强度；MC_j为信念遵从动机，指特定个体服从于j（重要的参考个体或群体）的态度的倾向；n是有参考价值的重要个体。

二、理性消费理论的核心概念

为了更好地将理性行为理论运用于动漫衍生品消费行为的研究，这里先对与理性行为理论密切相关的几个基本概念如行为、意愿、态度，以及主观规范等进行简要阐述。出于普适性，上述概念的定义、分类等均参考了社会心理学教材及经典论文，此处未一一加标注。

还需要指出，与最原始的理性行为理论相比，上述概念的内涵在下文的描述中更为宽泛。例如，菲什拜因和阿耶兹（Fishbein&Ajzen）在研究中指出，态度是特定个体对其从事的行为的正面、负面的判断，在最原始的理性行为理论中，态度只包含认知成分，不包含情感成分和意愿成分；而在下文中，态度不仅包含认知成分，而且还包含情感成分和意愿成分等。

（一）行为

每个心理学家对行为的理解各不相同。通常，在行为心理学中，人和动物受事物影响之后产生的一系列反应都叫作行为，包括显性和内隐两种类型。格式塔（Gestalt）心理学家认为，行为是受心理支配和控制的外部活动，同时，该活动还受人与环境的相互关系所影响。对于现代心理学家，行为则是特定个体受客观因素影响后产生的外部活动，客观因素影响和外部活动构成了一个完整的行动过程［帕加斯利斯（Pagiaslis）和克朗塔利斯（Krontalis），2014］。行为的划分方法有很多，按行为的动机和目标来划分，可分为意志行为、潜意识行为，以及娱乐消遣行为。

第一，意志行为。意志行为是指特定个体既有明确目的、又有明确目标的行为［罗森奎斯特（Rosenquist）等，2010］。如果特定个体的行为动机与长远目标统一，则该行为属于有积极主动动机的士气行为；如果特定个体的行为出发点与长远打算一致，则该行为属于乐观踊跃有斗志的行为；如果特定个体的行为出发点与长远打算不一致，则该行为属于悲观消极没有斗志的行为。

第二，潜意识行为。潜意识行为是指特定个体没有清晰的目标、但有确切的行为，意思是指，那些特定个体总想做、但却不明白为什么要这么做的行为。潜意识行为受特定个体的潜意识支配，而潜意识是特定个体意志被压抑欲望、或当时已经发生但并未感知到的本能［迪南（Dinan）等，2015］。由于未被特定个体的道德价值意识和理性意识所接受，所以，潜意识里边的内容只能通过各式各样的伪装形式表达出来。

第三，娱乐消遣行为。娱乐消遣行为是特定个体具有明确目的、但无明确目标的行为，换句话说，就是那些很想去做、但并不在意（甚至不知道）这么做会做到什么程度（能获得什么）。按照不同的性质，娱乐消遣行为可以分为追求美感的欣赏行为，以及追求刺激的消遣行为。简单来说，娱乐消遣行为就是"玩"的过程，是对特定个体对自身乃至外界事物各种发展变化的欣赏过程，表现为情趣、情调以及爱好三个方面的统一［贝利（Bailey）和沃登斯基（Wojdynski），2015］。值得注意的是，意志行为、潜意识行为和娱乐消遣行为三者之间存在相互牵制、互为制约的关系。特定个体的意志行为常常也是克服潜意识行为和娱乐消遣行为的过程。

（二）意愿

意愿是特定个体对客观事物所产生的看法或想法，并因此而产生的个人主观性思维，通常表现为希望、愿望、欲望等反应倾向［乔丹（Jordan）等，2015］。特定个体的希望、愿望、欲望等反应倾向大致可分为正向（肯定的）和负向（否定的）两种。正向的意愿有对客观事物的接近、获取、接受、宣传、吸收、鼓励以及产生等；负向的意愿包括对客观事物的逃离、放弃、反对、破坏、剔除、限制，以及消灭等。在理性行为理论中，意愿是特定个体对态度目标所产生的反应偏向，属于行为的预热状态，所以常被称为行为意图、行为意动等。

（三）态度

态度是特定个体基于自身道德观、价值观，对客观事物所持有的稳定的心理倾向。在社会心理学中，态度的组成部分通常有三个，第一认知成分，第二情感成分，第三行为意向成分［布林诺（Brinol）、拉克（Rucker）和佩蒂（Petty），2015］。

第一，认知成分是态度的基础，有以下几个方面，如对态度对象的感知、对其成分等方面的理解、对用途的把握，以及情感判断等。认知成分来源于认知主体直接的或间接的经验。第二，态度的情感部分是态度的深层次内涵，这些情感主要是对态度目标的情绪化体会。其中个体情感在情感成分中起关键作用，个体情绪化体验可以根据程度的不同分为几个层次，例如：喜欢—憎恶、敬重—藐视、怜惜—冷漠等，都是位于两极的情绪化经历。第三，态度的行为意向成分是态度的最高形式，指特定个体对态度对象的行为倾向，它对特定个体的行为发出指令，如"做什么""怎样做""什么时候做""做到什么程度"等。一般而言，态度的三个成分之间相互关联、相互协作，不过三者之间的关联程度和协调程度并不一致。认知成分与行为意向成分之间的关联程度较弱，而情感成分和行为意向成分之间的关联程度较强。当认知成分的水平非常低时，特定个体的行为意向主要取决于情感成分〔安南（Anan）和诺塞克（Nosek），2014〕。

在态度对行为产生刺激时，行为方式一样会对态度产生相应的反作用，在社会活动中，由于所处社会地位的不同，个体扮演着不同的社会角色，其实施的行为也需要与其社会地位、社会角色相符〔费希尔（Fisher）、拉蒂摩尔（Lattimore）和马林诺斯基（Malinowski），2016〕。一旦态度主体的社会地位、社会角色发生某种改变，就要实施与新社会地位或新社会角色相符的行为，因此，态度主体的态度也会随之变化。

（四）主观规范

主观规范起源于社会影响理论，是个体对是不是应该实施某种行为所感受到的外部压力〔舍佩尔斯（Schepers）和韦策尔斯（Wetzels），2007〕。在分析特定个体的行为时，那些对特定个体的行为决策具有影响的个人、群体，对其特定行为的实施与否，以及如何实施发挥作用。

在社会影响理论中，与主观规范密切相关的社会影响有四个，分别是：从众、顺从、服从，以及模仿（屠文淑，2000）。

第一，从众。从众又称遵从，在群体的诱导或者压力下，特定主体会放弃本来的意见观点和行为主张，为了符合社会总体规范，在认知和行为方面会与大多数人趋于一致〔马洪（Mahon）、考恩（Cowan）和麦卡锡（McCarthy），2006〕。一般地，群体的规模越大，群体的人数越多，对特定观点或特定行为越容易达成一致。特定个体受到的来自群体的压力有所增大，就容易实施和大家一样的行为。群体的凝聚力越大，群体对特定个体的吸引力越强，特定个体受到的压力上升，其采取从众行为的倾向也就越发明显。群体在特定的社会环境和社会氛围中生存，社会中的各方面的力量都会牵制群体的思想意识和行为规范。如果群体的思想认识、行为方式在群体之外的社会力量中得到支持和认可，那么随之会有较大的心理压力和暗示作用于群体成员身上，使特定个体接受从众行为。

第二，顺从。顺从也称为依从，指特定个体响应群体的需求或者受到群体的胁迫，从而显示出来的适合群体特性的行为，其持续的时间长短与群体期望或赞许的时间长短一致。顺从行为一个很大的特点，其并非出自行为人的内心自愿，这也是顺从行为区别于从众行为的根本所在。对于从众行为，特定个体屈服于群体的引导和压力，放弃了自己的意见和看法，以此附和群体的意志；对于顺从行为，特定个体对行为做出权益性改变以符合群体的意志或他人的期望，但同时又保留自己的看法［特奥（Teo），2010］。

第三，服从。服从是指特定个体按照社会规范、群体要求，以及他人的意志而实施的行为（Hsu，2012）。因外界（社会规范、群体要求、他人意志等）压力的不同，服从分为两种类型：其一，社会规范或有群体要求影响之下的服从，如遵守纪律、照章办事等。这种服从一般都是从被动到主动、从被迫到自觉，最终内化为行为个体的内在动机和行为准则。其二，在权威人物命令之下的服从，如听从组织调配，下级服从上级等。

第四，模仿。在排除其他外界因素的干扰和控制后，如果他人行为刺激到态度主体，使主体产生仿照他人行为的行动，使自身与他者行为保持相同和相似，这一行为模式被称为模仿。模仿按照模仿行为的产生机制可以分为无意识行为和有意识行为两种情况。无意识的模仿行为不存在动机，是个体不自觉的行为；有意识的模仿是指行为背后有着复杂多样、强弱有别的动机。通常情况下，模仿的动机是出于兴趣、认同和适应。

应该指出，上述几个概念之中，理性行为理论所特指的主观规范，主要是从众行为、顺从行为以及模仿行为。

三、理性行为理论的相关研究动态

理性行为理论自提出以来，一直受到社会心理学、消费者行为学领域的关注，众多学者对其进行了应用、深化和拓展。根据研究的重点不同，大概可分为三种：（1）将理性行为理论运用于各个行为领域、不一样的文化背景、不一样的个体特征，以及不一样品牌选购的普适性研究；（2）对理性行为理论进行补充、完善的深入探索；（3）在理性行为理论中添加新变量的拓展研究。

（一）理性行为理论的普适性研究

理性行为理论的普适性研究非常多，大致有：针对不同行为领域的验证研究、针对不同文化背景的比较研究、针对不同个体特征的实证研究，以及针对不同品牌选购的应用研究等。本章对有代表性文献予以归纳，结果如表7.1—表7.4所示。

表7.1　理性行为理论针对不同行为领域的代表性研究

文献	应用领域
帕克（Park）（2000）	环境保护行为
巴戈齐（Bagozzi）等（2000）	餐厅的用餐行为
巴戈齐（Bagozzi）等（2001）	骨髓的捐赠行为
程华、宝贡敏（2003）	大众的网上购物意愿
塔马基（Tamaki）等（2008）	酒产品的消费行为
冯秀珍、岳文磊（2009）	团队的信息共享行为
费鸿萍、戚海峰（2012）	消费者对品牌的决策过程
肖海林、黄毅（2016）	创新产品的早期市场购买意向

表7.2　理性行为理论针对不同文化背景的代表性研究

文献	主要观点
巴戈齐（Bagozzi）等（2000）	在美国、意大利、中国和日本四个国家的样本中检验理性行为理论的适用性。发现，理性行为理论在四个国家中的适用性无一例外，但解释力强度不一。将四个国家的样本数据进行比较研究，发现美国人的行为态度、主观规范对行为意向的影响较强；同时，与中、日等东方文化相比，理论对美、意等西方文化的样本中表现出更强的解释力

文献	主要观点
卡森（Kacen）和李（Lee）（2002）	西方文化与非西方文化、集体主义与个人主义等文化因素，通过自我认同、情绪和规范性等中介变量，系统地影响着消费者的冲动性购买行为
施威特（Shavitt）和秋（Cho）（2016）	文化的不同倾向、不同层级（个人主义和集体主义、垂直化和水平化）塑造差异化价值观、目标和主观规范，解释了消费者在品牌选择方面的异质性

表7.3　理性行为理论针对不同个体特征的代表性研究

文献	主要观点
特拉维莫夫（Trafimow）菲什拜因（Fishbein）（1994）	仍有小部分人群，他们的行为意愿主要受主观规范的作用。也正是由于这部分人的存在，理性行为理论中主观规范对行为意愿的影响很弱但却是显著
特拉维莫夫（Trafimow）芬利（Finlay）（1996）	将消费者分成两类：行为态度控制型和主观规范控制型。当特定个体行为态度对行为意愿的影响高于主观规范对行为意愿的影响时，这类个体被称为行为态度控制型个体；相反，被称为主观规范控制型个体
赫鲁比（Hrubes）阿耶兹（Ajzen）戴格尔（Daigle）（2001）	利用理性行为理论预测个体的户外狩猎行为，发现：行为态度和主观规范会对狩猎意图产生影响；同时，狩猎意图也会反过来作用于行为态度和主观规范。但是，影响的程度随个体年龄、收入和职业等因素的不同而存在差异
基米（Kim）等（2013）	以营养标签的阅读和食品消费为例，证实态度作为中介变量在主观规范和行为意愿之间发挥作用，但是作用的大小受消费者个体异质性的影响。这些异质性包括：收入、职业和学历等

表7.4　理性行为理论针对不同品牌选择的代表性研究

文献	主要观点
蔡尔德斯（Childers）和拉奥（Rao）（1992）	以美国和泰国的消费人群为对照样本，消费者的品牌决策过程，在理性消费行为分析下，响消费者品牌选择的重要因素是家庭成员的态度。这体现出主观规范在理性行为理论中的重要性
卡雷曼斯（Karremans）施特勒贝（Stroebe）克劳斯（Claus）（2006）	在电影屏幕上出现品牌的潜意识信息，可以正向影响消费者的品牌选择和购买意图。文章借助理性行为理论对上述实验结果进行了分析和解释
卢比奥（Rubio）乌比尼亚（Oubiña）维亚西诺尔（Villaseñor）（2014）	借助理性行为理论及其模型，证实食品零售商的品牌营销，会影响到消费者的风险感知，进而改变消费者的品牌选择和消费意愿
卡雷曼斯（Karremans）施特勒贝（Stroebe）克劳斯（Claus）（2006）	在电影屏幕上出现品牌的潜意识信息，可以正向影响消费者的品牌选择和购买意图。文章借助理性行为理论对上述实验结果进行了分析和解释
卢比奥（Rubio）乌比尼亚（Oubiña）维亚西诺尔（Villaseñor）（2014）	借助理性行为理论及其模型，证实食品零售商的品牌营销，会影响到消费者的风险感知，进而改变消费者的品牌选择和消费意愿

上述的研究表明，理性行为理论在不同行为领域、文化背景、个体特征以及品牌选购方面都得到了证实。因此，理性行为理论具有广阔的适用性，可以利用其对各式各样的消费行为进行分析和研究。

（二）理性行为理论的深度研究

理性行为理论的深度研究有两个主要的分支：其一，细分研究行为态度的维度；其二，对主观规范的维度细分研究。这里对有代表性文献予以归纳，结果如表7.5、表7.6所示。

表7.5　理性行为理论的深化研究：基于行为态度的维度

文献	主要观点
巴戈齐（Bagozzi）（1992） 佩鲁吉尼（Perugini）（2001）	认为特定个体的渴求欲望也最激发其行为的重要因素，并将其引入理性行为理论，发现模型对行为意愿和行为实施的解释力度有所增强
克赖茨（Crites） 法布里加（Fabrigar） 佩蒂（Petty）（1994） 范德普利特（vanderPligt）等（1998） 曼斯特德（Manstead） 帕尔（Parer）（2005）	在经典的理性行为理论中，态度没有情感成分，缺乏对消费行为形成过程中情感作用的考虑。换言之，理性行为理论中，行为态度只是提供了一个行动的理由，并没有给出触发行动的动机
帕克Parker等（1995） 理查德（Richard）等（1998） 希兰（Sheeran）等（1999）	关注预期情感的作用，并将其纳入到理性行为理论中，作为行为意愿的一个重要的测量指标
帕克（Park）（2000）	特定个体的行为态度可以分为个体成分和社会成分。前者是指，特定个体在进行行为决策的时候，需要考虑行为结果对自己的影响；后者是指，特定个体在进行决策的时候，需要考虑行为结果对其他人的影响
罗威（Lowe）等（2002） 特拉维莫夫（Trafimow）等（2004）	把行为态度分为认知成分和情感成分两种成分，再研究和比较两种成分的预测能力。结果显示，较之于认知成分而言，情感成分的预测能力更好
菲茨莫里斯（Fitzmaurice）（2005）	利用理性行为理论对消费者是否实施一项新的行为而进行预测。发现，将消费者对行为的热情放入模型后，新模型的预测能力有所增强
哈格（Hagger） Chatzisarantis（2014）	运用理性行为理论，研究特定个体是否参加体育活动。结果表明，相较于没有区分认知成分和情感成分的模型，有所区分的模型对特定个体是否参加体育活动的解释能力更好

表7.6　理性行为理论的深化研究：基于主观规范的维度

文献	主要观点
怀特（White）和特里（Terry） 霍格（Hogg）（1994） 特里（Terry）和霍格（Hogg）（1996） 特里（Terry）和霍格（Hogg） 怀特（White）（1999）	从自我定位和社会身份的视角，定义主观规范。指出，利用主观规范对特定个体的行为意愿进行预测，仅适用于那些强烈认同群体和群体行为的人群
怀特（White）和特里（Terry）、 霍格（Hogg）（1994） 希兰（Sheeran）和欧贝尔（Orbell） （1999）	证明，描述性规范和命令性规范的主要区别在于——有效和收敛有效
特拉维莫夫（Trafimow）（1996） 芬利（Finlay）和特拉维莫夫（Trafimow） 和琼斯（Jones）（1997） 约翰斯顿（Johnston）和怀特（White） 诺曼（Norman）（2004）	从个体差异的角度探讨主观规范对行为意愿的影响。认为，上述影响仅对部分个体成立；而行为态度对行为意愿的影响，则对于大多数个体来说都是有效的
希兰（Sheeran）和欧贝尔（Orbell） （1999） 阿米蒂奇（Armitage）和康纳（Conner） （2001）	对185个特定个体的理性行为进行研究，结果显示，行为态度和行为意愿的相关程度达到0.49；不过，主观规范与主观意愿的相关程度稍弱，大约为0.34。这是由于主观规范的构概念太窄所致
康纳（Conner）和麦克米伦（McMillan） （1999） 沙林（Shrrean）和欧贝尔（Orbell） （1999） 里维斯（Rivis）和沙林（Shrrean） （2003）	在理性行为理论中，描述性规范可以独立于其他变量而对行为意愿产生影响。当然，描述性规范这种影响因行为的不同而存在很大差异
考特宁（Kautonen） 盖尔德伦（Geldcren） 芬克（Fink） （2015）	行为态度、主观规范对行为意愿的解释作用并非一成不变。哪一种作用更强，取决于特定的个体和特定的行为

理性行为理论的深化研究，其最突出的贡献在于对理性行为理论的细分，包括认知成分和情感成分两个维度，让主观规范这一维度有了描述性、命令性规范的划分，这大大提高了模型的解释和预测能力。

（三）理性行为理论的拓展研究

理性行为理论的拓展研究主要包括四个方面：其一，加入前置因素的拓展研究；其二，加入情景因素的拓展研究；其三，加入行为控制变量的拓展研究；其四，加入风险感知变量的拓展研究。这里归纳有代表性文献，结果如表7.7—表7.10所示。

表7.7 理性行为理论的拓展研究：加入前置因素

文献	应用领域
阿耶兹（Ajzen）蒂姆科（Timko）（1986）	健康态度与健康行为
巴戈齐（Bagozzi）（1992）	态度的自我调节
巴戈齐（Bagozzi）等（2000）	文化与理性行为
阿巴拉钦（Albarracin）等（2001）	理性行为理论与计划行为理论的比较
Gampe、Prinz和Daum（2016）	目标预测和行为模拟之间的相互关系

表7.8 理性行为理论的拓展研究：加入情景因素

文献	主要观点
辛哈（Sinha）（1994）	影响消费者行为的情景，可以分为普通和特殊两大类型。并且，与不同情景相比，特殊情景对消费者行为的影响要大得多
阿萨尔（Assael）（1995）	将情景和产品结合起来，纳入到消费者行为理论，作为影响消费者行为决策的重要因素

续表

文献	主要观点
霍金斯、贝斯特（2000）	情景（消费情景）是消费者面临的，可以对消费者的生理、心理等引起变化的内外部刺激因素。消费者是否实施购买行为会受情景的影响
王海燕（2007）	基于购买情景和消费目的，构建"情景—目的"的矩阵型细分市场
张圣亮、陶能明（2015）	在中国情景之下，有七类因素对炫耀性消费影响较大，分别为：面子、认同、价值、享受、商品的象征意义、品牌来源地，以及消费者的参照群体

表7.9 理性行为理论的拓展研究：加入行为控制变量

文献	主要观点
阿耶兹（Ajzen）（1985）	对于容易实施、不需要在特殊环境下发生的行为，用理性行为理论已足够解释态度和行为间的关系；然而，对于难以实现、或者需要特殊环境的行为，特定个体对资源、机会以及技能等的控制就应该有所考虑
伊格利（Eagly） 柴肯（Chaiken）（1993）	行为控制的重点是信念控制，指的是特定个体具有的信念，该信念与完成某个行为的资源、机会或技能的可能性正相关
邦斯（Bunce） 伯迪（Birdi）（1998）	将加入行为控制的理性行为理论用于分析择业行为。发现，新模型比原始的理性行为理论解释力度更强
曼斯特德（Manstead） 范埃克伦（van Eeklen）（1998） 阿米蒂奇（Armitage） 康纳（Conner）（1999） 阿耶兹（Ajzen） 菲什拜因（Fishbein）（2005）	行为的控制包括两个维度：其一，特定个体对完成某个行为的信心；其二，特定个体对执行某个行为的把握力度
保罗（Paul）和莫迪（Modi） 帕特尔（Patel）（2016）	在理性行为理论中添加行为控制变量后，新模型对绿色产品消费行为的预测精度更高、更强

表7.10　理性行为理论的拓展研究：加入风险感知变量

文献	主要观点
彼得（Peter） 塔尔佩（Tarpey）（1975）	在雅各比（Jacoby）和卡普兰（Kaplan）（1972）的基础上，添加了第6项风险因素——时间风险。也即，在购买、使用产品的过程中，所需要的时间的不确定性
斯通（Stone） 格伦哈格（Grønhaug） （1993）	财务风险、功能风险、身心风险、心理风险、社会风险，以及时间风险等个体感知的风险，已经占到个体风险感知总量的85%以上。同时，如果消费者觉得风险还尚可接受，则其不会实施改变原有的行为；反之，如果其觉得风险超出了其能够承受的范围，那么其会停止或转换原有的行为
班萨尔（Bansal） 沃耶（Voyer）（2000） 坦（Tan）和Chou（2008）	利用财务、功能、身心、心理、社会以及时间六个方面的风险感知，衡量并测算消费者的风险感知水平
洪（Hong）（2015）	针对消费者的网购选择行为，发现：情景涉入对风险感知的各个组成部分都有积极的影响

当然，除了添加前置因素、情景因素、行为控制变量、风险感知变量之外，对理性行为理论的拓展还有不少。比如，将创新扩散理论纳入到理性行为理论，或者把生活形态理论中特定个体的活动、兴趣以及意见等纳入理性行为的分析框架。

四、理性行为理论的评述和借鉴意义

理性行为理论是消费者行为领域中一个非常成熟的理论，它也是分析、解释和预测消费者行为的基本方法。通过上文的归纳和总结不难发现，理性行为理论的普适性已得到广泛的认同，而且理论的深化和拓展也形成了丰硕的成果。

首先，理性行为理论的深化主要包括两个方面：（1）对行为态度的细分，具体而言，将行为态度细分为认知成分和情感成分；（2）对主观规范的细分，可以划分为命令性和描述性规范两种。与最初的理性行为理论相比，经过深化之后的理性行为理论涵盖了更加广泛的消费者行为决策方面信息，所以，对消费者行为的解释力和预测力也更加强大、更加准确。

其次，理性行为理论的拓展主要包括四个方面：（1）加入前置因素；（2）加入情景因素；（3）加入行为控制变量；（4）加入风险感知变量。对理性行为理论的拓展，主要是为了使理论能够与特定消费者的行为和特定商品的特点更加契合，让理论能够更好地反映、刻画出特定消费者对特定商品的消费行为。无疑，这有助于提高理性行为理论的适用性和效力。

理性行为理论是分析消费者决策过程、构建消费者行为模型的基础，当然也是本书研究动漫衍生品消费行为的理论出发点。其理论中反复论述的认知成分、情感成分、命令性规范、描述性规范，以及行为控制变量和风险感知变量等也都应当被纳入本书的分析框架。当然，除了这些要素之外，动漫衍生品作为一种典型的符号化商品，对其消费行为的研究就不可避免地会涉及符号消费理论的相关内容，有鉴于此，下文即对符号消费理论的主要内容、核心概念和相关研究动态进行简要回顾，继而总结出符号消费理论对本书的指导和借鉴意义。

第二节　符号消费理论

一、符号消费理论的主要内容

符号消费是消费文化领域的核心概念，最早由法国社会学家鲍德里亚（Jean Baudrillard）在20世纪60—70年代提出。他认为，商品不仅应当具有马克思在《资本论》中所描述的使用价值和交换价值，还应当具有符号价值。商品具有符号价值，是指消费者在消费商品的时候，不仅消费了产品的自身，而且也消费了商品所具有的意寓、情调和品味等因素，也即消费这些符号对应的"内涵"，同样功能和质量的产品，有品牌者其价格要高出没有品牌者数倍的原因。

鲍德里亚在《物体系》《消费社会》《符号的政治经济学批判》三本著作中阐述了其符号消费的主要思想：

　　第一，商品如果想变成符号消费的对象，一定要先变成符号。鲍德里亚认为，之所以商品要成为符号才能被符号消费，是因为对于符号消费而言，消费的不是商品的物质性，而是商品的符号意义和差异性（鲍德里亚，2001）。商品和商品的符号存在一个指代的关系，商品和商品符号之间不同的抽象关系，正体现出商品符号的个性和差异。

　　第二，商品除了具有普通商品所具有的功能作用之外，还应该具有商品自身的个性。这里的个性并非指功能方面的个性，而是指商品区别于其他商品的内在特点。根据鲍德里亚的观点，符号消费就是要"成为我自己"。符号消费不单单只是商品的购买和使用，而是消费者"彰显个性""实现自我"的过程，这体现了消费者的"自我价值"，使得消费者"与众不同"。

　　第三，符号应当具有价值。传统社会中，生产是为了自给自足，而并非为了交换；但在商品社会，随着生产力的发展和剩余产品的丰富，原来以满足自身需要为目的的生产，演变成了以追求交换利润为目的的生产。因此，体现使用价值的产品变成了体现交换价值的商品。伴随商品经济的繁荣，消费文化也开始在西方国家盛行，并逐渐成为西方国家的主流文化（鲍德里亚，2009）。在此文化中，消费成为整个社会生产和生活的动力，消费者在选购商品的时候，也不会只关注产品的使用价值，更多的是在意产品背后代表的群体、品味、象征意义，以及人际关系等符号。从这个意义上说，正是这些符号引致了消费者的购买和使用意愿，因此符号也就具有了交换的价值。

　　基于上述思想，鲍德里亚认为，在消费社会中，使用价值被符号价值取代：消费者在消费商品的时候，并非消费商品的本身，而是消费商品所具有的符号，以及由这些符号所呈现出来的社会地位、个性品位等的差异化。可见，消费商品就等于消费符号，而符号又是文化的重要组成部分，因此，消费自然也就成为一种文化，并且这种文化多以审美的形式所存在。

　　从这些著作中可以看出，鲍德里亚所谓的"超真实"，是利用现代电子信息网络技术和生物技术相结合，按照一定的模型生产、创作出来的真实。这是一种比真实还要真实的虚拟真实。它不是现实中由一些纯粹的实物所组成的真实，而是在幻境中被精心打造出来的真实［博格（Berger）和沃德

（Wardr），2010］。在"超真实"的世界中，人们对世界的认知并不是直接来源于其对客观世界的感受或体验，而是来源于电视、电影、电脑和网络等媒体所生产的信息和符号。人们安然接受这些媒体生产的资料和符号，也不想接受自己看到的、听到的、感到的真实。从这个层面来说，电视、电影、电脑和网络等媒体并不是在反映真实，而是创作了一个比真实还要值得信赖的世界，也即"超真实"世界。

这样的"超真实"世界，在动漫领域表现得尤为突出。动漫的"超真实"并非存在于现实空间，也没有存在于人类的艺术空间或心理空间，它存在于以符号为基础的数字和仿真空间［拉森（Larsen）、劳森（Lawson）和托德（Todd），2010］。"超真实"世界对现实中的物（包括人物、动物等）及其声音和影像进行仿真，创作出动漫世界的虚拟形象；进而通过形象与形象之间的交流和互动，复活现实世界或者类似现实世界的场景，如虚构的都市、虚构的乡村、虚构的英雄以及虚构的战士等。它能够给人以听觉、视觉，甚至触觉、味觉和心灵上的刺激和震撼，让人身临其境，达到超越现实的效果。不可否认，鲍德里亚的符号观及其理论在动漫领域得到了很好的诠释和运用。

二、符号消费理论的核心概念

与符号消费理论密切相关的概念有两个：一个是符号，另一个是"自我"。为了更好地理解符号消费理论，并将其运用于本章动漫衍生品消费行为的研究，下面分别对两个概念及其特点进行梳理。

20世纪初，瑞士的索绪尔（Saussure，1857—1913）和美国的皮尔斯（Peirce，1839—1914）各自创立了自己的符号学理论体系。不过，在理论的创立伊始，符号学一直处于学科研究的边缘位置，并未受到过多的关注和重视。直到20世纪60年代，借助结构主义的概念，符号学才逐渐被学界所接受和认同。到70—80年代的后结构主义时期，符号学的发展直接推动了多个学科之间的交叉和融合；同时，索绪尔的理论体系也被皮尔斯的理论体系所取代，而后者则成为现代符号学的基础。应该说，在索绪尔理论体系中，其研究的对象仅局限于语言符号；而皮尔斯的理论体系则不同，他跳出了语言符号的概念，指出应该以人类的生活经验为参照来解释符号，因此，他的理论更为开放、更为人性化。

符号，一般是指称或者代表其他事物的象征性标记或记号，也可以是传播客体和接受客体之间的中介，承载传播方对接收方所发出的信息。符号包含"能指"和"所指"两层含义。前者是符号的物质形式，如茶杯、电脑、书包等；也可以是物的一部分，如茶杯上的图案，电脑的品牌，书包的颜色等。后者是符号所指代和表示的意义，如玫瑰表示爱情，钻石表示永恒，巧克力表示浪漫等 [帕克（Park）和杨（Yang），2010]。

符号学借助学科的分类方法，对意义进行了分类。符号的意义大概有三个方面：第一，明显意义和暗示意义。明显意义是符号的核心内容，指符号的字面意思，相对稳定；暗示意义是符号的外围内容，指符号的引申意义，不够稳定，因人、因时和因地的变化而变化。第二，符号的内涵意义和外延意义。内涵意义是符号对其象征事物的特点、属性和本质的集合；外延意义是符号所象征的事物的集合。第三，指示意义和区别意义。指示意义，是把符号和其象征事物相联系的、相统一的意义；区别意义，是对于不同的符号其对应的象征事物应该也是不同的。

在符号信息传播的过程中，符号的意义还可以分为：传播意义和受传意义。前者指符号的传播主体所希望传播的意义，后者指传播客体所理解的传播主体的意义 [弗林特（Flint）和罗兰兹（Rowlands），2003]。当然，出于误解，传播意义和受传意义往往并不一致。例如，在男孩写情诗追求女孩的过程中，男孩希望用情诗表达的是浪漫，而女孩也许会认为情诗代表的是男孩的做作。此外，这里还有一个情景问题。情景包括时间、地点以及社会文化等，直接或间接地影响着符号传播的行为和结果。对于不同的情景，情景的意义也相去甚远。例如，游乐场可以理解为欢乐和刺激，而公园应理解为悠闲和放松。

符号有几个重要的特性：第一，指代特性。符号与其指代的象征事物之间，并没有必然的联系；而符号对象征事物的指代，也是人为规定、设置、相沿成习的。例如，在公共场合，"WC"就约定为公共厕所的指代符号。第二，共有特性。符号与其指代的象征事物之间的联系，应该是众人皆知的。当然，这里的"众"，既可以是大众，社会上的所有人；也可以是小众，社会中的某个小部分群体。因此，符号的准确寓意，有时候就只有属于特定群体的个体才可以知晓；而处于群体以外的个体，则无从知晓符号的具体象征。第三，发展特性。随着人类社会的发展，符号的象征意义也不断被人类修改、扩充，形成新的符号意义。

符号不仅具有上述特性，它还具有一些功能。例如，表达、传递、理解以及思考等。实际上，在人们相处的过程中，交流的只能是精神层面的内容，而精神层面的东西又得依赖于一定的可以感知的物质形式进行表达和传递，这体现出符号的表达和传递功能。而后，符号客体也才能够对符号的具体寓意进行理解、并且思考。这是符号的理解和思考功能。

基于符号消费理论，与其说消费者在消费某种商品或者服务，不如说消费者在消费商品或者服务背后所指代的符号的象征意义，例如：身份、地位、个性、能力以及生活方式等。这既是社会沟通、社会交往的需要，也是社会互动、社会竞争的必然结果［辛塔斯（Sintas）和阿尔瓦雷斯（Álvarez），2004］。当然，这也是建立、维持某种特定社会关系的方式，同时也能够显示出这个特殊群体的独特品位和个性。

除了符号概念之外，"自我"概念也大量出现在鲍德里亚的符号消费理论中。关于什么是"自我"，笛卡尔的观点是"自我"就是意识到自身的存在；而弗洛依德则认为，"自我"是人格的有机构成部分，包括对自己的评价和判断等；詹姆斯指出，"自我"是自己对自身的形象、性格特点、生活状态等各方面因素的认识和感悟；库利则表示，"自我"是自己对他人评价和判断的反映，是通过与他人的交流和交往的过程中慢慢形成的（Vicdan和Ulusoy，2008）。综合上述观点，米德将"自我"概括为：以反映能力为基础的、特定个体对其自身的看法，这种看法通常与自身认为的别人对自身的看法相一致，但往往真实情况并非如此。罗森堡认为，"自我"是特定个体经过反省之后的产物，是将自己作为客体对象进行思考的结果，包含态度、个性、信念以及价值观等。吉尔斯建议从同一性的角度来理解"自我"，这里的同一性，也即特定个体具有的从属于某个群体的共性和特点，包括角色、身份以及行为举止等；罗杰斯又将"自我"区分为"真实的自我"和"理想中的自我"，前者强调主观体验，后者则是行为主体对于未来所希望达到的目标。

由此可见，不同的学者对于"自我"概念都有着不一样的理解。但不管怎样理解，"自我"概念至少可以包含四个层面的含义：一是现实中的"自我"，也即特定个体认为的现在的自己是个什么样子；二是理想中的"自我"，也就是特定个体觉得未来的自己可以是怎样的；三是动力中的"自我"，也即特定个体认为的通过努力后自己可以成为什么样子的人；四是幻想中的"自我"，也即特定个体认为的在可能的条件下自己渴望成为什么样子的人［埃金吉、西拉卡亚和普雷西亚多（Ekinci、Sirakaya&Preciado），2013］。

"自我"概念的四层意义，很好地诠释了普通大众对动漫衍生品的几个消费动机：第一，特定个体通过消费动漫衍生品来显示"现实中的自我"。经过动漫体验，特定个体认为自己和动漫作品中某个动漫物形象的某些方面（如个性、偏好和兴趣等）存在相似，因此，愿意消费以该动漫形象或动漫作品为载体的衍生产品，甚至消费该动漫形象在动漫作品中使用过的物品，以使自己在现实世界中具有该动漫形象的个性、偏好和兴趣等［威特（Witt，2010）］。

第二，特定个体通过消费动漫衍生品来展示"理想中的自我"。通过动漫体验，特定个体发觉动漫作品中某个动漫物形象的某些方面，如个性、风格、意志和精神等，正是自己在未来应该具有的特质，因此，愿意消费以该动漫形象或动漫作品为载体的衍生产品，甚至消费该动漫形象在动漫作品中使用过的物品，这样能使自己感觉可以尽快地与这些特质趋同［盖兹利（Gazley）和沃特林（Watling），2015］。

第三，特定个体通过消费动漫衍生品来实现"动力中的自我"。动漫体验之后，特定个体意识到动漫作品中某个动漫物形象的某些要素，如人格魅力、交际能力以及语言艺术等，正是自己通过努力后自己可以实现的目标，因此，愿意消费以该动漫形象或动漫作品为载体的衍生产品，甚至消费该动漫形象在动漫作品中使用过的物品，以此来激励自己通过不断地努力，获得上述动漫形象在动漫作品中的要素［施韦尔（Schwer）和丹尼施维尔（Daneshvary），2011］。

第四，特定个体通过消费动漫衍生品来实现"幻想中的自我"。基于动漫体验，特定个体注意到动漫作品中某个动漫物形象的某些特征，如能力、权利和地位等，正是自己梦寐以求的特征，因此愿意消费以该动漫形象或动漫作品为载体的衍生产品，甚至消费该动漫形象在动漫作品中使用过的物品，以此让自己有种梦想成真的感觉。

值得注意的是，无论消费者出于何种考虑，也不管他们想实现哪一层次的"自我"，动漫衍生产品都必须成为某种符号、具有某种符号意义。然而，对这种符号意义的感知和认识范围却因"自我"层次的不同而存在差异。如果消费者在购买动漫衍生品的过程中，只是为了实现"现实中的自我"，那么，他们只需要感知到自身所处的环境、状态等因素即可；而如果消费者在消费动漫衍生产品时，除了想实现"现实中的自我"，还渴望实现"理想中的自我""动力中的自我"以及"幻想中的自我"，那么消费者在感知自身的同时，还应对社会其他群体的想法也有所认识。

三、符号消费理论的相关研究动态

符号消费理论自提出以来，受到了社会学、心理学、管理学以及人力资源等学科的关注和重视，尤其是被大量运用于消费者行为领域，用于解释消费者的非常规消费行为。下面对有代表性文献予以归纳，如表7.11所示。

表7.11　符号消费理论的相关研究动态

文献	应用领域
埃利奥特（Elliott） 瓦塔纳苏旺（Wattanasuwan）（1998）	身份的建构与品牌价值
皮亚琴蒂尼（Piacentini） 梅勒（Mailer）（2004）	青少年的服装选择
何小青（2007）	广告文化的伦理评判机制
张宇、罗雯和李艳翎（2012）	体育消费及其社会分层
张卫（2014）	产品的环保性能
张荣翼（2015）	当代文学的问题意识

文献	应用领域
弗里斯沃尔（Frisvoll）、福博德（Forbord）布雷克索恩（Blekesaune）（2016）	乡村旅游中的食品消费
Aagerup、尼尔森（Nilsson）（2016）	绿色消费行为的好坏分析

从表7.11中不难看出，符号消费理论已经在国内外的消费者行为研究中得到了广泛的运用，较之于传统的理性行为理论而言，其在分析和解释消费者的超常规消费行为方面表现出了突出的优势，这对理解和预测消费者的超常规消费行为具有良好的借鉴意义。

四、符号消费理论的评述和借鉴意义

鲍德里亚的符号消费理论已被诸多学者所追踪和证实，特别是20世纪末、21世纪初人类全面进入网络时代之后，关于后现代社会的符号消费思想（如代码、仿真、模型和内爆等概念）也渐渐被大众所接受，这对于动漫的普及、动漫产业的发展以及动漫衍生品的创作和设计等都具有非常关键的推动作用。

首先，由于"内爆"，商品在真实世界中的象征意义与其在动漫世界中的象征意义，已经变得界限模糊、难以区分。例如，一个特定个体可以在同一天或者同一个小时，数次穿梭于真实世界和动漫世界，即使在睡眠之中，也不例外（睡眠于真实的世界，但梦境中可能已经遨游到了动漫的世界）。许多个体在动漫世界中耗费的时间已经接近、甚至大大超过其在真实世界中耗费的时间，这使得个体已经很难去区别（事实上，也没有必要去区别）商品在真实世界中的象征意义与其在动漫世界中的象征意义。

其次，在动漫出现之初，动漫世界中的符号只是更多地展现出了特定动漫形象在真实世界中的意义；而在动漫作品铺天盖地的今天，动漫世界的符号正大举进入真实世界。目前，众多的动漫符号在真实世界中已经很难找到其原型，并且当其在受众人群中的传播量达到一定的程度之后，就会逐渐渗透到真实的世界中。这些符号会先在最早接触相关动漫作品的人群中使用，进而扩展到其他人群；甚至通过大众媒体，在社会中传播开去，以至于成为整个社会关注的焦点。

基于以上两点分析，符号消费理论对于动漫衍生产品及其消费动机、消费逻辑的研究意义深远。消费者对于符号的感知，以及符号感知对消费者行为态度（包括认知和情感）、主观规范（包括命令性和描述性）的作用，都应当纳入到本章的分析框架中。事实上，动漫作品的爱好者，通常也是动漫衍生品的购买者和使用者；这其中一个和重要的理由，就是他们在对动漫衍生产品的消费过程中，看到了现实中的"自我"、理想中的"自我"、动力中的"自我"，以及幻想中的"自我"。也正是由于这些因素的存在，使得动漫衍生品的消费者可以将其动漫（虚拟）世界的生活延伸到真实世界。

第三节　冲动购买行为

一、冲动购买行为的概念界定

"冲动"一词在英语中的写法是buying或者impulsive buying，即冲动或冲动性质的意思。对冲动购买行为概念的研究较为丰富，学者们纷纷发表了自己的看法。本章将已有的概念界定进行归纳、分析，总结出冲动购买行为有三个层面。

第一，冲动购买行为等于消费者的非计划性购买。Dupont公司在分析消费者消费习惯中，认为冲动性购买就是非计划购买。斯特恩（Stern，1962）研究指出，消费者的非计划购买，或称为冲动购买行为就是买了原来没有想要买的产品。柯布和霍尔（Cobb&Hoyer，1986）也认可这一观点，在研究中把消费者的冲动购买行为理解为非计划购买行为。巴德盖延和维尔马（Badgaiyan&Verma，2015）认为冲动购买行为是不定时的、引人注意的且繁杂的购买行为。

第二，冲动购买行为是消费者受到某种刺激而实施的非计划性购买行为。奈斯比特（Nesbitt，1959）在他的研究中提出冲动购买行为是消费者未事先计划，而是在商店内浏览商品后，因各种营销信息、商品信息的刺激，产生的购买某种产品的行为。科特拉和威利特（Kollat&Willett，1967）在他们的研究中指出，冲动购买行为是消费者在进行商品搜索之前没有觉察到自身的隐形需求，而是在进入商店浏览商品后受到刺激，使其需求被激发出来，从而发生购买行为。贝蒂和费雷尔（Beatty&Ferrel，1998）提出，消费者事先未有购买意向或目的，但因为受到外界刺激而产生一种突发的和马上购买的行为就是冲动购买行为。杨强、张宇等（2014）在他们的研究中指出，冲动购买行为是指由于消费者激烈的、突发的或继续的推动力（感知价值、面子威胁），促使其在购买地点马上实施购买行为。汪浪（2017）的研究表明，大学生的虚荣性与冲动购买行为呈相关关系。

第三，冲动购买行为是消费者在购买中复杂情感反应后的行为。温伯格和哥特瓦尔德（Weinberg&Gottwald，1982）在其研究中指出，冲动购买行为是当消费者遇到某种商品时，忽然感到一种强烈渴望占为己有的情感，从而实施冲动购买行为。鲁克（Rook，1987）认为，冲动购买是消费者忽然引发的、并马上进行购买这种商品的行为，这是一种享受主义，没有经过深思熟虑的购买行为。

从已有的研究成果看，研究者对冲动购买行为的概念界定没有形成一致的看法。本书认为，冲动购买行为是消费者在购买的整个过程中，由于一些因素的刺激而引发一种主观的非计划购买行为，并伴有强烈的渴望。

二、冲动购买行为的特征

通过回顾以往关于冲动购买行为的概念界定很容易看出，以往的概念都对冲动购买行为的特征进行了明确的规定。在前人研究结果的基础上，本章将冲动购买行为的特征归纳为以下几点：

第一，非计划性。消费者在实施冲动购买行为之前，对将要发生的购买行为未有任何的认知、计划就是非计划性。学者们在前期研究中都强调在冲动购买行为的定义中加入非计划性特征。学者们在后期研究虽然从不同的视角出发来定义冲动购买行为，但都一致的认可冲动购买的重要特征之一是非计划性。

如斯特恩（Stern，1962）、科特拉和威利特（Kollat&Willett，1967）、鲁克（Rook，1987）等学者的相关研究。

第二，由刺激引起的强烈购买意愿。消费者在浏览某种商品时，由于某种事物而激发出来的一种希望自己也有的心理。消费者由于某种事物激起反应后，心理会出现一种失衡的情况，在冲动购买行为发生前往往需要经历一系列斗争，即陷入矛盾状态，难以决定是要放纵自己的购买意愿，还是立即控制自己的享乐心理消费者会经历激烈和繁杂的这样一种心理情感过程，通常伴随着购买前剧烈希望占为己有的愿望、购买时产生欢喜的快乐感、购买后产生的满足感或失望感等。如鲁克和霍克（Rook&Hock，1985）、鲁克（Rook，1987）、皮龙（Piron，1991）、伍德（Wood，1998）等学者的研究。

第三，缺乏理智控制和认知能力。学者们前期对冲动购买行为概念的分析测重于事先是否有购买规划，而并不注重冲动购买行为与非计划性购买行为的区别。学者们后期对冲动购买行为的研究，从消费者的视角出发，着重分析、强调其情绪上的反应，认为是理智控制不足和缺乏足够的认知能力致使冲动购买行为的产生。消费者在消费时的理智多少和认知的深度情况是冲动购买行为与一般购买行为的最大差别。众多学者认为，冲动购买行为的定义是消费者理智分析能力缺乏而产生的行为，冲动购买行为是一种具有剧烈的情感反应，而理智分析能力缺乏的反应行为；冲动购买行为的关键内容是消费者缺少足够的控制能力。如瓦伦斯、达斯托斯和富缇尔（Valence、d'Astous&Fortier，1988）、伍德（Wood，1998）等学者的相关研究。

第四，当机立断和不顾后果。冲动购买行为的消费者在遇到自己喜欢的产品时，通常没有经过深思熟虑，也没有考虑后果就当场立即购买，这被看出是冲动购买行为的又一个重要特征。消费者之所以当机立断和不顾后果的购买某种产品，是因为受到产品本身的吸引和营销手段的刺激而产生的自身不可抗拒的行为。冲动购买行为的消费者，在消费的过程中看到的是自己有了产品感受到的满足、喜悦，而忽视了消费后可能伴随有的失望、悲伤，他们的消费决定不是为了处理已有的困难或满足存在的需求。如贝蒂和费雷尔（Beatty&Ferrel，1998）、伍德（Wood，1998）、鲁克（Rook，1987）等学者的有关研究。

三、冲动购买行为的类型

从已有的研究文献看，关于冲动购买行为的类型研究较少，本章总结分析了学者斯特恩（1962）和洪秀华（2005）的观点。

斯特恩是最先对冲动性购买行为进行分门别类研究的人，他认为，冲动购买行为可分为四个类型。第一，纯冲动购买行为。斯特恩（1962）认为纯冲动购买行为的产生，是由于消费者临时的惊奇心理，是非理智的购买行为。第二，提醒式冲动购买行为。消费者在购物过程中由于受到刺激，使消费者意识到自身的某些需求还未得到满足，或使消费者想起了产品的相关信息，或是自己的相关产品即将用完等，从而使购买者马上进行购买的冲动行为。第三，建议式冲动购买行为。消费者在浏览产品过程中，对有些产品的知识信息较为缺乏，也未有购买经验和使用经历，但消费者如果觉得自己对这种产品有需要，便会进行购买。建议式冲动购买行为与提醒式冲动购买行为的不同在于消费过程中购买者缺乏产品的有关知识、信息和经验，仅仅依据产品自身形状、颜色、介绍和价格进行决策；与纯冲动购买行为的区别在于建议式冲动购买行为的消费者根据产品相关信息做出购买决策，在情绪上的反应很少。第四，计划冲动购买行为。消费者在消费产品前，已制定了计划，是带着目的在浏览有关商品。但是，在选购产品刚才中，由于受到其他产品的刺激，如优惠或促销的干扰，从而产生购买其他产品的意愿。

学者洪秀华（2005）提出了他认为的冲动购买行为类型，分别是纯冲动型、刺激冲动型以及计划冲动型购买行为，与斯特恩（1962）的分类相似。第一，消费者在实施购买行为前，往往没有购买意愿，但由于看到某种产品后，在情感上产生想要拥有的心理，进而产生购买的行为，是一种突发的情况。第二，刺激冲动型购买行为。消费者在购买产品的过程中，受到外部刺激的影响，如广告、限时折扣、价格促销等，激发了消费者的购买需求，促使其做出购买决策。第三，计划冲动型购买行为。消费者通常已明确了自己的消费目标，仅是详细的细节还没有明确，如购买地点、消费方式、消费量等。

第八章　动漫衍生品冲动性购买行为
测量量表与问卷设计

第一节　理论模型框架

一、理论模型的基市框架

现有文献中，学者们关于冲动购买行为的模型研究较为丰富。本章通过对文献的回顾、梳理，发现对冲动购买行为模型的研究，主要成果体现在贝蒂和费雷尔（Beatty&Ferrell，1998）的冲动购买行为模型、多拉基亚（Dholakia，2000）的CIFE模型、熊素红和景奉杰（2010）的冲动购买影响因素模型三种研究方式。

贝蒂和费雷尔建立的冲动购买行为模型描述了冲动购买行为产生的前因后果，该模型包含了情景因素和个体因素。研究中情景因素包括了时间和金钱两个变量，个体因素包括了购物乐趣和冲动购买倾向两个变量。贝蒂和费雷尔（Beatty&Ferrell，1998）是第一个研究冲动购买行为过程的学者，其研究表明，情景因素和个体因素会对积极作用、反面作用、浏览、消费者感知到的购买冲动、冲动购买行为的发生产生影响。

多拉基亚（Dholakia，2000）根据前人关于冲动购买理论的研究，将冲动购买的所有影响因素进行了梳理，最终构建了一个冲动性消费的整合模型。他将影响购买者冲动购买的因素总结为三类，分别是市场刺激（例如产品陈列、降价、促销等）、情景因素（例如可支配时间、可支配金钱、参考群体等）和个人冲动特质。三类影响因素中，不管是其中的一类因素，还是任意中的两类因素及以上共同作用，都可能引发消费者的购买冲动。当这种消费冲动没有受到一些阻碍因素的限制时，消费冲动会转化成实际购买行为。如果受到阻碍因素影响，消费者会进行认识评估，当认识评估结果为正时，也就是这些阻碍因素不足以抑制消费者的购买意愿，消费者就会实施冲动购买；当认知评估结果为负时，也就是这些阻碍因素足以抵制消费者的购买冲动，消费者就会采取理智的抗拒策略，最终放弃冲动消费。

熊素红和景奉杰（2010）提出了影响冲动购买行为产生的因素模型，该模型分析了营销刺激因素、情景因素、个体特质三方面对冲动购买行为的影响。影响冲动购买行为的营销刺激因素有价格折扣、背景音乐、触摸；影响冲动购买行为的情景因素有可支配时间、可支配金钱、调节资源；影响冲动购买行为的个体特质有自我建构、调节导向、冲动购买倾向。同时，模型还引入了自我控制、情感、浏览等变量。该模型认为，所有的因素都要通过自我控制对冲动购买行为产生影响，当消费者通过综合评价，认为值得购买时，就会实施冲动购买行为，而如果认为不值得购买时，就会放弃冲动购买行为。

以消费行为理论为基础，综合以往学者对冲动购买行为的界定，强调消费者在冲动购买行为发生前，都受到了某种突然的、难以拒绝的强烈购买欲望的影响，结合贝蒂和费雷尔（Beatty&Ferrell，1998）在研究中指出的购买者在进行冲动消费之前，一定会产生强烈希望拥有某个产品的欲望。所以，本书认为"冲动购买意愿"是理论模型的中介变量，是影响消费者冲动购买行为的内在因素。消费者冲动购买意愿与其冲动购买行为间的关系已经得到了学者的验证，如李志飞（2007）、阎巧丽（2008）、张迪（2010）等。多拉基亚（Dholakia，2000）认为，虽然消费者的冲动购买行为是由其冲动购买意愿激发而来，但并非所有的购买意愿都会转变成实际的购买行为，这是因为在消费者的购买意愿产生后到付出实际购买行动前，还会受到其他因素的影响，诸如时间压力、可支付能力、价格等因素的影响，会显著影响消费者冲动购买行为可能产生的大小。

考克斯（Cox, 1967）认为购买者的风险感知包括两方面，第一是购买者在购物前所能感觉到的有可能存在不好结果概率的多少；第二是在消费之后真正体会到的自己得失的大小。陈建在研究不同情景对网购决策的影响时指出，信息不对称的存在，使得消费者和商家对彼此了解不充分。这种信息不对称会使购买者在感官上产生作用，造成购物者的心理感受变化复杂化，促使其风险感知产生。当购物者在考虑产品的购买难题时，他们既无法知晓产品的使用能给他们带来何种结果，又无法准确地预知产品使用的结果是否能符合其自身的期望，甚至不知道其结果是否会使自己感到不开心。对购物结果感知存在着不确定性，就成为购物者购买决定过程中的风险感知。风险感知会影响购买者在购物过程的投入感，在一定程度上对购物者的购买冲动倾向和购买情感进行调节，从而影响其冲动购买行为。同时，消费者在购买动漫衍生品的过程中，通常是喜欢它在影视作品中的形象，以及所传递的真、善、美等信息，而在购买后，往往也会因周围人的评价等原因，使消费者产生不同的感知。不同程度的感知水平会通过影响消费者的购买意愿而影响其冲动购买行为，因此本章认为感知水平是有中介的调节变量。

二、理论模型的构建

1. 根据消费者购买行为相关理论，笔者认为，动漫衍生品冲动购买影响因素会直接影响动漫衍生品冲动购买意愿和冲动购买行为，而不同购买者对动漫衍生品购买的风险感知水平存在不同，这种不同在动漫衍生品冲动购买影响因素与冲动购买影响行为之间会产生中介作用和调节作用。

2. 通过对消费者冲动购买影响因素进行综述、归纳，将消费者动漫衍生品冲动购买的影响因素分为三大类，也就是本研究理论模型中动漫衍生品冲动购买的影响因素的三大维度：一是和消费者本身相关的因素，归纳为消费者个人特征方面的影响因素，根据与动漫衍生品相关的因素变量，具体选取了"购买冲动倾向"和"购买情感倾向"两个潜变量。二是以营销管理的"4P"理论为基础，归纳了营销刺激方面的几个主要因素，具体选取了"产品特征""价格刺激""促销广告"三个潜变量。三是动漫衍生品购买的情景因素，具体选择了"购买环境""购买时间压力"、以及"产品的品牌效应"三大潜变量。

3. 根据不同消费者个体对冲动购买结果变量影响的差异选择了风险感知水平作为理论模型的调节变量，分析不同消费者风险感知水平差异对动漫衍生品冲动购买行为影响的有中介的调节作用。

综上所述，本研究构建了如图8.1所示的理论模型。

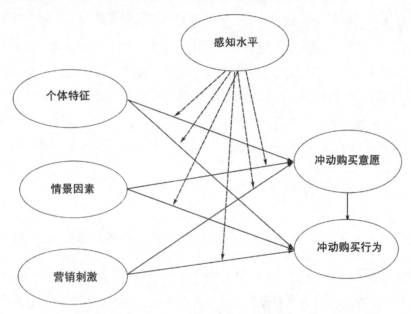

图8.1　动漫衍生品消费行为研究模型的理论模型

第二节　研究假设的提出

一、冲动性购买意愿与冲动购买行为的研究假设

阿耶兹（Ajzen，1991）在研究中指出，消费者在付出实际行动之前必然要先产生购买意愿。希夫玛和卡努克（Schiffma&Kanuk，2005）的研究结果证实了购物者消费某种产品概率的大小可以同其购买意愿来测量。张蓓、黄志平和文晓巍（2014）、仪星照（2014）的研究表明，消费者购买意愿与其购买行为间呈正相关关系。为此，消费者的冲动性购买意愿是测量其购买行为是否会

产生的重要指标，也是决定其是否实施冲动购买行为的重要指标。本章认为，冲动性购买意愿是消费者在购买动漫衍生品中突然形成的，希望得到某种衍生品的程度大小。传统的消费者行为理论认为，人们会发生某种行为的原因归结为其有采取该行为的意愿。在已有的众多研究中，消费者的冲动性购买意愿均具有十分重要的比重。

从已有的研究文献中可知，消费者的冲动性购买意愿与其冲动购买行为间存在着显著正相关关系。如果消费者的冲动性购买意愿越强烈，其实施冲动购买行为的可能性也会越大，如贝蒂和费雷尔（Beatty&Ferrell，1998）、多拉基亚（Dholakia，2002）等研究。李志飞（2007）等研究也认为，消费者在产生冲动购买行为之前是因为他们体验到了一种强烈的购买意愿。

基于上述分析，本章提出以下假设：

H1：消费者冲动性购买意愿与冲动购买行为之间呈正相关关系。

二、个体特征的研究假设

（一）购买冲动倾向与动漫衍生品消费行为的研究假设

消费者可能进行冲动购买行为概率的大小深受其购买冲动倾向的影响。本章认为购买冲动倾向是消费者购买非计划的动漫衍生品，同时消费者自我控制的能力比较弱、没有经过深思熟虑，也没有评估购买后果的随意性购买倾向。鲁克和费希尔（Rook&Fisher，1995）研究发现，如果购物者觉得自己的冲动购买行为是恰当的，其冲动购买倾向就会对冲动购买行为产生显著的影响。卡森和李（Kacen&Lee，2002）研究发现，在一定条件下，消费者的冲动购买倾向会对冲动购买行为产生预测作用，拥有较强购买冲动倾向的购物者在消费的整个过程中，引发冲动购买行为的可能性会更大。杨和费伯（Youn&Faber，2000）在他们的研究中指出，如果消费者的冲动性较高，那么其对外部的刺激有更为激烈的反应，因此，更能轻易地引起冲动购买。霍克和洛文斯坦（Hoch&Loewenstein，1991），贝蒂和费雷尔（Beatty&Ferrell，1998）等学者指出，消费者的购买冲动倾向能够有效地预测其冲动购买行为。

购物者如果具有较强烈的购买冲动倾向，其实施冲动购买行为的可能就越大。张敏和张哲（2015）在他们的研究中证实了消费者的冲动特质使产品的口碑传播效果得到增强，进而影响其冲动购买行为。李小鹿（2012）研究发现，如果购物者的冲动性较高，那么与普通购买者相比，就会拥有更加强烈的购买意愿，进行频繁的冲动购买。这是因为，第一，购买冲动倾向越强的消费者，在购买产品时浏览、搜集信息的时间也会比较长，从而更容易引发强烈的冲动性购买意愿，实施冲动购买行为；第二，与其他消费者相比，具有购买冲动倾向的消费者更容易对浏览的产品产生积极情感，做出过于乐观的评价，从而拥有较强的购买冲动意愿，实施冲动购买行为的情况也会经常发生。

基于上述分析，本书提出以下假设：

H2a：消费者购买冲动倾向与动漫衍生品冲动购买行为之间呈正相关关系；

H2b：冲动性购买意愿对购买冲动倾向和冲动购买行为之间关系起中介作用。

（二）购买情感与动漫衍生品消费行为的研究假设

从心理学上讲，情感（Emotion/Affection）就是人的一种感觉。一般来说，情感是由个人对事或物能否满足自己的需要而产生的一种态度。本章认为，购买情感是购物者在购买动漫衍生品的过程中，对接触到的衍生品或服务产生的一系列情感反应，它严重影响消费者的冲动购买行为。消费者在购买中，最直接的情感反应通常有两种，积极的或消极的。普格（Pugh，2001）认为，如果购物者在购买商品时接收到的刺激是正面的，那么其情感反应也会是积极的；如果接收到的刺激是负面的，就会产消极的情感反应。

消费者行为研究领域的学者们普遍认为，消费购买情感对其购买行为有强烈的影响。相关研究结果表明，在消费者产生了一种强烈的、消极的情感时，则容易实施冲动购买行为来改善自己的心情，购买能为消费者带来使其高兴的产品，以此修补心境。阿诺德、雷诺兹和庞德（Arnold、Reynolds&Ponder，2005）认为，积极正面的消费者情感会从正面影响消费者，使购物者感到快乐，从而提高其购买意愿并最终产生购买行为。李志飞（2007）认为，购物者愉快的购买情感会对其冲动购买行为产生显著的影响。温伯格和哥特瓦尔德（Weinberg&Gottwald，1982）的研究结果证实了进行冲动购买的消费者具有更强的喜悦、愉快、兴奋以及高兴等情感。鲁克（Rook，1987）认为，当消费者体验到了一种突然而强烈的立即购买某种物品的情感反应时，就可能会发生冲动性购买行为。鲁克和加德纳（Rook&Gardner，1987）通过访谈的方式研究证实了拥有积极情绪的消费者更容易产生冲动购买行为，有85%的受访者是这样认为的。陈铭慧（2002）在研究中指出，各种各样的刺激因素可能导致消费者冲性购买行为的发生，消费者因为受到某种刺激而引发了一种剧烈的情感反应，而这种情感反应在达到上限后会让购物者产生冲动购买意愿。岳海龙（2005）也证实了购物者的情感反应会对其购买意愿产生直接影响。购买者在购买动漫衍生品的整个过程中，都会受到购买情感的影响。刘彤、陈曦和陈毅文（2017）在研究网站特性对消费者在线冲动购买的影响时发现愉悦度越高，冲动性购买就会越多。消费者购物前的情感会影响到购物中情感的形成，如果消费者在购买前就对某种动漫衍生品产生了兴趣，在浏览中加上一些刺激因素的影响，很容易形成冲动性购买意愿，从而实施冲动购买行为。

基于上述分析，本书提出以下假设：

H2c：消费者购买情感与动漫衍生品冲动购买行为之间呈正相关关系；

H2d：冲动性购买意愿对购买情感和购买行为之间关系起中介作用。

三、情景因素的研究假设

（一）时间压力与动漫衍生品消费行为的研究假设

康格斯和迪尔（Congelosi&Dill，1964）从个体生理的角度出发，最先对时间压力进行了研究，认为时间压力会使个体产生呼吸急促、心跳加快等反应。扎卡伊和Ariely（Zakay&Ariely，2001）认为，个体感受到了时间限制，同时心理状态也产生了变化才是时间压力。本章认为，时间压力是消费者在购买动漫衍生品的过程中，感受到时间短暂，在有限的时间内不买就会错过机会、有所损失等。时间压力是影响消费者决策的重要因素，如果消费者在购买动漫衍生品时觉得时间压力大，就容易产出冲动购买行为。里斯坎普和霍夫拉格（Rieskamp&Hoffrage，2008）研究发现消费者在时间有限的情况下，会感知到一种机会成本，从而影响消费者策略的选择。时间压力越大，购物者觉察到的机会成本越大，由此产生紧迫感、焦虑、不买后悔等一系列情绪。消费者为了缓解这些不协调的情绪，会更依赖直觉和经验进行决策，这时就容易受直觉偏误的影响，在搜索和接收信息时容易出现偏差，感知利得被放大，忽视了可能风险的存在；并且积极寻求支撑其做法的有力例证，而较少注意或忽略了不支持其想法证据的存在，于是进行了冲动性购买。赵占波和杜晓梦（2015）等人采用实验研究的方法，提出了在高时间压力下，购物者的冲动购买行为能被轻易地引发。周元元和胡杨利等人（2017）研究发现，时间压力高，参照组的信息性影响使购买者更加轻易地进行冲动购买；时间压力低，参照组的规范性影响让购物者更加轻易地就进行冲动购买。

基于以上观点，本章认为，时间压力越大，消费者越容易进行冲动性购买。这是因为当消费是购买时间受到了限制，就不能够进行充分而有效的评估；而当消费者有较为充裕的时间时，其决策时间得到了保障，用来评估产品的时间也相对较多，能够从多方面考虑利弊，因此降低了实施冲动购买行为。购物者的购买时间是有限的，这是实施冲动购买的关键因素。与其他购买行为方式消费者因受到外界刺激的影响而激发出强烈的购买渴望，然后到实施购买行为相比，这一决策过程的时间较短。消费者在购买时通常缺乏理智，没有经过深思熟虑，忽略了要对其行为进行合理的评估，因此，如果消费者的购买时间有限，就会更加轻易地进行冲动购买。已有学者的研究证实这一观点，如伊耶（Iyer，1989）、曾浩（2006）等。

基于上述分析，本书提出以下假设：

H3a：消费者购买时间压力与动漫衍生品冲动购买行为之间呈正相关关系；

H3b：冲动性购买意愿对时间压力和冲动购买行为之间关系起中介作用。

（二）品牌效应与动漫衍生品消费行为的研究假设

市场营销学家菲利普·科特勒（Philip otler）认为，品牌是名称、符号、术语、图案或标记的单个状态或互相组合，从而使消费者或者消费者群体能够把不同企业的产品和服务区分开来。这是一个复合概念，不仅包括产品的外部标记，比如名称、颜色、图案等，也包括产品的品牌识别，比如产品形象、意寓等内容。在物理学中，效应是指由某种动因或原因所产生的一种特定的科学现象，这种现象具有功能性作用，在社会领域中被广泛运用。因此，本章认为，品牌效应是指消费者基于他们心目中已形成的关于某类产品的整体形象，对其形成的感知、评价和态度，并受这些认知的影响，最终做出购买决策。品牌效是产品所蕴含的内在价值、精神气质向外部传播的能力。动漫衍生品品牌效益是品牌发挥的积极作用，不仅能为企业带来利润和良好形象，还能为消费者带来物质价值的同时满足其精神需求。品牌效应的发挥能让动漫产业的产品附加价值得到充分地利用，也能让购买者感受到该产品物超所值。

品牌效应的发挥离不开成功品牌形象的建立。一般而言，动漫衍生品的品牌形象越好，消费者对产品的感知、评价和态度就越好，购买意愿也相应地越高，产生购买的情况也会相对较高。王笑琳（2014）基于品牌视角，研究发现，品牌与购物者的消费行为呈正相关关系。侯丽敏、杨敏炎和鲁婷（2015）研究发现，品牌效应是激发消费者冲动性购买行为的关键因素。当消费者认可某种品牌后，就会时常关注这个品牌，对该品牌充满好奇，产生购买意愿，在需要购买时，就会毫不犹豫地进行消费。如果购后感觉良好，消费者就是产生出比较强烈的购买意愿，更加积极地进行行为。柳、东图和李（Yoo、Donthu&Lee，2000）指出，品牌形象会对购物者的选择、偏好和购买意愿产生积极的影响，让他们甘愿支付较高的价格购买商品，并愉悦地把它介绍给周围的人。目前，有关品牌效应与购买意愿、购买行为的研究还比较少，本章将品牌效应引入动漫衍生品冲动购买行为中进行研究，根据已有的研究成果，遵循诱因—意愿—行为产生这一心理活动过程，揭示品牌效应对消费者冲动购买行为的影响情况。

基于上述分析，提出以下假设：

H3c：品牌效应与动漫衍生品冲动购买行为之间呈正相关关系；

H3d：冲动性购买意愿对品牌效应和冲动购买行为之间关系起中介作用。

（三）购物环境与动漫衍生品消费行为的研究假设

消费者对购物环境的认可能够促使其冲动购买行为的产生。购物环境可分为外部环境和店内环境，外部环境如主体建筑外观、橱窗展示、交通、出入口、店名等；店内环境涉及内部装潢、布局陈列、商品信息、颜色、灯光、气味、音乐，甚至是店内工作人员的服饰等特征。本书认为，购物环境是指在购买动漫衍生品时，消费者所处的周边环境，包括购物场所设计、产品的陈列、音乐氛围等，使其产生一种舒适的心理。购物环境的设计应该最大限度地方便、吸引消费者，使其产生购买意愿，促成其购买行为。

已有的研究结果证实了商店良好的布局和商品恰当的陈列方式能够帮助消费者更好的接触产品，使消费者产生舒适感，进而引发其购买意图。因此，购物环境对消费者的冲动购买行为具有显著影响，如克劳福德和梅勒瓦尔（Crawford&Melewar，2003）、斯特恩（Stern，1962）等的研究。商店内漂亮的装潢、美妙音乐、淡淡的香味等因素同样能够促进购物者冲动购买行为的产生，如贝蒂和费雷尔（Beatty&Ferrell，1998）、马蒂拉和维茨（Mattila&Wirtz，2001）等的研究。商店里专业的导购员会影响消费者的冲动性购买，这是因为优秀的导购员具有较强的说服力，能够合理引导消费者进行冲动性购买，如马蒂拉和维茨（Mattila&Wirtz，2001）的研究。贝利齐和海特（Bellizzi&Hite，1992）的研究证实了购物者的情绪会受购物环境中的颜色影响，进而影响购物者的行为，影响其刺激性购物、购买频率以及购物花费的时间。莫林和切巴特（Morrin&Chebat，2005）的研究发现，消费者在购买过程中，听到充满情感的音乐会让其实施更多冲动购买行为。契巴和米琼（Cheba&Michon，2003）研究表明，购物环境中芬芳的香味能够对消费者大脑产生积极的作用，使得购买者对购物场所、产品的质量感知得到提升，促进其产生购买行为。

基于上述分析，提出以下假设：

H3e：购物环境与动漫衍生品冲动购买行为之间呈正相关关系；

H3f：冲动性购买意愿对购物环境和冲动购买行为之间关系起中介作用。

四、营销刺激的研究假设

（一）产品特征与动漫衍生品消费行为的研究假设

产品特征是引发消费者实施冲动购买行为的影响因素，该因素的作用最大程度体现在产品的价值上。产品的价值包含产品的质量、形状、功能、种类等。产品价值是购买者需求的核心，它是决定购物者最终进行购买所在。产品的价值有内在和外在之分。产品的内在价值指其本身固有的满足人需求的能力，比如品质、功能、实用、便利、舒适等。产品外在价值是产品内在价值以外产品表面上能感觉到的，比如香气、包装、外观或设计等。在本章中，产品特征是指动漫衍生品本身所具有的特色，包括其样式、质量、颜色、包装和象征的意义等，它能充分吸引顾客的注意。

产品特征会对消费者的认知、情感和行为产生刺激。产品特征是消费者根据自身的价值观、信仰和已有的经验来判断的。冲动购买行为受产品本身的影响。不同类别的产品及其包装会促使消费者产生不同程度的冲动性购买，如贝伦格、罗伯逊和赫奇曼（Bellenge、Robertson&Hirchman，1978）、迪特马尔、比蒂和弗里斯（Dittmar、Beattie&Friese，1996）等的研究。动漫衍生品受到消费者们的喜爱，一是因为其可爱或怪诞的造型吸引消费者的注意，二是因为动漫衍生品透着灵性，附有故事背景，实现了载体的功能，使其"人性化"的特征自然显现出来。动漫衍生品最主要的特征是各种象征的代表，具有大众喜爱的所有特点，被赋予了各种情感，使其深入人心，让大家渴望拥有，迫不及待地想把它们带回家，留在身边。

基于上述分析，本书提出以下假设：

H4a：产品特征与动漫衍生品冲动购买行为之间呈正相关关系；

H4b：冲动性购买意愿对产品特征和冲动购买行为之间关系起中介作用。

（二）价格刺激与动漫衍生品消费行为的研究假设

消费者在进行购买决定时考虑得最多的因素是产品的价格。2014年，美国国际棉花协会针对我国购物者的购买习惯研究表明，我国购买者在购物之前，53%的人会先进行价格比较，35%的人会寻找优惠信息。本章认为，价格刺激商家是以较低的价格销售动漫衍生品或提供服务，也可以是在相同价格下给消费者提供更多的衍生品或增加服务。价格刺激是商家通过各种不同的降价形式将一部分利润让给消费者，并且将有关产品或者服务的降价优惠信息广泛告知消费者，最终影响购物者的购买行为。在价格的吸引下，消费者要么购买了没有计划购买的商品，要么多购买了计划外的商品。

已有的研究证实了消费者的冲动购买行为受较低价格的影响显著。产品的价格较低时，消费者需要付出的金钱也较低，不容易影响其预算，因此越容易促使其进行冲动性购买。而较为昂贵的产品，由于需要支付较高的金额，消费者在做出购买决策前通常会先收集信息，对其进行评估，然后才会考虑是否进行购买，如斯特恩（Stern，1962）、贝伦格、罗伯逊和赫奇曼（Bellenge、Robertson&Hirchman，1978）等研究。林、庄、孔（Lin、Chuang&Kung，2005）等在他们的研究中指出，在诸多可能对消费者的购买意愿产生刺激的因素中，价格最容易影响购物者的行为，引发其冲动购买行为。陆凯旋（2015）研究发现，网络环境中的消费者更加关注产品的价格，对冲动购买行为的发生产生重要影响。赵建彬、景奉杰和陶建蓉（2016）在他们的研究中指出，金钱方面的暗示或刺激会对消费者的冲动购买意愿产生影响。王求真、姚倩和叶盈（2014）研究发现，价格折扣高，购买人数多时，更易发生冲动购买。当消费者觉得产品价格对自己有利时，容易引起满足感，这时就容易实施冲动购买行为。价格刺激使消费者在经济上得到一定的优惠，让其产生一种赚到了，如果不买，就会觉得受到了损失的心理；而消费者通常讨厌受到损失，因此，为了获取经济利益，消费者冲动性购买意愿会增强，进而实施了冲动购买行为。

基于上述分析，提出以下假设：

H4c：价格刺激与动漫衍生品冲动购买行为之间呈正相关关系；

H4d：冲动性购买意愿对价格刺激和冲动购买行为之间关系起中介作用。

（三）促销广告与动漫衍生品消费行为的研究假设

促销广告活动能够促使购物者产生冲动购买行为，是刺激其进行冲动购买的重要因素。促销活动实质上是在与购物者进行沟通，是把各种信息发送出来传递给购物者，以便购物者知悉，刺激购物者的潜在需求，影响其购买行为。广告即广而告之，目的是让购物者意识到产品的存在或充分了解某项产品，进而激发购物者的需求。本书认为，促销广告是商家通过广告的形式，使消费者认识到动漫衍生品的存在，了解其形状、颜色、价格及代表的含义等基本特征。促销广告从商家发出到消费者做出行为反应一般要经过注意、兴趣、意愿、搜索、购买五个环节，即消费者关注促销广告的内容，对其充满兴趣，被其吸引，产生想要购买的意愿，开始搜索与其相关的信息，最后实施购买行为。

促销广告信息所具有的说服力、吸引力越强，消费者则越容易受其吸引，引起注意，激发其购买意愿，实施购买行为。斯特恩（Stern，1962）在他的研究中指出，消费者的冲动购买行为深受大规模广告的影响。阿吉和玛蒂娜（Agee&Martin，2001）在他们的研究中指出，商家往往通过发送广告信息来让消费者认识到产品的存在，以及与其他产品的差别，进而引起消费者的购买欲望。赫尔曼、中本聪和拉奥（Heilman、Nakamoto&Rao，2002）的研究结果也证实了消费者的冲动购买行为受到促销的影响。阿克拉姆（Akram，2018）研究发现，促销活动对线上冲动购买有显著影响。促销广告的形式有很多，能够成功引起购物者关注，使购物者产生冲动性购买意愿，最终进行冲动购买的都有主题鲜明易记、图片形象具体、文字简洁易懂等特点。

基于上述分析，本书提出以下假设：

H4e：促销广告与动漫衍生品冲动购买行为之间呈正相关关系；

H4f：冲动性购买意愿对促销广告和冲动购买行为之间关系起中介作用。

五、感知水平的研究假设

消费者在做出购买决策的过程中，在自身认知和外界刺激的共同作用下，会对需要购买的产品形成一定的感知，而这种感知水平的高低，往往影响着其冲动购买行为。消费者在购买某种产品时，首先想到的是价格合不合理，功能能否满足自己的需求，使用该产品时周围人的看法等；因此，通常消费者的第一感知来自价格、功能、社会等方面。米切尔（Mitchell，1999）研究发现，消费者在购买的各个阶段，都会产生风险感知，并且不同阶段的风险感知大小是不同的。刘玉芽和冯智雅（2015）在研究大学生网购时的感知风险对自身购买决策的影响时也指出，由于经常上网，常常会接触到大量的网络信息，消费者经常会在不经意间搜索到关于商家或者某些商品的负面信息，从而增加其网购时的风险感知，进而影响了他们在购物时冲动性消费行为。维利多和米汉（Vellido&Meehan，2000）研究发现，消费者在网上购物时风险感知会对其购买意愿产生有消极影响，进而抑制购买行为的发生。刘旸（2017）研究表明，感知风险在心流体验的感知控制和专注两个维度与其冲动购买行为间呈负向调节作用。

其次，消费者对动漫衍生品的购买，不仅是为了满足物质层面的需求，也是为了满足精神层面的需求。如果某一特定动漫衍生品可以更好地向周边的人彰显出消费者的个性（坚韧、幽默等），或者更好地向周边的人表现出消费者的生活态度（乐观、开朗等），消费者就会倾向于增加对动漫衍生品的消费。因此，在消费动漫衍生品的过程中，消费者的感知还来自衍生品所包含的功能、价值、意义及传达的情感。消费者对动漫衍生品的消费行为与其周边的人是完全分不开的，进行衍生品消费的一个很重要的目的，就是能够得到周边人的认同和共识；如果得不到周边人的认可和共识，那么对符号的消费就失去了意义，消费者对符号的感知越强，其就越发关注周边人的消费行为，并进行适当的模仿。

本书认为，消费者在购买动漫衍生品的过程中产生的感知水平主要来自对风险和符号两个方面的感知程度。因此，感知水平是指消费者在购买动漫衍生品时，其冲动购买行为中隐含着对结果的不确定，而这种不确定性程度的高低，会对其冲动购买行为产生影响。如果消费者在购买动漫衍生品时感知水平的程度在其接受范围内，就不会有改变其购买行动；如果消费者感知水平的程度超过了其接受范围，就会推迟购买或放弃。本章将感知水平作为调节变量，探讨其对个体特征、情景因素、营销刺激和冲动购买行为的影响，有助于更好地了解动漫衍生品冲动购买行为的影响机理。

基于上述分析，本书提出以下假设：

H5a：感知水平对购物冲动倾向和冲动购买行为之间关系起调节作用；

H5b：感知水平对购买情感和冲动购买行为之间关系起调节作用；

H5c：感知水平与购物冲动倾向之间的交互作用通过冲动性购买意愿的中介作用，进而影响冲动购买行为；

H5d：感知水平与购买情感之间的交互作用通过冲动性购买意愿的中介作用，进而影响冲动购买行为；

H6a：感知水平对时间压力和冲动购买行为之间关系起调节作用；

H6b：感知水平对品牌效应和冲动购买行为之间关系起调节作用；

H6c：感知水平对购物环境和冲动购买行为之间关系起调节作用；

H6d：感知水平与时间压力的交互作用通过冲动性购买意愿的中介作用，进而影响冲动购买行为；

H6e：感知水平与品牌效应之间的交互作用通过冲动性购买意愿的中介作用，进而影响冲动购买行为；

H6f：感知水平与购物环境之间的交互作用通过冲动性购买意愿的中介作用，进而影响冲动购买行为；

H7a：感知水平对产品特征和冲动购买行为之间关系起调节作用；

H7b：感知水平对促销广告和冲动购买行为之间关系起调节作用；

H7c：感知水平对价格刺激和冲动购买行为之间关系起调节作用；

H7d：感知水平与产品特征之间的交互作用通过冲动性购买意愿的中介作用，进而影响冲动购买行为；

H7e：感知水平与促销广告之间的交互作用通过冲动性购买意愿的中介作用，进而影响冲动购买行为；

H7f：感知水平与价格刺激之间的交互作用通过冲动性购买意愿的中介作用，进而影响冲动购买行为。

六、假设汇总及实证模型构建

根据上文的描述，将研究假设进行汇总，如表8.1所示。

表8.1 研究假设汇总

假设	假设内容
H1	消费者冲动性购买意愿与动漫衍生品冲动购买行为之间呈正相关关系
H2a	消费者购买冲动倾向与动漫衍生品冲动购买行为之间呈正相关关系
H2c	消费者购买情感与动漫衍生品冲动购买行为之间呈正相关关系
H2b	冲动性购买意愿对购买冲动倾向和冲动购买行为之间关系起中介作用
H2d	冲动性购买意愿对购买情感和冲动购买行为之间关系起中介作用
H3a	消费者购买时间压力与动漫衍生品冲动购买行为之间呈正相关关系
H3c	品牌效应与动漫衍生品冲动购买行为之间呈正相关关系
H3e	购物环境与动漫衍生品冲动购买行为之间呈正相关关系
H3b	冲动性购买意愿对时间压力和冲动购买行为之间关系起中介作用
H3d	冲动性购买意愿对品牌效应和冲动购买行为之间关系起中介作用
H3f	冲动性购买意愿对购物环境和冲动购买行为之间关系起中介作用
H4a	产品特征与动漫衍生品冲动购买行为之间呈正相关关系
H4c	促销广告与动漫衍生品冲动购买行为之间呈正相关关系
H4e	价格刺激与动漫衍生品冲动购买行为之间呈正相关关系
H4b	冲动性购买意愿对产品特征和冲动购买行为之间关系起中介作用
H4d	冲动性购买意愿对促销广告和冲动购买行为之间关系起中介作用
H4f	冲动性购买意愿对价格刺激和冲动购买行为之间关系起中介作用
H5a	感知水平对购物冲动倾向和冲动购买行为之间关系起调节作用

续表

假设	假设内容
H5b	感知水平对购买情感和冲动购买行为之间关系起调节作用
H5c	感知水平与购物冲动倾向之间的交互作用通过冲动性购买意愿的中介作用，进而影响冲动购买行为
H5d	感知水平与购买情感之间的交互作用通过冲动性购买意愿的中介作用，进而影响冲动购买行为
H6a	感知水平对时间压力和冲动购买行为之间关系起调节作用
H6b	感知水平对品牌效应和冲动购买行为之间关系起调节作用
H6c	感知水平对购物环境和冲动购买行为之间关系起调节作用
H6d	感知水平与时间压力的交互作用通过冲动性购买意愿的中介作用，进而影响冲动购买行为
H6e	感知水平与品牌效应之间的交互作用通过冲动性购买意愿的中介作用，进而影响冲动购买行为
H6f	感知水平与购物环境之间的交互作用通过冲动性购买意愿的中介作用，进而影响冲动购买行为
H7a	感知水平对产品特征和冲动购买行为之间关系起调节作用
H7b	感知水平对促销广告和冲动购买行为之间关系起调节作用
H7c	感知水平对价格刺激和冲动购买行为之间关系起调节作用
H7d	感知水平与产品特征之间的交互作用通过冲动性购买意愿的中介作用，进而影响冲动购买行为
H7e	感知水平与促销广告之间的交互作用通过冲动性购买意愿的中介作用，进而影响冲动购买行为
H7f	感知水平与价格刺激之间的交互作用通过冲动性购买意愿的中介作用，进而影响冲动购买行为

实证研究模型的构建如下：

笔者认为，现有的相关行为理论不能够有效地对动漫衍生品消费行为这一特定行为进行解释和预测。因此，我们必须在相关行为理论的基础上，有针对性地构建动漫衍生品消费行为理论模型。通过有关行为理论分析可知："态度—意向—行为"是贯穿相关行为理论的主要线索，也是行为的形成过程。因此，构建本研究理论模型必须考虑消费者对动漫衍生品购买的态度，购物者对动漫衍生品的购买意向，以及外在变量对购物者动漫衍生品购买态度、行为意向的作用。根据上述理论分析构建了动漫衍生品消费影响因素理论分析模型。

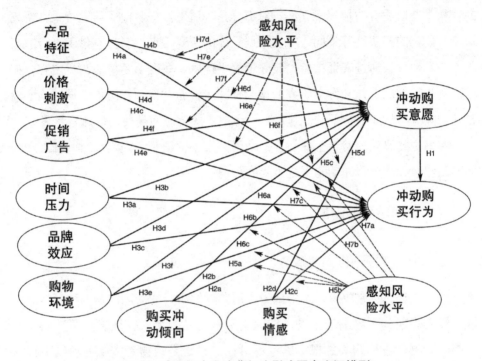

图8.2　动漫衍生品消费行为影响因素实证模型

第三节　测量量表发展

实证研究中测量量表的设计十分关键，是研究设计的重要环节。测量量表是否合理、科学，是调查问卷好坏的基础，关系到回收数据的可用性，以及最终研究成果的有用性。量表开发有两种方式：一是根据研究需要完全自主开发新量表，二是在已有量表的基础上，根据研究需求进行适当的修正。其中，开发新的测量量表是一个非常繁杂的过程，艰巨而科学，对设计者的要求较高。

考虑到本身阅历以及所具有的研究能力、学识，本研究采取第二种方法开发测量量表。

本书认为，用第二种方法发展量表主要有三个步骤。首先，建立基础量表数据库。通过翻阅国内外已有的研究文献，在最大限度上系统、全面地搜索与本研究各变量相似的测量量表，并对其进行分析、整理，根据研究的实际情况，从中选取适合的量表。其次，对部分量表适度修正。由于研究背景、研究对象、研究前提假设等不同，需要依据具体的研究特点，对已有量表进行适当的修改。最后，通过实证检验，删除量表中信度、效度不合格的测量内容。在前面两步的基础上，开发本研究的预调查问卷，通过预调查所得数据的验证结果，剔除有明显变异特征的测量题木，形成正式调研问卷使用的测量量表。

本书主要研究消费者个体特征、情景因素、营销刺激因素，对其动漫产品的冲动性购买欲望与冲动购买行为间的影响关系。

一、个体特征的测量

（一）购买冲动倾向的测量

根据已有的研究成果，本书认为，消费者的购买冲动倾向是一种自发的、缺乏深入思考的、容易产生的立即消费某种商品的个人特征。购买冲动倾向是影响购物者进行购买的根本的、不可控因素，是购物者实施冲动购买行为的内部原因。消费者的购买冲动倾向会影响其对外界刺激接受程度的大小，并促进其进行冲动性购买。目前，已有许多学者在他们的研究中证实了消费者的购买冲动倾向是影响其实施冲动购买行为的重要因素，如鲁克和费希尔（Rook&Fisher，1995）、鲁克（Rook，1987）、贝蒂和费雷尔（Beatty、Ferrell，1998）等研究。关于购买冲动倾向的测量，本章参考了鲁克和费希尔（Rook&Fisher，1995）有关研究中的相关量表。共4个题项，每项测量内容均采用Likert五点法来说明，从"非常不同意"到"非常同意"。具体测量题项见表8.2。

表8.2　购买冲动倾向的测量量表

题号代码	测量内容	参考来源
A1	我买东西经常是：看见了它，喜欢它，就买了它	鲁克（Rook） 费希尔（Fisher） （1995）
A2	我买东西经常不做什么思考	
A3	我买东西取决于购买时的感觉	
A4	我买东西时常常是：现在先买，以后再去想它	

（二）购买情感的测量量表

消费者行为研究中，在对情感进行测量时，采用最多的量表之一是梅拉宾和罗素（Mehrabian&Russell，1974）开发的PAD（快乐—唤起—控制）量表。有关研究表明，快乐和唤起对购物者的冲动购买行为具有显著的作用，但是控制的作用还不是十分明确，应该删除这一维度，如多诺万和罗伯特（Donovan&Robert，1994）等研究。因此，本研究在对购买情感进行测量时，采用快乐—唤起量表。

表8.3　购买情感的测量量表

题号代码	测量内容	参考来源
B1	买东西时常常令我感到快乐	梅拉宾（Mehrabian） 罗素（Russell） （1974）
B2	买东西时常常令我感到满意	
B3	买东西时常常令我感到激动	

二、情景因素的测量

情景因素存在于一定的时间和地点内，这些因素会对消费者的当前购买行为产生影响，不因个人而产生，也不能长期有效刺激消费者的行为。结合以往研究的结果，本章选取了时间压力和品牌效应和购物环境三个影响冲动性购买行为的情景因素。

在已有文献的基础上，根据本章研究目的，对现有情景因素的测量进行适当的修改得到本研究的测量量表。每项测量内容都采用Likert五点法来说明，从"非常不同意"到"非常同意"。其中，情景因素中时间压力的测量参考了曾浩（2006）、贺威（2007）的相关研究；品牌效应的测量参考了贝蒂和费雷尔（Beatty&Ferrell，1998）的有关研究；购物环境的测量，本章参考了贝蒂和费雷尔（1998），迪特马尔、比蒂和弗里斯（Dittmar、Beattie&Friese，1996）、朱丽红（2009）研究中提出的量表。具体情景因素量表如表8.4—8.6所示。

表8.4　时间压力测量量表

题号代码	测量内容	参考来源
C1	购买时，我感觉时间匆忙	曾浩（2006） 贺威（2007）
C2	当购买时间紧迫时，我会很快做出购买决定	
C3	当购买时间紧迫，我越想立即买下喜欢的商品	

表8.5　品牌效应测量量表

题号代码	测量内容	参考来源
D1	在众多品牌，我常选择广告的品牌	贝蒂（Beatty） 费雷尔（Ferrell） （1998） 岳海龙（2005）
D2	购买时，我很想购买广告的商品	
D3	我因对产品广告有深刻印象而产生购买	

表8.6　购物环境测量量表

题号代码	测量内容	参考来源
E1	购物场所的空间宽敞舒适、设计精美	迪特马尔（Dittmar） 比蒂（Beattie）（1996） 朱丽红（2009）
E2	购买场所的音乐动听	
E3	商店的产品陈列错落有致	

三、营销刺激的测量

营销刺激被认为是可控制的外部刺激因素，以往的有关研究通常从产品特征、商店装潢、气味、促销等方面入手。为此，本章结合前人的相关研究认为，营销刺激因素主要包括价格刺激、产品特征、促销广告三个方面。

在已有文献的基础上，结合本章研究的目的及营销刺激本身具有的特点，对现有量表进行适当的修改得到本研究的营销刺激测量量表。每项测量内容都采用Likert五点法来说明，从"非常不同意"到"非常同意"。其中，营销刺激中产品特征的测量主要参考了鲁克和费希尔（Rook&Fisher，1995）的有关研究；促销广告的测量参考了迪特马尔、比蒂和弗里斯（Dittmar、Beattie&Friese，1996）所提出的量表。价格刺激的测量，本章参照了鲁克和费希尔（1995）及迪特马尔、比蒂和弗里斯（1996）提出的量表。具体营销刺激量表如表8.7—8.9所示。

表8.7　产品特征测量量表

题号代码	测量内容	参考来源
F1	购买时，我会通常因商品设计对商品产生好感	琼斯（Jones）等（2003）鲁克（Rook）（1987）
F2	因为喜欢产品的性能，我产生冲动购买欲望	
F3	冲动购买时，我很容易受到品牌的影响	

表8.8　促销广告测量量表

题号代码	测量内容	参考来源
G1	购买时，我很容易受到促销打折的诱惑	迪特马尔（Dittmar）比蒂（Beattie）弗里斯（Friese）（1996）
G2	我常常在打折促销的时候购买大量的商品	
G3	看到有促销活动的产品我有要立即购买的欲望	

表8.9　价格刺激测量量表

题号代码	测量内容	参考来源
H1	如产品定价低于我的预算我会非常感兴趣	鲁克（Rook）费希尔（Fisher）（1995）比蒂（Beattie）弗里斯（Friese）（1996）
H2	购买时，我很容易受到低价格商品的诱惑	
H3	看到低价商品，我常有要立即买下的感觉	

四、冲动性购买意愿与冲动购买行为的测量

（一）冲动性购买意愿的测量

根据已有的研究文献，本书认为冲动性购买意愿是消费者在购买的过程中由于外部因素的刺激，激起了强烈的购买渴望，其理性思考能力下降，甚至失去控制，立即进行非计划的购买。本章的冲动性购买意愿量表，先是根据其本身所具有的特征，然后参考了琼斯（Jones）等人（2003）和贝蒂（Beatty）和费雷尔（Ferrell，1998）的相关研究成果，适当修改而成，如表8.10所示。

表8.10　冲动性购买意愿测量量表

题号代码	测量内容	参考来源
Z1	购买过程中，我体会到强烈的购买渴望	贝蒂（Beatty）费雷尔（Ferrell）（1998）琼斯（Jones）等（2003）
Z2	看到喜欢的商品时，我有一种不能自禁的感觉	
Z3	喜欢的东西我希望立即得到它	
Z4	多数情况下，我会凭购买欲望进行购买	

（二）冲动购买行为的测量

消费行为是指，针对特定消费产品或劳务，消费者进行的信息收集、挑

选、购买、使用以及用后的评价和推荐等活动。通常，对消费行为的测量采用直接测量法，包括：在信息收集和挑选上耗费的时间、购买的花费、使用的种类和数量，以及用后向他人推荐该产品的次数等等。本书的冲动购买行为量表，先是根据其本身所具有的特征，然后参考了琼斯（Jones）等人（2003）和鲁克（Rook，1987）的有关研究成果，适当修改得来，如表8.11所示。

表8.11　冲动购买行为测量量表

题号代码	测量内容	参考来源
Y1	我购买了原来并不打算购买的东西	琼斯（Jones）等人（2003） 鲁克（Rook）（1987）
Y2	我发现有很多最近购买但很少用的东西	
Y3	购买时我没有深思熟虑	
Y4	当我决定买某商品时，那种想要的感觉很难抗拒	
Y5	我会在动漫衍生品有促销活动时购买	
Y6	我购买的动漫衍生品种类较多	

五、感知水平的测量

消费者在做出购买决策的过程中，由于各种原因，都会出现不同程度的感知水平，这种感知可能是由产品的价格引起的，或来自社会的评价、或是产品本身的价值等。同时，动漫衍生品既具有普通商品的价值意义，更具有符号消费的象征意义，消费者对所购买的衍生品具有的符号感知水平程度，也会对其行为产生影响。因此，消费者感知水平的测量，本研究从风险感知和符号感知两个方面入手，主要参考了琼斯（Jones，2003）等人提出的量表，具体如表8.12所示。

表8.12　感知水平测量量表

题号代码	测量内容	参考来源
U1	我感觉已经购买的动漫衍生品，其成本与其价值不符；其功能与我的期望不符	琼斯（Jones）等人（2003）
U2	我感觉已经购买的动漫衍生品，使用起来让我在社会群体中感到不适	
U3	我感觉已经购买的动漫衍生品，其外观、性能与我的价值观不符	
U4	消费动漫衍生品，没有让我感到自己就是动漫中的某个角色、或者具有跟他（她）一样的品质、能力	

第四节　研究方法和研究过程

一、问卷设计

本研究开发的问卷运用Likert量表（Likert Scale）进行测量。当前研究中，学者在调查问卷中普遍运用Likert方法进行度量，Likert Scale量表是美国社会心理学家伦西斯·利克特（Rensis Likert）在1932年依据已有的总加量表修改而来，是一种测量态度的方法。关于学者应该在研究中采用几点量表法进行测量，布尔迪厄（Berdie，1994）根据自己的研究经验，提出了两点意见：

（1）一般来说，五点量表是最为可信，如果选项超过了五个，人们通常很难进行判断。

（2）三点量表较为简单，不足的是其没有进行温和观点和激烈观点的畅述，而五点量表恰好能够弥补这些不足。基于此，在两次问卷设计中，都采用5级Likert量表，在专家调查中，专家根据自己的经验对影响因素的重要性进行判断，选择"非常同意""有点同意""不确定""有点不同意""非常不同意"五种，分别计分为5、4、3、2、1分。

（3）根据前述章节描述，对本次调研问卷题项进行整理，各潜变量题项如表所示，同时构建本研究预调研问卷。

表8.13　动漫衍生品消费行为影响因素测量量表汇总

维度	因素	题号	题项
个体特征	购买冲动倾向	A1	我买东西经常是：看见了它，喜欢它，就买了它
		A2	我买东西经常不做什么思考
		A3	我买东西取决于购买时的感觉
		A4	我买东西时常常是：现在先买，以后再去想它
	购买情感	B1	喜欢的东西如果不买下来，我总一种不满足的感觉
		B2	我心情不好的时候喜欢购物
		B3	我不觉得一时冲动而购买有什么风险
情景因素	时间压力	C1	购买时，我感觉时间匆忙
		C2	当购买时间紧迫时，我会很快做出购买决定
		C3	当购买时间紧迫，我越想立即买下喜欢的商品
	品牌效应	D1	在众多品牌中，我常选择广告的品牌
		D2	购买时，我很想购买广告的商品
		D3	我因对产品广告有深刻印象而产生购买
	购物环境	E1	购物场所的空间宽敞舒适、设计精美
		E2	购买场所的音乐动听
		E3	商店的产品陈列错落有致
营销刺激	产品特征	F1	购买时，我会通常因商品设计对商品产生好感
		F2	因为喜欢产品的性能，我产生冲动购买欲望
		F3	冲动购买时，我很容易受到品牌的影响
	促销广告	G1	购买时，我很容易受到促销打折的诱惑
		G2	我常常在打折促销的时候购买大量的商品
		G3	看到有促销活动的产品，我有要立即购买的欲望
	价格刺激	H1	如产品定价低于我的预算，我会非常感兴趣
		H2	购买时，我很容易受到低价格商品的诱惑
		H3	看到低价商品，我常有要立即买下的感觉

维度	因素	题号	题 项
调节变量	感知水平	U1	我感觉已经购买的动漫衍生品，其成本与其价值不符；其功能与我的期望不符
		U2	我感觉已经购买的动漫衍生品，使用起来让我在社会群体中感到不适
		U3	我感觉已经购买的动漫衍生品，其外观、性能与我的价值观不符
		U4	消费动漫衍生品，没有让我感到自己就是动漫中的某个角色、或者具有跟他（她）一样的品质、能力
中介变量	冲动性购买意愿	Z1	购买过程中，我体会到强烈的购买渴望
		Z2	看到喜欢的商品时，我有一种不能自禁的感觉
		Z3	喜欢的东西我希望立即得到它
		Z4	多数情况下，我会凭购买欲望进行购买
冲动购买行为		Y1	我购买了原来并不打算购买的东西
		Y2	我发现有很多最近购买但很少用的东西
		Y3	购买时我没有深思熟虑
		Y4	当我决定买某商品时，那种想要的感觉很难抗拒
		Y5	我会在动漫衍生品有促销活动时购买
		Y6	我购买的动漫衍生品种类较多

二、预调研

（一）预调研问卷的信度分析

在开始正式调查前，为提高调查问卷的可靠性，根据本研究相关理论，形成了预调研问卷量表。随后，历时半个多月，分别走访泉州、漳州、福州、厦门等各地动漫衍生品爱好者，访谈并当场发放预调研问卷，经过筛选，有效问卷为50份。

　　问卷回收后，收集到的数据是否可靠，正确反映了客观事实，能否达到研究目的，我们通常用信度和效度来衡量。信度又称为可靠性（reliability）检验，它是测量结果一致性和稳定性的指标。效度用来测量结果有效性的指标，即测量的结果是否能真正反映测量的目标和意图，是评价测量质量的一个重要标准。从另一个角度来理解，精确程度反映度量可靠性，而准确程度反映度量有效性。一定的精确才能保证准确。因此，信度是效度的必要非充分条件。

　　信度作为效度的必要非充分条件，不但会影响概念构建的有效性，而且会影响变量间相关关系以及因果关系的推断。在量表缺乏效度的情况下，度量两个本应相关的变量，因存在较大的随机误差，会使变量间的相关关系缺乏显著性。因此，必须保证量表的信度，即每次度量都要验证结果的可靠性。

　　每个题项除了与概念无关的属性外，还有与概念有关的属性，这部分成为题项与概念的公共核。若题项都来自同一个概念域，则认为这些题项高度相关，否则，题项间相关性较低，说明某些题项不能反映概念域，则产生误差，其误差是通过评价同一概念项的内部一致性来判断的。

　　本书采用Cronbach's alpha参数法来评价同一概念项的内部一致性，度量其是否到达一般的信度检验标准。

　　Cronbach's alpha究竟取值多少以反映测试是可信的，学者们对此看法各异。盖伊（Gay，1992）在研究中指出，测量题项或量表的信度系数等于或大于0.90，说明测量题项或量表的信度非常好。而学者德维利斯（DeVellis，1991）、农纳利（Nunnally，1978）等认为，0.7是可接受的最小信度值。Tang（2000）提出，在探索性研究阶段，alpha值只要能够达到0.6即满足要求。吴明隆（2003）在研究中指出，信度系数要达到多少没有非常严格的限制，而是应该与研究目的和其结果的作用相关，出于对问卷进行预调研到的目的，或测量某构思的先导性，信度系数达到0.5到0.6就够了；他同时指出，一般社会科学领域的研究，Cronbach's alpha系数受到题项个数的影响，题项数量越多，则对应的Cronbach's alpha系数值就越大。目前，动漫衍生品消费影响因素正处于探索性研究阶段，因此，本书设定信度标准为 α≥0.6，对调查数据进行处理后，如表8.14所示。

表8.14 动漫衍生品消费影响因素的Cronbach's alpha值

项目	Cronbach's alpha	参考标准
购买冲动倾向	0.666	
购买情感	0.835	
时间压力	0.652	
品牌效应	0.826	
购物环境	0.736	
产品特征	0.768	$\alpha \geqslant 0.6$
促销广告	0.822	
价格刺激	0.786	
感知水平	0.841	
冲动性购买意愿	0.686	
冲动购买行为	0.802	
总量表	0.892	

资料来源：本研究整理。

从表8.14可知，总量表以及各分量表的alpha系数均大于0.6的设定标准，符合信度检验要求，说明问卷设计的各个潜变量能够较好地反应各自的概念。而总量表的alpha系数为0.892，代表本研究量表信度较佳，并且明显高于各分量表，检验了"题项数量越多，则对应的Cronbach's alpha系数值越大"的观点。

（二）预调研问卷的效度分析

表面效度是由一组专家进行分析，判断这种度量方式是否能够正确测量名义上需要度量的概念。本章通过专家访谈法对问卷进行预调研，充分收集专家建议，并根据他们的建议尽可能地修改预调研问卷，最后通过收集到的数据进行分析，删除效度较差的测量题项，以提高度量的表面效度，提高问卷的可靠性。

内容效度是指测量内容是不是有代表性来度量所需要测量的概念。邀请相关领域的大师对测量量表实施多番评估，直到取得一致性，是问卷内容效度得到有效保障的最好方法。本书在设计问卷时，多次咨询资深专家，形成预调研问卷。此外，问卷中的变量（或题项）均来自权威文献，本书的文献收集工作细致充分，依据冲动购买行为的相关理论，对各因素的概念及各因素的操作化变量进行较充分的理论分析，同时，利用Lisre 8.70进行了测量模型和验证性因子分析检验，因子分析检验结果显示，测量模型及验证性因子模型均拟合良好。因此，本研究得到的影响因素满足内容效度。

综合上述分析可知，预调研问卷具有良好的信度和效度。

三、正式调研

在预调查问卷的基础上，增加填写者的基本资料，包括年龄、性别、婚姻状况、受教育程度、目前职业和月收入情况，最终形成正式调查问卷。正式调研问卷详见附录。

（一）被调研对象的选择

范柏乃和蓝志勇（2008）指出，在一个整体中抽一部分代表性较强的个体作为调查对象称为研究取样，是一项技术性很强的工作，也是研究者为获得可靠和准确的数据信息所必须考虑的问题。调查者是否正确了解测量内容，对研究结果具有十分重要的影响。

研究表明，有四个方面的因素可能会使调研对象对题项做出不正确的判断：调研对象不知道问题答案的信息；调研对象不能回忆问题答案信息；调研对象虽理解问题答案信息，但基于某种原因，不愿问答这些问题；调研对象不能理解问题内容。李怀祖（2004）研究中指出，在调研前需要对调查对象进行评估，看其是否愿意提供相应的信息，同时应采取恰当的方法尽最大的努力避开这种情况。

因此，在设计问卷的过程中，一方面要对问卷的题项内容表述进行优化，使其简单易懂，不涉及隐私及敏感话题；另一方面应根据本文的研究目的，限定研究的调查对象。为保证调研对象有足够的知识来填写问卷，在进行问卷调研时，都会对调研对象进行详细说明，确保调研对象回答准确有效。本书的调查对象为成人群体，主要是大学生，这是因为：第一，大学生具有较强的独立自主意识，容易接受新事物，同时购买能力也较好，是动漫衍生品的重要消费群体；第二，大学生接受过良好教育，理解能力较好，时间也相对宽松，有利于调研的开展，以及回收较高质量的问卷。

（二）问卷发放和研究工具

1. 问卷发放和回收方式。正式调研问卷做好后，主要采用网上发送邮件和现场发放问卷相结合的方式，通过邮件发送回收、现场回收和被调研人员将填好的问卷打印并邮寄（拍照）回来三种问卷回收方式。本次调研共回收840份问卷，其中无效问卷104份，有效问卷736份，有效率87.6%。

2. 研究工具。本文采用结构方程模型和SPSS作为主要研究工具，通过正式调研回收所得的数据进行分析，以验证研究假设。

第五节　有中介的调节效应检验

假如一个模型含有三个以上的变量，同时含有调节变量和中介变量，那么它们在模型中所处的地方不一样，模型就会不一样，产生的作用也将不同，有中介的调节模型是同时包含调节变量和中介变量的一种常见模型。有中介的调节模型就是自变量对因变量的作用受调节变量的影响，而调节效应部分或全部通过中介变量起作用。

一、中介效应检验

在实证模型中，自变量X对因变量Y的作用，假如X通过变量M作用于Y，M就被称为中介变量。利用方程来表示各个变量间的关系，相关路径如图8.3所示。

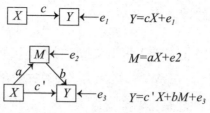

图8.3 中介变量关系图

假设X与Y呈显著相关关系，说明回归系数c显著，在这个基础上探讨中介变量M。温忠麟等人（2004）提出了一个较为严谨的程序，用来检验中介效应，具体步骤如下：

（1）检验系数c的显著性，若不显著则终止分析，若显著则继续下一步。

（2）分别检验系数a，b，若均显著，则表示X对Y的作用部分或全部通过M完成，那么进行第3步。如果至少有一个不显著，则转到第4步。

（3）检验系数c'，若不显著，则表示X对Y的作用均通过M完成，即完全中介效应；若显著，则表示X对Y的作用是部分通过M完成的，即部分中介，检验终止。

（4）做Sobel检验，若显著，则说明M的中介效应显著，否则检验终止，中介效应不显著。

整个中介效应的检验程序如图8.4所示。

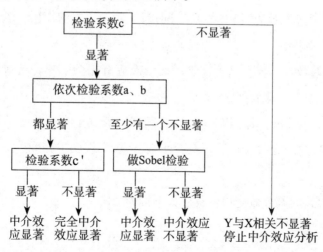

图8.4 中介效应检验程序

二、有中介的调节效应检验

调节变量U会作用于自变量X与因变量Y间关系，对X和Y间关系的方向和大小产生影响。而中介变量W是指自变量X会通过中介变量W来影响因变量Y，有中介的调节效应模型是指调节变量U会调节自变量X与因变量Y之间关系，而这种调节效应部分或全部通过中介变量起影响，则称为有中介的调节效应。

叶宝娟、温忠麟（2013）提出了一个从混合模型入手进行依次检验的程序进行有中介的调节效应检验，依次做如下三步：

第一步：$Y=c_0+c_1X+c_2U+c_3UX+e_1$，做Y对X、U、UX的回归分析。

第二步：$W=a_0+a_1X+a_2U+a_3UX+e_2$，做W对X、U、UX的回归分析。

第三步：$Y=c_0'+c_1'X+c_2'U+c_3'UX+b_1W+b_2UW+e_3$，做Y对X、U、UX、W、UW的回归分析。

并对这三步回归分析结果，依次进行如下检验：

1. 检验第一步的回归系数c_3，若显著，进行以下的步骤。否则，停止分析。

2. 检验第二步的回归系数a_1、a_3，和第三步的回归系数b_1、b_2，若a_3、b_1显著，或是a_3、b_2显著，那么UX对Y的作用部分或全部通过W完成。若a_1、b_2显著，那么U通过调节W对Y的作用，间接调节了X对Y的作用。若三种情况都不成立，进行步骤4。

3. 检验系数c_3，若不显著，表示调节效应有完全中介；若显著，表示调节效应有部分中介。检验终止。

4. 分别计算a_3b_1、a_3b_2和a_1b_2的置信区间，若其中有一个置信区间不包含0，那么说明W的中介效应显著，进行步骤3；否则说明中介效应不显著。检验终止。

整个有中介的调节效应检验程序如图8.5所示。

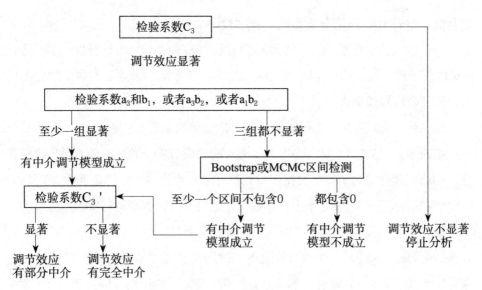

图8.5　有中介的调节效应检验程序

三、本文检验步骤

结合温忠麟等人（2004）提出来的中介效应检验流程和叶宝娟、温忠麟（2013）提出来的有中介的调节效应检验流程，同时结合温忠麟、刘红云、侯杰泰（2012）提出的在做调节效应分析时，仅仅知道调节效是否显著还是不够的，应当求出调节效应项的额外贡献。

为研究调节效应项的额外贡献，本研究在叶宝娟、温忠麟（2013）有中介的调节效应检验的基础上，结合本书假设需要，增加模型$Y=c_{00}+c_{11}X+c_{12}U+e_0$，对比该模型和有调节效应模型$Y=c_0+c_1X+c_2U+c_3UX+e_1$两者$R^2$的变化，$R^2$的变化量即为调节效应项（UX）对Y变异的解释量。为此，构建如下模型（Y为因变量，X为自变量，U为调节变量，W为中介变量）：

模型1：$Y=c_{00}+c_{11}X+c_{12}U+e_0$

模型2：$Y=c_0+c_1X+c_2U+c_3UX+e_1$

模型3：$W=a_0+a_1X+a_2U+a_3UX+e_2$

模型4：$Y=c_0{}'+c_1{}'X+c_2{}'U+c_3{}'UX+b_1W+b_2UW+e_3$

第一步，做Y对X、U的回归分析，检验系数c_{11}的显著性，如c_{11}达到95％的显著性，则表明X对Y有显著影响，否则检验结束。

第二步，做Y对X、U、UX的回归分析，检验系数c_3的显著性，如c_3达到95%的显著性，则表明U对X与Y之间关系起调节效应，否则表明调节效应不显著，调节效应检验结束。

第三步，做W对X、U、UX的回归分析，检验系数a_1的显著性。

第四步，做Y对X、U、UX、W、UW的回归分析，首先检验系数b_1的显著性，如第三步中系数a_1和本次回归分析的系数b_1均达到95%的显著性，则表明W对X与Y之间关系起中介作用，W的中介效应显著，否则进行Sobel检验。

第五步，检验模型3的回归系数a_1、a_3，模型4的回归系数b_1、b_2，若a_3、b_1显著，或是a_3、b_2显著，则调节效应项UX对Y的作用至少部分或全部通过中介变量W完成。若a_1、b_2显著，那么U通过调节W对Y的作用，间接调节了X对Y的作用。若三种情况都不成立，进行第六步；然后检验系数c_3，若不显著，则表示调节效应有完全中介；若显著，则表示调节效应有部分中介，检验终止。

第六步，逐步计算a_3b_1、a_3b_2和a_1b_2的置信区间，若其中有一个置信区间不包含0，那么说明W的中介效应显著，有中介的调节模型成立，进行第五步；反之有中介调节模型不成立，检验终止。

第六节　本章小结

本章在理论框架的基础上，提出研究假设，并在前人研究的基础上，选择潜变量测量量表，并进行量表预调研。预调研分析结果显示，本研究构建的量表具有较好的信度和效度，可以进行正式问卷调研。选择李克特的5点量表设计正式调研问卷，正式调研共收集到736份有效样本，选择结构方程模型和SPSS作为本研究的主要研究工具。结合温忠麟等人提出的中介效应检验流程和叶宝娟等人提出的有中介的调节效应检验流程，本书构建了有中介的调节效应检验步骤。

第九章　动漫衍生品冲动性购买样本数据分析及测量模型检验

第一节　描述性统计分析

一、样市数据年龄分布

本次研究总共收集到736份有效样本，样本数据年龄分布为：12岁以下（0.8%）、13岁至18岁（11.4%）、19岁至22岁（49.9%）、23岁至30岁（25.3%）、31岁至40岁（12.6%）。如表9.1所示。

表9.1　样本数据年龄分布

	项目	频率	百分比
有效	12岁以下	6	0.8
	13岁至18岁	84	11.4
	19岁至22岁	367	49.9
	23岁至30岁	186	25.3
	31岁至40岁	93	12.6

资料来源：本研究整理。

二、样市数据性别分布

本次研究所收集到的736份有效样本数据性别分布为：男（36%）、女（64%）。如表9.2所示。

表9.2 样本数据性别分布

	项目	频率	百分比
有效	男	265	36
	女	471	64

资料来源：本研究整理。

三、样市数据婚姻状况分布

本次研究收集到736份有效样本数据婚姻状况分布为：已婚（13%）、未婚（83%）、离异或丧偶（4%）。如表9.3所示。

表9.3 样本数据婚姻状况分布

	项目	频率	百分比
有效	已婚	96	13
	未婚	611	83
	离异或丧偶	29	4

资料来源：本研究整理。

四、样市数据受教育程度分布

本次研究收集到736份有效样本数据受教育程度分布为：小学（2%）、初中（2.4%）、高中或中专（12.2%）、大专（17.9%）、本科（59.1%）、研究生及以上（6.3%）。如表9.4所示。

表9.4　样本数据受教育程度分布

	项目	频率	百分比
有效	小学	15	2
	初中	18	2.4
	高中或中专	90	12.2
	大专	132	17.9
	本科	435	59.1
	研究生及以上	46	6.3

资料来源：本研究整理。

五、样市数据职业分布

本次研究736份有效样本数据职业分布为：学生（59.2%）、工人（3.8%）、公司职员（19.2%）、公务员（3.4%）、个体工商户（9.1%）、家庭主妇（0.8%）、待就业（4.5%），如表9.5所示。

表9.5　样本数据职业分布

	项目	频率	百分比
有效	学生	436	59.2
	工人	28	3.8
	公司职员	141	19.2
	公务员	25	3.4
	个体工商户	67	9.1
	家庭主妇	6	0.8
	待就业	33	4.5

资料来源：本研究整理。

六、样市数据月收入分布

本次研究所收集到的736份有效样本数据月收入分布为：1000元以下

（20.7%）、1001元~1500元（38.7%）、1501元~2000元（19.2%）、2001元~3000元（3.7%）、3001元~4000元（6.1%）、4001元~6000元（3.4%）、6001元~8000元（4.5%）、8001元~10000元（3.8%）。如表9.6所示。

表9.6　样本数据月收入分布

	项目	频率	百分比
有效	1000元以下	152	20.7
	1001元~1500元	285	38.7
	1501元~2000元	141	19.2
	2001元~3000元	27	3.7
	3001元~4000元	45	6.1
	4001元~6000元	25	3.4
	6001元~8000元	33	4.5
	8001元~10000元	28	3.8

资料来源：本研究整理。

第二节　正态性检验

极大似然法（Maximum likelihood，ML）是结构方程模型参数估计中最常用的方法，使用极大似然法对研究模型进行参数估计时，应当满足四个条件：

第一，变量服从多元正态分布。

第二，用协方差矩阵作分析。

第三，足够大的样本量。

第四，所选取的样本应该符合模型总体要求。

因此，本研究首先检验样本数据是否符合正态分布。样本数据是否符合正态分布，可以用偏度和峰度两个指标来衡量。本研究用Lisrel 8.70中的Prelis对样本数据填补缺失值并进行检验，样本检验结果如表9.7。

表9.7　样本数据各变量正态性检验

变量	偏　度		峰　度		偏度和峰度	
	标准分数	假定值	标准分数	假定值	卡方检验	假定值
Y1	−6.077	0.000	2.489	0.013	43.118	0.000
Y2	−6.136	0.000	2.584	0.010	44.324	0.000
Y3	−3.580	0.000	0.542	0.588	13.109	0.001
Y4	−5.942	0.000	2.830	0.005	43.315	0.000
Y5	−2.333	0.020	−0.471	0.638	5.665	0.059
Y6	−4.274	0.000	0.382	0.703	18.416	0.000
W1	−4.741	0.000	0.743	0.457	23.034	0.000
W2	−4.500	0.000	0.869	0.385	21.004	0.000
W3	−4.397	0.000	1.404	0.160	21.310	0.000
W4	−6.416	0.000	3.046	0.002	50.441	0.000
U1	−2.453	0.014	−0.733	0.464	6.553	0.038
U2	−3.110	0.002	0.725	0.468	10.198	0.006
U3	−4.534	0.000	1.054	0.292	21.667	0.000
U4	−4.266	0.000	−0.883	0.377	18.976	0.000
A1	−4.351	0.000	0.701	0.483	19.425	0.000
A2	−3.233	0.001	0.045	0.964	10.454	0.005
A3	−3.881	0.000	0.939	0.348	15.946	0.000
A4	−4.469	0.000	0.044	0.965	19.972	0.000
B1	−5.994	0.000	2.460	0.014	41.981	0.000
B2	−3.989	0.000	−0.974	0.330	16.860	0.000
B3	−5.015	0.000	1.291	0.197	26.820	0.000
C1	−7.192	0.000	3.244	0.001	62.244	0.000
C2	−8.764	0.000	4.803	0.000	99.866	0.000
C3	−4.276	0.000	0.885	0.376	19.070	0.000
D1	−5.526	0.000	1.303	0.193	32.234	0.000
D2	−2.853	0.004	0.149	0.882	8.159	0.017
D3	−4.970	0.000	0.733	0.464	25.241	0.000
E1	−4.230	0.000	0.344	0.731	18.010	0.000

变量	偏　度		峰　度		偏度和峰度	
	标准分数	假定值	标准分数	假定值	卡方检验	假定值
E2	−2.207	0.027	−0.627	0.530	5.265	0.072
E3	−1.402	0.161	−1.038	0.299	3.042	0.219
F1	−5.957	0.000	1.146	0.252	36.796	0.000
F2	−5.145	0.000	0.018	0.985	26.470	0.000
F3	−4.899	0.000	0.169	0.866	24.033	0.000
G1	−6.084	0.000	2.246	0.025	42.057	0.000
G2	−2.617	0.009	−0.210	0.834	6.890	0.032
G3	−1.890	0.059	−2.518	0.012	9.914	0.007
H1	−5.979	0.000	1.813	0.070	39.031	0.000
H2	−5.965	0.000	1.979	0.048	39.495	0.000
H3	−4.404	0.000	0.937	0.349	20.277	0.000

资料来源：本研究整理。

分析表9.7的数据可知，样本除E2、E3、Y5外，其他指标的偏度均达到了95%的显著性（P-Value<0.05）。对于非正态的样本数据，可以先对相应的指标进行正态化处理（侯杰泰、温忠麟和成子娟，2008）。通过Lisrel 8.70中的Prelis对本研究样本数据进行正态性处理后，样本数据的正态化检验结果如表9.8所示。

表9.8　样本数据正态化后各变量正态性检验

变量	偏　度		峰　度		偏度和峰度	
	标准分数	假定值	变量	标准分数	假定值	变量
Y1	−2.846	0.004	−3.295	0.001	18.957	0.000
Y2	−2.694	0.007	−2.586	0.010	13.943	0.001
Y3	−1.357	0.175	−1.896	0.058	5.436	0.066
Y4	−2.192	0.028	−2.169	0.030	9.510	0.009
Y5	−1.072	0.284	−1.582	0.114	3.650	0.161
Y6	−1.894	0.058	−2.363	0.018	9.168	0.010

	偏　度		峰　度		偏度和峰度	
变量	标准分数	假定值	变量	标准分数	假定值	变量
W1	−2.352	0.019	−2.596	0.009	12.272	0.002
W2	−1.732	0.083	−1.619	0.105	5.622	0.060
W3	−1.791	0.073	−2.148	0.032	7.822	0.020
W4	−2.549	0.011	−3.038	0.002	15.729	0.000
U1	−0.911	0.362	−1.034	0.301	1.898	0.387
U2	−0.940	0.347	−1.044	0.297	1.973	0.373
U3	−1.639	0.101	−1.969	0.049	6.562	0.038
U4	−2.475	0.013	−3.255	0.001	16.723	0.000
A1	−1.808	0.071	−2.340	0.019	8.745	0.013
A2	−1.434	0.151	−1.580	0.114	4.552	0.103
A3	−1.659	0.097	−2.392	0.017	8.476	0.014
A4	−2.503	0.012	−2.879	0.004	14.551	0.001
B1	−2.667	0.008	−2.175	0.030	11.842	0.003
B2	−2.046	0.041	−2.490	0.013	10.389	0.006
B3	−1.848	0.065	−1.639	0.101	6.100	0.047
C1	−3.571	0.000	−3.740	0.000	26.742	0.000
C2	−5.139	0.000	−2.082	0.037	30.741	0.000
C3	−1.422	0.155	−1.767	0.077	5.144	0.076
D1	−2.334	0.020	−3.014	0.003	14.535	0.001
D2	−0.700	0.484	−1.404	0.160	2.462	0.292
D3	−2.027	0.043	−2.776	0.006	11.812	0.003
E1	−1.594	0.111	−1.506	0.132	4.809	0.090
E2	−1.145	0.252	−1.780	0.075	4.478	0.107
E3	−0.752	0.452	−1.167	0.243	1.929	0.381
F1	−3.206	0.001	−3.568	0.000	23.009	0.000
F2	−2.732	0.006	−3.654	0.000	20.815	0.000

	偏 度		峰 度		偏度和峰度	
变量	标准分数	假定值	变量	标准分数	假定值	变量
F3	−2.835	0.005	−2.946	0.003	16.718	0.000
G1	−2.603	0.009	−2.578	0.010	13.420	0.001
G2	−1.046	0.296	−1.446	0.148	3.185	0.203
G3	−1.162	0.245	−2.100	0.036	5.759	0.056
H1	−2.901	0.004	−3.101	0.002	18.030	0.000
H2	−2.459	0.014	−2.769	0.006	13.713	0.001
H3	−1.785	0.074	−2.316	0.021	8.549	0.014

资料来源：本研究整理。

表9.8显示，转换后样本数据的正态性较原始数据已有很大改善，更加符合结构方程数据拟合的要求。研究显示，ML参数估计方法在非正态分布条件下仍然适用。一般加权最小二乘法（Generally Weighted Least Squares，WLS）虽然不要求样本数据正态分布，但对样本量有一定要求。一般样本量少于数千时，一般加权最小二乘法得出的参数估计可能更加不合理。因此，本研究选择ML方法进行研究模型的参数估计。

第三节　多重共线性检验

多重共线性指的是自变量间存在近似的线性关系，即某个自变量能近似的用其他自变量的线性函数来描述。本研究采用相关系数矩阵和方差膨胀因素来检验是否存在多重共线性。

1. 相关系数矩阵：如果自变量间的相关系数超过0.90，在分析时将会存在共线性问题，在0.80以上可能会有共线性问题。但这种方法只能对共线性做初步的判断，并不全面。本次研究所有自变量之间相关系数的绝对值在0.189到0.728之间，可以初步确认不存在严重的共线性问题。

2. 方差膨胀因子（Variance inflation factor，VIF）：由Marquardt于1960年

提出。VIF值以不超过5为好，越低越好。本次研究所有变量的VIF值在1.603至3.819之间，说明本次研究的数据不存在严重的多重共线性问题。

第四节　共同方法偏差检验

共同方法偏差（Common Method Biases）指的是由于相同的数据来源、相同的测量环境、项目语境甚至项目本身特征所造成的预测变量和效标变量之间人为的共变。共同方法偏差容易造成变量之间的假相关性，如果偏差过于严重，将导致测量数据无效［波德萨科夫（Podsakoff）等，2003］。

本研究采用Harman的单因素检验数据的共同方法偏差程度，构建数据样本的结构方程验证性因子分析模型，并对比以下两种模型的拟合指数（周浩和龙立荣，2004）：（1）单因素模型，所有的负荷都在一个公因素上，即将所有指标，共39个指标，这些指标都指向一个共同的因素；（2）十一因素模型，将个体特征下的购买冲动倾向和购买情感，情景因素下的时间压力、广告宣传和购物环境，营销刺激下的产品特征、促销广告和价格刺激，中介变量冲动性购买欲望，调节变量感知水平，以及冲动购买行为共计十一个因素放在一起做验证性因素分析。如果十一因素模型比单因素模型的拟合度差，则说明共同方法偏差严重。

将正式调研所获得的736个有效样本，以协方差矩阵输入Lisrel 8.70中，进行共同方法偏差检验，所得检验结果见表9.9。

表9.9　样本数据共同方法偏差检验

模型	χ^2	df	χ^2/df	RMSEA	NNFI	CFI	SRMR
单因素模型	3387.73	702	4.83	0.109	0.936	0.939	0.0718
十一因素模型	1565.92	647	2.42	0.0661	0.971	0.972	0.0617

资料来源：本研究整理。

由表9.9可知，单因素模型的χ^2（702）=3388.73，十一因素模型的χ^2（647）=1566.92，两者$\Delta\chi^2$（55）=1821.81（P<0.01，达到了0.01

的显著性）。在拟合指数方面，ΔRMSEA=0.0429，ΔNNFI=0.035，ΔCFI=0.033，ΔSRMR=0.0101，拟合指数之间也存在巨大差异，表明十一因素模型的拟合度比单因素模型显著的好。同时，十一因素模型本身拟合良好，RMSEA=0.0661<0.08，NNFI=0.971>0.90，CFI=0.972>0.90，SRMR=0.0617<0.08，因而总体来说，该模型的拟合度较为理想。由此表明，本研究采用的数据不存在严重的共同方法偏差。

第五节　各因素测量模型检验

为验证各因素指标对潜变量变异的解释，更好地进行有中介的调节效应检验，先构建各个因素的测量模型，检验各因素的项目质量。

一、个体特征维度的测量模型检验

（一）购买冲动倾向因素

在测量量表中，潜变量购买冲动倾向（A）包含了四个测量题项。将潜变量的测量指标值输入协方差矩阵，构建潜变量购买冲动倾向因素的结构方程测量模型，模型的标准化路径系数如图9.1所示。

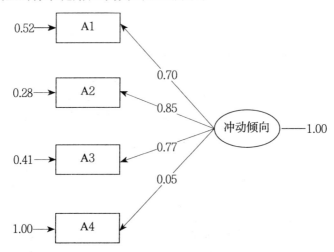

图9.1　购买冲动倾向因素测量模型标准化路径系数图

博伦（Bollen，1989）认为，开发一组能够反映潜变量的测量指标是建构一个有意义的潜变量最重要的前提。海尔等（Hair，2006）认为，一个足够大的因素载荷，能反映题项具有较好的聚敛效度，也即该题项的测量指标能够很好地聚敛起来测量潜变量。传统而言，研究判断标准化因素载荷大小的截断值为0.30［布朗（Brown，2006）］，但也有专家建议其应为0.40［福特、麦卡勒姆和泰特（Ford、MacCallum&Tait，1986）］。另外，某标识能否被接受，重要的是该标识的因素载荷必须具有统计学意义（如，其T>1.96）。

从标准化路径系数图中可知，购买冲动倾向的四个测量指标的因素载荷中，最小的因素载荷为0.05，小于0.40，显示项目质量一般，需要进行修正。根据结构方程模型修正步骤，同时结合本研究理论基础，对购买冲动倾向的测量模型进行修正，修正后的测量模型剔除了测量指标A4，模型修正结果见图9.2。

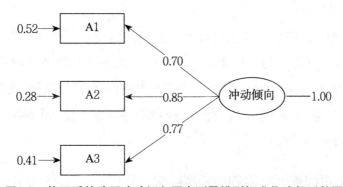

图9.2　修正后的购买冲动倾向因素测量模型标准化路径系数图

图9.2显示，模型标准化路径系数的最小因子载荷值为0.70>0.40，表明测量模型具有良好的项目质量。模型拟合的各指标均满足相关要求，如RMSEA=0.00，P-value=1.00，表明模型的拟合效果在理想范围之内，模型可以接受。进行指标修正后，潜变量购买冲动倾向下设三个测量指标，能够很好地测量该潜变量的变异。

（二）购买情感因素

在问卷的设置中，购买情感（B）包含了三个测量指标：当我带足够钱的时候，我很容易对我在场觉得喜欢的商品做出购买决定（B1）、购买时，我觉得能买得起我喜欢的商品（B2）和购买时，我觉得没有足够钱购买计划之外的产品（B3）。输入协方差矩阵，构建潜变量购买情感因素的结构方程测量模型，模型的标准化路径系数如图9.3所示。

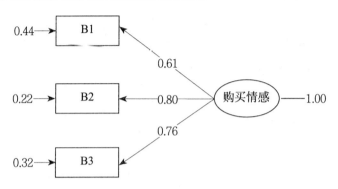

图9.3　购买情感因素测量模型标准化路径系数图

图9.3显示，模型标准化路径系数的最小因子载荷值为0.61>0.40，表明测量模型具有良好的项目质量。模型拟合的各指标均满足相关要求，如P-value=1.00000，RMSEA=0.000，表明模型的拟合效果在理想范围之内，模型可以接受。进行指标修正后，潜变量购买情感因素下设三个测量指标，能够很好地测量该潜变量的变异。

二、情景因素维度的测量模型检验

（一）时间压力因素

在问卷的设置中，时间压力（C）包含了三个测量指标：购买时，我感觉时间匆忙（C1）、当购买时间紧迫时，我会很快做出购买决定（C2）和当购买时间紧迫，我越想立即买下喜欢的商品（C3）。输入协方差矩阵，构建潜变量时间压力因素的结构方程测量模型，模型的标准化路径系数图如图9.4所示。

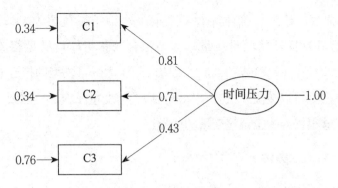

图9.4　时间压力因素测量模型标准化路径系数图

图9.4显示，模型标准化路径系数的最小因子载荷值为0.43>0.40，表明测量模型具有良好的项目质量。模型拟合的各指标均满足相关要求，如P-value=1.00000，RMSEA=0.000，表明时间压力测量模型的拟合效果在理想范围之内，模型可以接受。进行指标修正后，潜变量时间压力因素下设三个测量指标，能够很好地测量该潜变量的变异。

（二）品牌效应因素

在问卷的设置中，品牌效应（D）包含了三个测量指标：在众多品牌，我常选择广告的品牌（D1）、购买时，我很想购买广告的商品（D2）和我因对产品广告有深刻印象而产生购买（D3）。输入协方差矩阵，构建潜变量品牌效应因素的结构方程测量模型，模型的标准化路径系数如图9.5所示。

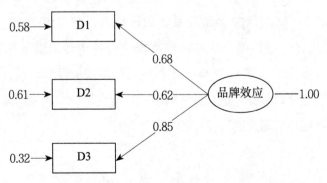

图9.5　品牌效应因素测量模型标准化路径系数图

图9.5显示，模型标准化路径系数的最小因子载荷值为0.62>0.40，表明测量模型具有良好的项目质量。模型拟合的各指标均满足相关要求，如P-value=1.00000，RMSEA=0.000，表明时间压力测量模型的拟合效果在理想范围之内，模型可以接受。进行指标修正后，潜变量品牌效应因素下设三个测量指标，能够很好地测量该潜变量的变异。

（三）购物环境因素

在问卷的设置中，购物环境（E）包含了三个测量指标：购物场所的空间宽敞舒适、设计精美（E1）、购买场所的音乐动听（E2）和商店的产品陈列错落有致（E3）。输入协方差矩阵，构建潜变量购物环境因素的结构方程测量模型，模型的标准化路径系数如图9.6所示。

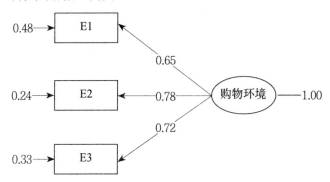

图9.6　购物环境因素测量模型标准化路径系数图

图9.6显示，模型标准化路径系数的最小因子载荷值为0.65>0.40，表明测量模型具有良好的项目质量。模型拟合的各指标均满足相关要求，如P-value=1.00000，RMSEA=0.000，表明时间压力测量模型的拟合效果在理想范围之内，模型可以接受。进行指标修正后，潜变量购物环境因素下设三个测量指标，能够很好地测量该潜变量的变异。

三、营销刺激维度的测量模型检验

（一）产品特征因素

在问卷的设置中，产品特征（F）包含了三个测量指标：购买时，我会通常因商品设计对商品产生好感（F1）、因为喜欢产品的性能，我产生冲动购买欲望（F2）和冲动购买时，我很容易受到品牌的影响（F3）。输入协方差矩阵，构建潜变量产品特征因素的结构方程测量模型，模型的标准化路径系数图如图9.7所示。

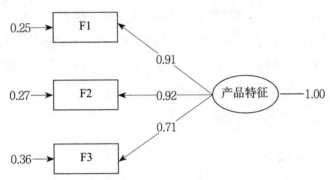

图9.7　产品特征因素测量模型标准化路径系数图

图9.7显示，模型标准化路径系数的最小因子载荷值为0.71>0.40，表明测量模型具有良好的项目质量。模型拟合的各指标均满足相关要求，如P-value=1.00000，RMSEA=0.000，表明产品特征模型的拟合效果在理想范围之内，模型可以接受。进行指标修正后，潜变量产品特征因素下设三个测量指标，能够很好地测量该潜变量的变异。

（二）促销广告因素

在问卷的设置中，促销广告（G）包含了三个测量指标：购买时，我很容易受到促销打折的诱惑（G1）、我常常在打折促销的时候购买大量的商品（G2）和看到有促销活动的产品我有要立即购买的欲望（G3）。输入协方差矩阵，构建潜变量促销广告因素的结构方程测量模型，模型的标准化路径系数如图9.8所示。

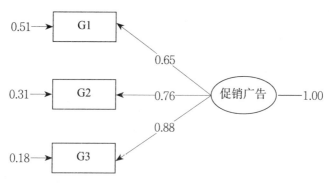

图9.8 促销广告因素测量模型标准化路径系数图

图9.8显示，模型标准化路径系数的最小因子载荷值为0.65>0.40，表明测量模型具有良好的项目质量。模型拟合的各指标均满足相关要求，如P-value=1.00000，RMSEA=0.000，表明产品特征模型的拟合效果在理想范围之内，模型可以接受。进行指标修正后，潜变量促销广告因素下设三个测量指标，能够很好地测量该潜变量的变异。

（三）价格刺激因素

在问卷的设置中，价格刺激（H）包含了三个测量指标：如产品定价低于我的预算我会非常感兴趣（H1）、购买时，我很容易受到低价格商品的诱惑（H2）和看到低价商品，我常有要立即买下的感觉（H3）。输入协方差矩阵，构建潜变量价格刺激因素的结构方程测量模型，模型的标准化路径系数如图9.9所示。

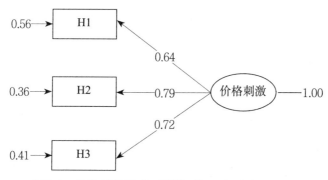

图9.9 价格刺激因素测量模型标准化路径系数图

图9.9显示，模型标准化路径系数的最小因子载荷值为0.65>0.40，表明测量模型具有良好的项目质量。模型拟合的各指标均满足相关要求，如P-value=1.00000，RMSEA=0.000，表明价格刺激测量模型的拟合效果在理想范围之内，模型可以接受。进行指标修正后，潜变量价格刺激因素下设三个测量指标，能够很好地测量该潜变量的变异。

四、调节变量感知水平

本研究设计的调节变量为感知水平（U）因素，在问卷的设置中，感知水平包含了四个测量指标：我感觉已经购买的动漫衍生品，其成本与其价值不符，其功能与我的期望不符（U1）、我感觉已经购买的动漫衍生品，使用起来让我在社会群体中感到不适（U2）、和我感觉已经购买的动漫衍生品，其外观、性能与我的价值观不符（U3）消费动漫衍生品，没有让我感到自己就是动漫中某个角色或者具有跟他（她）一样的品质、能力（U4）。输入协方差矩阵，构建潜变量感知水平因素的结构方程测量模型，模型的标准化路径系数如图9.10所示。

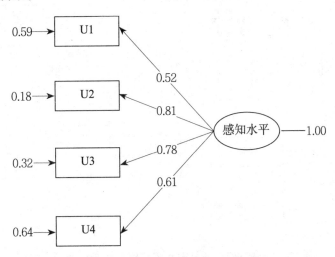

图9.10 感知水平因素测量模型标准化路径系数图

图9.10显示，模型标准化路径系数的最小因子载荷值为0.52>0.40，表明测量模型具有良好的项目质量。模型拟合的各指标均满足相关要求，如P-value=1.00000，RMSEA=0.000，表明感知水平测量模型的拟合效果在理想范围之内，模型可以接受。进行指标修正后，潜变量感知水平下设三个测量指标，能够很好地测量该潜变量的变异。

五、中介变量和冲动购买行为

（一）冲动性购买意愿因素

本研究设计的中介变量为冲动性购买意愿（W）。在问卷的设置中，冲动性购买意愿包含了四个测量指标：购买过程中，我体会到强烈的购买渴望（W1）、看到喜欢的商品时，我有一种不能自禁的感觉（W2）和喜欢的东西我希望立即得到它（W3）和多数情况下，我会凭购买欲望进行购买（W4）。输入协方差矩阵，构建潜变量冲动性购买意愿因素的结构方程测量模型，模型的标准化路径系数如图9.11所示。

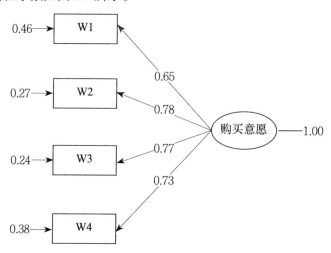

图9.11　冲动性购买意愿因素测量模型标准化路径系数图

图9.11显示，模型标准化路径系数的最小因子载荷值为0.65>0.40，表明测量模型具有良好的项目质量。模型拟合的各指标均满足相关要求，如

P-value=0.748，RMSEA=0.000，表明冲动性购买意愿测量模型的拟合效果在理想范围之内，模型可以接受。进行指标修正后，潜变量冲动性购买意愿下设四个测量指标，能够很好地测量该潜变量的变异。

（二）冲动购买行为

在问卷中，冲动购买行为（Y）包含六个测量指标：我购买了原来并不打算购买的东西（Y1）、我发现有很多最近购买但很少用的东西（Y2）、购买时我没有深思熟虑（Y3）、当我决定买某商品时，那种想要的感觉很难抗拒（Y4）、我会在动漫衍生品有促销活动时购买（Y5）和我购买的动漫衍生品种类较多（Y6）。输入协方差矩阵，构建潜变量冲动购买行为因素的结构方程测量模型，模型的标准化路径系数如图9.12所示。

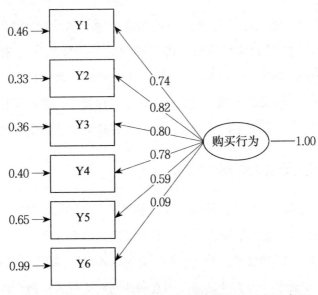

图9.12　冲动购买行为因素的测量模型标准路径系数图

从标准化路径系数图中可知，冲动购买行为的六个测量指标中，最小的因素载荷为0.09<0.40，表明该模型的项目质量需要进一步修正。根据结构方程模型修正步骤，同时结合本研究理论基础，对冲动购买行为的测量模型进行修正，修正后的测量模型剔除了测量指标Y6，模型修正结果见图9.13。

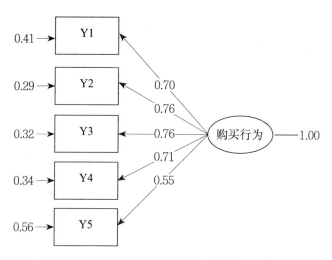

图9.13　修正后的冲动购买行为因素的测量模型标准路径系数图

图9.13显示，模型标准化路径系数的最小因子载荷值为0.55>0.40，表明测量模型具有良好的项目质量。模型拟合的各指标均满足相关要求，如MSEA=0.07<0.08，NNFI=0.984>0.9，CFI=0.992>0.9，SRMR=0.0217<0.05，表明测量模型的拟合效果在理想范围之内，模型可以接受。进行指标修正后，潜变量冲动购买行为下设五个测量指标，能够很好地测量该潜变量的变异。

六、各因素测量模型检验结果

根据前面的测量模型检验结果可知，本研究正式问卷数据所构建的潜变量购买冲动倾向、购买情感、时间压力、品牌效应、购物环境、产品特征、促销广告、价格刺激、感知水平、冲动性购买意愿、冲动购买行为等11个因素的测量模型除个体特征中的购买冲动倾向因素和冲动购买行为这两个因素的测量模型在修正后能获得通过外，其他因素的测量模型均不需要修正即能通过。对各个因素进行测量模型检验之后各因素及其题项见表9.10。

表9.10　各因素测量模型检验结果

维度	因素	题号	题项	结果
个体特征	购买冲动倾向	A1	我买东西经常是：看见了它，喜欢它，就买了它	通过
		A2	我买东西经常不做什么思考	
		A3	我买东西取决于购买时的感觉	
	购买情感	B1	当我带足够钱的时候，我很容易对我在场觉得喜欢的商品做出购买决定	通过
		B2	购买时，我觉得能买得起我喜欢的商品	
		B3	购买时，我觉得没有足够钱购买计划之外的产品	
情景因素	时间压力	C1	购买时，我感觉时间匆忙	通过
		C2	当购买时间紧迫时，我会很快做出购买决定	
		C3	当购买时间紧迫，我越想立即买下喜欢的商品	
	品牌效应	D1	在众多品牌，我常选择广告的品牌	通过
		D2	购买时，我很想购买广告的商品	
		D3	我因对产品广告有深刻印象而产生购买	
营销刺激	购物环境	E1	购物场所的空间宽敞舒适、设计精美	通过
		E2	购买场所的音乐动听	
		E3	商店的产品陈列错落有致	
	产品特征	F1	购买时，我会通常因商品设计对商品产生好感	通过
		F2	因为喜欢产品的性能，我产生冲动购买欲望	
		F3	冲动购买时，我很容易受到品牌的影响	
营销刺激	促销广告	G1	购买时，我感觉时间匆忙	通过
		G2	我常常在打折促销的时候购买大量的商品	
		G3	看到有促销活动的产品我有要立即购买的欲望	
	价格刺激	H1	如产品定价低于我的预算我会非常感兴趣	通过
		H2	购买时，我很容易受到低价格商品的诱惑	
		H3	看到低价商品，我常有要立即买下的感觉	

维度	因素	题号	题项	结果
调节变量	感知水平	U1	我感觉已经购买的动漫衍生品，其成本与其价值不符，其功能与我的期望不符	通过
		U2	我感觉已经购买的动漫衍生品，使用起来让我在社会群体中感到不适	
		U3	我感觉已经购买的动漫衍生品，其外观、性能与我的价值观不符	
		U4	消费动漫衍生品，没有让我感到自己就是动漫中某个角色或者具有跟他（她）一样的品质、能力	
中介变量	冲动性购买意愿	Z1	购买过程中，我体会到强烈的购买渴望	通过
		Z2	看到喜欢的商品时，我有一种不能自禁的感觉	
		Z3	喜欢的东西我希望立即得到它	
		Z4	多数情况下，我会凭购买欲望进行购买	
冲动购买行为		Y1	我购买了原来并不打算购买的东西	通过
		Y2	我发现有很多最近购买但很少用的东西	
		Y3	购买时我没有深思熟虑	
		Y4	当我决定买某商品时，那种想要的感觉很难抗拒	
		Y5	我会在动漫衍生品有促销活动时购买	

第六节　本章小结

本章对正式问卷收集到的736份样本数据进行描述性统计分析，为使数据适合结构方程模型分析，对样本数据进行正态化检验，检验结果显示，本研究数据正态性有待提高，使用Prelis进行正态化后，数据的正态性有了明显的提升，更为适合结构方程模型分析，多重共线性检验结果显示本研究不存在严重的多重共线性问题，共同方法偏差检验显示本研究共同方法偏差情况并不严重。本章正式问卷数据所构建的潜变量购买冲动倾向、购买情感、时间压力、品牌效应、购物环境、产品特征、促销广告、价格刺激、感知水平、冲动性购买意愿、冲动购买行为11个因素的测量模型除个体特征中的购买冲动倾向因素和冲动购买行为这两个因素的测量模型在修正后能获得通过外，其他因素的测量模型均不需要修正即能通过，显示本研究潜变量测量模型具有很好的项目质量。在正态性检验、多重共线性检验、共同方法偏差检验、测量模型检验均获得通过的基础上，进行样本数据的实证检验。

第十章　动漫衍生品冲动性
购买行为的影响研究

第一节　问卷信度、效度分析

本研究利用结构方程模型软件（LISREL 8.70），以协方差系数作为输入矩阵，对736个样本数据进行验证性因子分析。本研究采用的潜变量：个体特征的购买冲动倾向和购买情感，情景因素的时间压力、品牌效应和购物环境，营销刺激的产品特征、促销广告和价格刺激，冲动性购买意愿，冲动购买行为。模型拟合方面，RMSEA=0.063<0.08，NNFI=0.978>0.9，CFI=0.981>0.9，SRMR=0.0518<0.08，说明该模型拟合优度良好。模型的各潜变量标准化因子载荷见表10.1，各潜变量相关系数及区别效度见表10.2。

一、信度分析

由表10.1可知，潜变量测量题项的标准化因子载荷均处于0.49-0.85之间，t 值均远大于3.29，说明因子负荷均为高度显著，显示本研究各潜变量具有很好的项目质量，表明本研究潜变量的测量具有很好的收敛效度。

通过组合信度值（CR）来检验量表的信度，结果如表10.1所示。数据显示，各潜变量的组合信度均大于0.7，大于临界值（0.6）。因此，本研究测量量表具有合理保证的内部一致性。

表10.1　各潜变量信度检验结果

维度	因素	题项	标准化因子载荷	t值
个体特征	购买冲动倾向 CR=0.8138	我买东西经常是：看见了它，喜欢它，就买了它	0.77	15.56
		我买东西经常不做什么思考	0.78	15.82
		我买东西取决于购买时的感觉	0.76	15.35
	购买情感 CR=0.8271	当我带足够钱的时候，我很容易对我在场觉得喜欢的商品做出购买决定	0.73	14.67
		购买时，我觉得能买得起我喜欢的商品	0.83	17.39
		购买时，我觉得没有足够钱购买计划之外的产品	0.79	16.20
情景因素	时间压力 CR=0.7315	购买时，我感觉时间匆忙	0.77	14.62
		当购买时间紧迫时，我会很快做出购买决定	0.79	14.90
		当购买时间紧迫，我越想立即买下喜欢的商品	0.49	8.45
	品牌效应 CR=0.7503	在众多品牌，我常选择广告的品牌	0.71	13.37
		购买时，我很想购买广告的商品	0.65	11.83
		我因对产品广告有深刻印象而产生购买	0.76	14.48
	购物环境 CR=0.8172	购物场所的空间宽敞舒适、设计精美	0.74	14.66
		购买场所的音乐动听	0.80	16.43
		商店的产品陈列错落有致	0.78	15.81

维度	因素	题项	标准化因子载荷	t值
营销刺激	产品特征 CR=0.8754	购买时，我会通常因商品设计对商品产生好感	0.85	18.42
		因为喜欢产品的性能，我产生冲动购买欲望	0.87	19.03
		冲动购买时，我很容易受到品牌的影响	0.79	16.42
	促销广告 CR=0.8401	购买时，我很容易受到促销打折的诱惑	0.72	14.23
		我常常在打折促销的时候购买大量的商品	0.84	17.87
		看到有促销活动的产品我有要立即购买的欲望	0.83	17.55
营销刺激	价格刺激 CR=0.7789	如产品定价低于我的预算我会非常感兴趣	0.65	12.17
		购买时，我很容易受到低价格商品的诱惑	0.81	16.33
		看到低价商品，我常有要立即买下的感觉	0.74	14.59
冲动性购买意愿 CR=0.864		购买过程中，我体会到强烈的购买渴望	0.72	14.44
		看到喜欢的商品时，我有一种不能自禁的感觉	0.83	17.75
		喜欢的东西我希望立即得到它	0.82	17.38
		多数情况下，我会凭购买欲望进行购买	0.76	15.63
冲动购买行为 CR=0.8638		我购买了原来并不打算购买的东西	0.73	14.69
		我发现有很多最近购买但很少用的东西	0.81	17.25
		购买时我没有深思熟虑	0.79	16.60
		当我决定买某商品时，那种想要的感觉很难抗拒	0.78	16.17
		我会在动漫衍生品有促销活动时购买	0.62	11.86

资料来源：本研究整理。

二、效度分析

内容有效性是指测试本身可以包含的概念含义的范围或程度，即测试内容是否具有代表性和适合于测试的目的。内容效度依赖于逻辑处理而不是统计分析。因此，理论思维是非常重要的，但统计结果也可以从一个侧面反映内容的有效性。从统计的角度来看，如果测量模型中因子负荷大于0.5，则可以说明该测试在一定程度上具有内容有效性。从本章对上述因素的结构方程测量模型试验中可以看出，本研究中所使用的所有因素测量模型的因子负荷都大于0.4，表明本试验具有一定的内容有效性。理论上，本测试题目为专家意见，预调查结果表明问卷具有良好的信度和效度。一般来说，模型的内容效度良好。

建构效度是衡量社会科学的重要效度指标，因为许多社会科学理论都是基于假设的，是指理论特征或概念的测量程度。区分有效性的方法有很多，其中之一是结构方程模型的整体拟合。从上述各因素的结构方程测量模型和验证性因素分析模型可以看出，各因素的测量模型和验证性因素分析模型的拟合度均满足要求，因此可以认为本研究数据建构效度符合要求。

关于区别效度的验证，研究计算各潜变量之间的相关系数和标准误差，如表10.2所示，由表10.2可知，各潜变量之间相关系数为0.52—0.8，各相关系数加减标准误差的两倍（$\gamma \pm 2SE$）后均不含有1.0。除少部分潜变量之间AVE的平均值areVE略小于相关系数的平方外，绝大部分潜变量之间AVE（平均方差抽取量）的平均值areVE大于相关系数的平方（γ^2），显示潜变量构想之间具有较理想的区辨力，说明各潜变量概念之间具有显著区别，区别效度得到验证。

表10.2　各潜变量相关系数及区别效度检验

名称	项目	冲动购买行为	冲动性购买意愿	购买冲动倾向	购买情感	时间压力	品牌效应	购物环境	产品特征	促销广告	价格刺激
冲动购买行为		0.5612									
冲动性购买意愿	γ	0.71	0.6143								
	(γ²)	(0.5)									
	SE	0.036	0.039								
	areVE	0.59	0.6								
购买冲动倾向	γ	0.75	0.71	0.593							
	(γ²)	(0.56)	(0.5)								
	SE	0.036	0.037	0.035							
	areVE	0.58	0.61	0.6							
购买情感	γ	0.79	0.72	0.79	0.6153						
	(γ²)	(0.62)	(0.51)	(0.62)							
	SE	0.032	0.052	0.05	0.054						
	areVE	0.59	0.55	0.54	0.55						
时间压力	γ	0.61	0.54	0.62	0.54	0.4857					
	(γ²)	(0.37)	(0.29)	(0.39)	(0.29)						
	SE	0.048									
	areVE	0.52									

续表

名称	项目	冲动购买行为	冲动性购买意愿	购买冲动倾向	购买情感	时间压力	品牌效应	购物环境	产品特征	促销广告	价格刺激
品牌效应	γ	0.64	0.62	0.58	0.62	0.56	0.5014				
	(γ²)	(0.4)	(0.39)	(0.34)	(0.39)	(0.31)					
	SE	0.047	0.048	0.053	0.05	0.057					
	areVE	0.53	0.56	0.55	0.56	0.49					
购物环境	γ	0.68	0.68	0.65	0.66	0.52	0.64	0.5987			
	(γ²)	(0.47)	(0.46)	(0.43)	(0.44)	(0.27)	(0.41)				
	SE	0.041	0.041	0.046	0.044	0.056	0.049				
	areVE	0.58	0.61	0.6	0.61	0.54	0.55				
产品特征	γ	0.63	0.66	0.65	0.66	0.59	0.55	0.79	0.7012		
	(γ²)	(0.48)	(0.35)	(0.33)	(0.44)	(0.38)	(0.34)	(0.63)			
	SE	0.037	0.044	0.048	0.042	0.047	0.05	0.032			
	areVE	0.6	0.66	0.65	0.66	0.59	0.6	0.65			
促销广告	γ	0.71	0.63	0.74	0.67	0.55	0.75	0.78	0.65	0.6376	
	(γ²)	(0.5)	(0.4)	(0.54)	(0.44)	(0.30)	(0.57)	(0.61)	(0.42)		
	SE	0.037	0.043	0.038	0.042	0.053	0.04	0.034	0.041		
	areVE	0.6	0.63	0.62	0.63	0.56	0.57	0.62	0.67		
价格刺激	γ	0.73	0.6	0.8	0.79	0.65	0.64	0.66	0.64	0.71	0.5421
	(γ²)	(0.53)	(0.36)	(0.63)	(0.62)	(0.42)	(0.41)	(0.43)	(0.4)	(0.5)	
	SE	0.039	0.047	0.037	0.036	0.049	0.051	0.047	0.045	0.042	
	areVE	0.55	0.58	0.57	0.58	0.51	0.52	0.57	0.62	0.59	

注：所有相关系数均达到99%显著性；对角线以上为各潜变量的平均方差抽取量，对角线以下每格第一行为相关系数和相关系数的平方，第二行为相关系数的标准误，第三行为各潜变量之间平均方差抽取量的均值

第二节　感知水平在个体特征和冲动购买行为之间有中介的调节效应检验

一、感知水平在购买冲动倾向和冲动购买行为之间有中介的调节效应检验

根据第三章本文总结归纳的有中介的调节效应检验步骤，用SPSS依次构建相关模型，检验购买冲动倾向（A）与冲动购买行为（Y）之间关系，检验感知水平（U）在购买冲动倾向和冲动购买行为之间关系调节效应，检验冲动性购买意愿（W）在购买冲动倾向和冲动购买行为之间关系中介效应，进而检验感知水平在购买冲动倾向和冲动购买行为之间有中介的调节效应，模型检验结果见表10.3。

模型A1：$Y=c_{00}+c_{11}A+c_{12}U+e_0$，做Y对A、U的回归。

模型A2：$Y=c_0+c_1A+c_2U+c_3UA+e_1$，做Y对A、U、UA的回归。

模型A3：$W=a_0+a_1A+a_2U+a_3UA+e_2$，做W对A、U、UA的回归。

模型A4：$Y=c_0{}'+c_1{}'A+c_2{}'U+c_3{}'UA+b_1W+b_2UW+e_3$，做Y对A、U、UA、W、UW的回归。

表10.3　感知水平在购买冲动倾向和冲动购买行为之间有中介的调节效应检验结果

自变量	模型A1 因变量 Y：冲动性购买行为	模型A2 因变量 Y：冲动性购买行为	模型A3 因变量 W：冲动性购买意愿	模型A4 因变量 Y：冲动性购买行为
W：冲动性购买意愿				0.317***
U：感知水平	−0.296***	−0.284***	−0.488***	−0.104
A：购买冲动倾向	0.483***	0.455***	0.305***	0.371***
UA：感知水平×购买冲动倾向		−0.096**	−0.049	−0.02

续表

自变量	模型A1	模型A2	模型A3	模型A4
	因变量 Y：冲动性 购买行为	因变量 Y：冲动性 购买行为	因变量 W：冲动性 购买意愿	因变量 Y：冲动性 购买行为
UW：感知水平×冲动性购买意愿				−0.073
R^2	0.457	0.469	0.509	0.529
F值	135.64***	94.57***	110.89***	71.59***

检验购买冲动倾向（A）与冲动购买行为（Y）之间关系。由模型A_1可知，购买冲动倾向与冲动购买行为之间路径系数为0.483（p<0.01），因而购买冲动倾向对冲动购买行为有显著正向影响，假设H2a成立。

检验感知水平（U）的调节效应。检验模型A2中系数c_3的显著性，c_3=−0.096（p<0.01），达到了99%的显著性，因而调节效应显著，即感知水平对购买冲动倾向和冲动购买行为之间关系起调节作用，对比模型A1和模型A2的R^2可知，R^2的变化为0.012，即调节效应项感知水平×购买冲动倾向解释了冲动购买行为变异的1.2%，假设H5a成立。

检验冲动性购买意愿（W）的中介效应。由模型A4可知，W→Y的系数为0.317（p<0.001），达到了99%的显著性，因而中介变量冲动性购买意愿对因变量冲动购买行为有显著正向影响，假设H1成立；检验模型A3中系数a_1和模型A4中系数b_1的显著性，由表可知，a_1=0.305（p<0.001）、b_1=0.317（p<0.001），由此可知，中介变量冲动性购买意愿在购买冲动倾向和冲动购买行为之间关系起中介作用，假设H2b成立。由模型A4可知，购买冲动倾向对冲动购买行为的直接效应为0.371，购买冲动倾向通过冲动性购买意愿对冲动购买行为产生影响的中介效应为0.305×0.317=0.097，中介效应与直接效应之比为0.26，意味着购买冲动倾向对冲动购买行为的影响，冲动性购买意愿的中介效应占了21%。

检验有中介的调节效应。检验a_3和b_2，a_3和b_1，a_1和b_2这三组系数的显著性，因a_3=−0.049，b_1=0.317（p<0.001），b_2=−0.073，a_1=0.305（p<0.001），由此可知，a_3和b_2，a_3和b_1，a_1和b_2这三组系数没有一组是两个系数同时显著的，因而进行置信区间检验，用Bootstrap进行置信区间检验，区间检验结果如表10.4所示。

表10.4　购买冲动倾向模型的置信区间检验表

系数	显著性水平（双侧）	95%置信区间	
		下限	上限
a_3	0.141	−0.107	0.037
b_2	0.153	−0.159	0.052

由表10.4可知，a_3和b_2的置信区间均包含0，因而a_3和b_2，a_3和b_1，a_1和b_2这三组系数中，每组系数置信区间均包含0，由此，有中介的调节模型不成立，检验结束，即调节效应项不经过中介变量冲动性购买意愿对冲动购买行为产生影响，假设H5c不成立。

由模型A_2可知，Y=0.455A−0.284U−0.096UA=−0.284U+（0.455−0.096U）A，U的标准差为0.935，均值为0（已中心化），当U=−0.935（比均值低一个标准差）时，Y=0.266+0.545A，即每变动一个A，Y的变动为0.545个，当U=0时，Y=0.455A，即每变动一个A，Y的变动为0.455个，当U=0.935（比均值高一个标准差）时，Y=−0.266+0.365A，即每变动一个A，Y的变动为0.365个，因而，调节变量U对A和Y之间关系为负向调节，即调节变量U（感知水平）越大，A（购买冲动倾向）对Y（冲动购买行为）的影响越小。

二、感知水平在购买情感和冲动购买行为之间关系有中介的调节效应检验

根据第三章本文总结归纳的有中介的调节效应检验步骤，用SPSS依次构建相关模型，检验购买情感（B）与冲动购买行为（Y）之间关系，检验感知水平（U）在购买情感和冲动购买行为之间关系调节效应，检验冲动性购买意

愿（W）在购买情感和冲动购买行为之间关系中介效应，进而检验感知水平在购买情感和冲动购买行为之间有中介的调节效应，模型检验结果见表10.5。

模型B1：$Y=c_{00}+c_{11}B+c_{12}U+e_0$，做Y对B、U的回归。

模型B2：$Y=c_0+c_1B+c_2U+c_3UB+e_1$，做Y对B、U、UB的回归。

模型B3：$W=a_0+a_1B+a_2U+a_3UB+e_2$，做W对B、U、UB的回归。

模型B4：$Y=c_0{}'+c_1{}'B+c_2{}'U+c_3{}'UB+b_1W+b_2UW+e_3$做Y对B、U、UB、W、UW的回归。

表10.5　感知水平在购买情感和冲动购买行为之间有中介的调节效应检验结果

自变量	模型B1	模型B2	模型B3	模型B4
	因变量 Y：冲动购买行为	因变量 Y：冲动购买行为	因变量 W：冲动性购买意愿	因变量 Y：冲动购买行为
W：冲动性购买意愿				0.305***
U：感知水平	−0.201***	−0.180***	−0.420***	−0.052
B：购买情感	0.565***	0.529***	0.337***	0.426***
UB：感知水平×购买情感		−0.095**	−0.074*	−0.077
UW：感知水平×冲动性购买意愿				0.006
R^2	0.488	0.5	0.523	0.544
F值	153.17***	106.95***	117.43***	76.08***

检验购买情感与冲动购买行为之间关系。由模型B1可知，购买情感与冲动购买行为之间路径系数为0.565（$p<0.01$），因而购买情感对冲动购买行为有显著正向影响，假设H2c成立。

检验感知水平的调节效应。检验模型B2中系数c_3的显著性，系数$c_3=-0.095$（$p<0.01$），达到了99%的显著性，因而调节效应显著，即感知水平对购买情感和冲动购买行为之间关系起调节作用，假设H5b成立。对比模型1和模型2的R^2可知，R^2的变化为0.012，即调节效应项感知水平×购买情感解释了冲动购买行为变异的1.2%。

检验冲动性购买意愿的中介效应。检验模型B3中系数a_1和模型B4中系数b_1的显著性，由表可知，$a_1 = 0.337$（$p < 0.001$）、$b_1 = 0.305$（$p < 0.001$），由此可知，中介变量冲动性购买意愿在购买情感和冲动购买行为之间关系起中介作用，假设H2d成立。由模型B4可知，购买情感对冲动购买行为的直接效应为0.426，购买情感通过冲动性购买意愿对冲动购买行为产生影响的中介效应为$0.305 \times 0.337 = 0.103$，中介效应与直接效应之比为0.24，意味着购买冲动倾向对冲动购买行为的影响，冲动性购买意愿的中介效应占了19%。

检验有中介的调节效应，检验a_3和b_2，a_3和b_1，a_1和b_2这三组系数的显著性，$a_3 = -0.074$（$p < 0.05$），$b_2 = 0.006$，$b_1 = 0.305$（$p < 0.001$），$a_1 = 0.337$（$p < 0.001$），a_3和b_1这一组的显著性显著，$c_3' = -0.077$未达到95%的显著性，因而感知水平对购买情感和冲动购买行为之间关系的调节作用完全通过中介变量冲动性购买意愿起作用，假设H5d成立。

由模型B2可知，$Y = 0.529B - 0.180U - 0.095UB = -0.180U + (0.529 - 0.095U)B$，由此可知，对于越大的U，B对Y的影响越小，因而，调节变量U对B和Y之间关系为负向调节，即调节变量U（感知水平）越大，B（购买情感）对Y（冲动购买行为）的影响越小。

由模型B3可知，$W = -0.420U + 0.337B - 0.074UB$，当调节变量感知水平高于1个标准差时（$U = 0.935$），$W = -0.393 + 0.268B$，中介效应为$0.268 \times 0.305 = 0.082$，中介效应占比降低至16%，就是说，对于感知水平更高的消费者而言，冲动性购买意愿的中介效应更低；同时，因为感知水平对购买情感与冲动购买行为之间关系的调节效是完全通过冲动性购买意愿来影响的，更低的购买意愿即为更少的冲动购买行为，因而调节变量感知水平越高，购买情感对冲动购买行为的影响越小。

第三节 感知水平在情景因素和冲动购买行为之间有中介的调节效应检验

一、感知水平在时间压力和冲动购买行为之间有中介的调节效应检验

根据第三章本书总结归纳的有中介的调节效应检验步骤，用SPSS依次构建相关模型，检验时间压力（C）与冲动购买行为（Y）之间关系，检验感知水平（U）在时间压力和冲动购买行为之间关系调节效应，检验冲动性购买意愿（W）在时间压力和冲动购买行为之间关系中介效应，进而检验感知水平在时间压力和冲动购买行为之间有中介的调节效应，模型检验结果见表10.6。

模型C1：$Y=c_{00}+c_{11}C+c_{12}U+e_0$，做Y对C、U的回归。

模型C2：$Y=c_0+c_1C+c_2U+c_3UC+e_1$，做Y对C、U、UC的回归。

模型C3：$W=a_0+a_1C+a_2U+a_3UC+e_2$，做W对C、U、UC的回归。

模型C4：$Y=c_0{}'+c_1{}'C+c_2{}'U+c_3{}'UC+b_1W+b_2UW+e_3$，做Y对C、U、UC、W、UW的回归。

表10.6 感知水平在时间压力和冲动购买行为之间有中介的调节效应检验结果

自变量	模型C1 因变量 Y：冲动性购买行为	模型C2 因变量 Y：冲动性购买行为	模型C3 因变量 W：冲动性购买意愿	模型C4 因变量 Y：冲动性购买行为
W：冲动性购买意愿				0.332***
U：感知水平	−0.427***	−0.405***	−0.569***	−0.228***
C：购买冲动倾向	0.442***	0.391***	0.305***	0.288***
UC：感知水平×购买冲动倾向		−0.096**	−0.020	−0.129**
UW：感知水平×冲动性购买意愿				0.055
R^2	0.469	0.483	0.524	0.534
F值	142.19***	100.14***	117.87***	73.16***

检验时间压力与冲动购买行为之间关系。由模型C1可知，时间压力与冲动购买行为之间路径系数为0.442（$p<0.01$），因而时间压力对冲动购买行为有显著正向影响，假设H3a成立。

检验感知水平的调节效应。检验模型C2中系数c_3的显著性，系数$c_3=-0.096$（$p<0.01$），因而调节效应显著，即感知水平对时间压力和冲动购买行为之间关系起调节作用，假设H6a成立。对比模型1和模型2的R^2可知，R^2的变化为0.014，即调节效应项感知水平×时间压力解释了冲动购买行为变异的1.4%。

检验冲动性购买意愿的中介效应。检验模型C3中系数a_1和模型C4中系数b_1的显著性，由表可知，$a_1=0.305$（$p<0.001$）、$b_1=0.332$（$p<0.001$），由此可知，中介变量冲动性购买意愿在购买冲动倾向和冲动购买行为之间关系起中介作用，假设H3b成立。由模型B3和B4可知，时间压力对冲动购买行为的直接效应为0.288，时间压力通过冲动性购买意愿对冲动购买行为产生影响的中介效应为$0.305 \times 0.332=0.101$，中介效应与直接效应之比为0.35，意味着时间压力对冲动购买行为的影响，冲动性购买意愿的中介效应占了26%。

检验有中介的调节效应，检验a_3和b_2，a_3和b_1，a_1和b_2这三组系数的显著性，因$a_3=-0.020$，$b_1=0.332$（$p<0.001$），$b_2=0.055$，$a_1=0.305$（$p<0.001$），由此可知，a_3和b_2，a_3和b_1，a_1和b_2这三组系数没有一组是两个系数同时显著的，因而进行置信区间检验，用Bootstrap进行置信区间检验，区间检验结果如下表10.7所示。

表10.7　时间压力模型的置信区间检验表

系数	显著性水平（双侧）	95%置信区间	
		下限	上限
a_3	0.415	−0.068	0.036
b_2	0.348	−0.045	0.179

由表10.7可知，a_3和b_2的置信区间均包含0，因而a_3和b_2，a_3和b_1，a_1和b_2这三组系数中，每组系数置信区间均包含0，由此，有中介的调节模型不成立，假设H6d不成立，检验结束。

由模型C2可知，$Y=0.391C-0.405U-0.096UC=-0.405U+（0.391-0.096U）$ C，由方程可知，对于越大的U，C对Y的影响越小，因而，调节变量U对C和Y之间关系为负向调节，即U（感知水平）越大，C（时间压力）对Y（冲动购买行为）的影响越小。

二、感知水平在品牌效应和冲动购买行为之间有中介的调节效应检验

根据第三章总结归纳的有中介的调节效应检验步骤，用SPSS依次构建相关模型，检验品牌效应（D）与冲动购买行为（Y）之间关系，检验感知水平（U）在品牌效应和冲动购买行为之间关系调节效应，检验冲动性购买意愿（W）在品牌效应和冲动购买行为之间关系中介效应，进而检验感知水平在品牌效应和冲动购买行为之间有中介的调节效应，模型检验结果见表10.8。

模型1：$Y=c_{00}+c_{11}D+c_{12}U+e_0$，做Y对D、U的回归。

模型2：$Y=c_0+c_1D+c_2U+c_3UD+e_1$，做Y对D、U、UD的回归。

模型3：$W=a_0+a_1D+a_2U+a_3UD+e_2$，做W对D、U、UD的回归。

模型4：$Y=c_0{}'+c_1{}'D+c_2{}'U+c_3{}'UD+b_1W+b_2UW+e_3$，做Y对D、U、UD、W、UW的回归。

表10.8　感知水平在品牌效应和冲动购买行为之间有中介的调节效应检验结果

自变量	模型D1 因变量 Y：冲动性购买行为	模型D2 因变量 Y：冲动性购买行为	模型D3 因变量 W：冲动性购买意愿	模型D4 因变量 Y：冲动性购买行为
W：冲动性购买意愿				0.420***
U：感知水平	-0.382***	-0.346***	-0.535***	-0.120*
D：品牌效应	0.323***	0.298***	0.198***	0.214***
UD：感知水平×品牌效应		-0.110**	-0.055	-0.079

自变量	模型D1	模型D2	模型D3	模型D4
	因变量 Y：冲动性 购买行为	因变量 Y：冲动性 购买行为	因变量 W：冲动性 购买意愿	因变量 Y：冲动性 购买行为
UW：感知水平×冲动性购买意愿				−0.010
R^2	0.368	0.385	0.470	0.479
F值	93.9***	66.87***	94.95***	58.58***

检验购品牌效应与冲动购买行为之间关系。由模型D1可知，品牌效应与冲动购买行为之间路径系数为0.323（$p<0.01$），因而品牌效应对冲动购买行为有显著正向影响，假设H3c成立。

检验感知水平的调节效应。检验模型D2中系数c_3的显著性，系数$c_3=-0.110$（$p<0.01$），因而调节效应显著，即感知水平对品牌效应和冲动购买行为之间关系起调节作用，假设H6b成立。对比模型D1和模型D2的R^2可知，R^2的变化为0.017，即调节效应项感知水平×时间压力解释了冲动购买行为变异的1.7%。

检验冲动性购买意愿的中介效应，检验模型D3中系数a_1和模型D4中系数b_1的显著性，由表可知，$a_1=0.198$（$p<0.001$）、$b_1=0.420$（$p<0.001$），因此，冲动购买意愿在品牌效应和消费者冲动购买行为之间关系起中介作用，假设H3d成立。由模型D3和D4可知，品牌效应对冲动购买行为的直接效应为0.214，品牌效应通过冲动性购买意愿对冲动购买行为产生影响的中介效应为$0.198×0.420=0.083$，中介效应与直接效应之比为0.39，意味着购品牌效应对冲动购买行为的影响，冲动性购买意愿的中介效应占了28%。

检验有中介的调节效应。检验a_3和b_2，a_3和b_1，a_1和b_2这三组系数的显著性，因$a_3=-0.055$，$b_1=0.420$（$p<0.001$），$b_2=-0.010$，$a_1=0.198$（$p<0.001$），由此可知，a_3和b_2，a_3和b_1，a_1和b_2这三组系数没有一组是两个系数同时显著的，因而用Bootstrap进行置信区间检验，区间检验结果如表10.9所示。

表10.9 品牌效应模型的置信区间检验表

系数	显著性水平（双侧）	95%置信区间	
		下限	上限
a_3	0.132	−0.124	0.024
b_2	0.872	−0.134	0.120

由表10.9可知，a_3和b_2的置信区间均包含0，因而a_3和b_2，a_3和b_1，a_1和b_2这三组系数中，每组系数置信区间均包含0，由此，有中介的调节模型不成立，假设H6e不成立，检验结束。

由模型D2可知，$Y=0.298C-0.346U-0.110UC=-0.346U+（0.298-0.110U）C$，由方程可知，对于越大的U，D对Y的影响越小，因而，调节变量U对D和Y之间关系为负向调节，即U（感知水平）越大，D（品牌效应）对Y（冲动购买行为）的影响越小。

三、感知水平在购物环境和冲动购买行为之间有中介的调节效应检验

根据第三章本书总结归纳的有中介的调节效应检验步骤，用SPSS依次构建相关模型，检验购物环境（E）与冲动购买行为（Y）之间关系，检验感知水平（U）在购物环境和冲动购买行为之间关系调节效应，检验冲动性购买意愿（W）在购物环境和冲动购买行为之间关系中介效应，进而检验感知水平在购物环境和冲动购买行为之间有中介的调节效应，模型检验结果见表10.10。

模型E1：$Y=c_{00}+c_{11}E+c_{12}U+e_0$，做Y对E、U的回归。

模型E2：$Y=c_0+c_1E+c_2U+c_3UE+e_1$，做Y对E、U、UE的回归。

模型E3：$W=a_0+a_1E+a_2U+a_3UE+e_2$，做W对E、U、UE的回归。

模型E4：$Y=c_0{}'+c_1{}'E+c_2{}'U+c_3{}'UE+b_1W+b_2UW+e_3$，做Y对E、U、UE、W、UW的回归。

表10.10　感知水平在购物环境和冲动购买行为之间有中介的调节效应检验结果

自变量	模型1	模型2	模型3	模型4
	因变量 Y：冲动性 购买行为	因变量 Y：冲动性 购买行为	因变量 W：冲动性 购买意愿	因变量 Y：冲动性 购买行为
W：冲动性购买意愿				0.332***
U：感知水平	−0.358***	−0.333***	−0.473***	−0.158**
E：购物环境	0.409***	0.406***	0.345***	0.283***
UE：感知水平×品牌效应		−0.086*	−0.084**	0.016
UW：感知水平×购物环境				−0.090
R^2	0.423	0.433	0.535	0.495
F值	117.97***	81.68***	122.93***	62.53***

检验购物环境与冲动购买行为之间关系。由模型E1可知，购物环境与冲动购买行为之间路径系数为0.409（p<0.01），因而购物环境对冲动购买行为有显著正向影响，假设H3e成立。

检验感知水平的调节效应。检验模型E2中系数c_3的显著性，系数c_3=−0.086（p<0.05），因而调节效应显著，即感知水平对购物环境和冲动购买行为之间关系起调节作用，假设H6c成立。对比模型E1和模型E2的R^2可知，R^2的变化为0.01，即调节效应项感知水平×购物环境解释了冲动购买行为变异的1%。

检验冲动性购买意愿的中介效应。检验模型E3中系数a_1和模型E4中系数b_1的显著性，由表可知，a_1=0.345（p<0.001）、b_1=0.332（p<0.001），因此，冲动性购买意愿在购物环境和消费者冲动购买行为之间关系起中介作用，假设H3f成立。由模型E3和E4可知，购物环境对冲动购买行为的直接效应为0.283，购物环境通过冲动性购买意愿对冲动购买行为产生影响的中介效应为0.345×0.332=0.115，中介效应与直接效应之比为0.41，意味着购物环境对冲动

购买行为的影响，冲动性购买意愿的中介效应占了29%。

检验有中介的调节效应。检验a_3和b_2，a_3和b_1，a_1和b_2这三组系数的显著性，因a_3=-0.084（p<0.01），b_1=0.332（p<0.001），b_2=-0.090，a_1=0.345（p<0.001），由此可知，a_3和b_1这一组的显著性显著，c_3'=0.016未达到95%的显著性，因而感知水平对购物环境和冲动购买行为之间关系的调节作用完全通过中介变量冲动性购买意愿起作用，假设H6f成立。

由模型E2可知，Y=0.406E-0.333U-0.086UC=-0.333U+（0.406-0.086U）E，由方程可知，对于更大的U，E对Y的影响越小，因而，调节变量U通过调节冲动性购买意愿来调节E和Y之间关系，即U（感知水平）越大，E（购物环境）对Y（冲动购买行为）的影响越小。

对于模型E3，当调节变量感知水平高于1个标准差时（U=0.935），W=-0.473U+0.345E-0.084，UE=-0.442+0.266E，中介效应为0.266×0.332=0.088，占比降低至22%，就是说，对于感知水平更高的消费者而言，冲动性购买意愿的中介效应更低，同时，因而感知水平对购物环境与冲动购买行为之间关系的调节效是完全通过冲动性购买意愿来影响的，更低的购买意愿即为更少的冲动购买行为，因而调节变量感知水平越高，购物环境对冲动购买行为的影响越小。

第四节　感知水平在营销刺激和冲动购买行为之间有中介的调节效应检验

一、感知水平在产品特征和冲动购买行为之间有中介的调节效应检验

根据第三章本书总结归纳的有中介的调节效应检验步骤，用SPSS依次构建相关模型，检验产品特征（F）与冲动购买行为（Y）之间关系，检验感知水平（U）在产品特征和冲动购买行为之间关系调节效应，检验冲动性购买意愿（W）在产品特征和冲动购买行为之间关系中介效应，进而检验感知水平在产品特征和冲动购买行为之间有中介的调节效应，模型检验结果见表10.11。

模型F1：$Y=c_{00}+c_{11}F+c_{12}U+e_0$，做Y对F、U的回归。

模型F2：$Y=c_0+c_1F+c_2U+c_3UF+e_1$，做Y对F、U、UF的回归。

模型F3：$W=a_0+a_1F+a_2U+a_3UF+e_2$，做W对F、U、UF的回归。

模型F4：$Y=c_0{'}+c_1{'}F+c_2{'}U+c_3{'}UF+b_1W+b_2UW+e_3$，做Y对F、U、UF、W、UW的回归。

表10.11　感知水平在产品特征和冲动购买行为之间有中介的调节效应检验结果

自变量	模型F1	模型F2	模型F3	模型F4
	因变量 Y：冲动性购买行为	因变量 Y：冲动性购买行为	因变量 W：冲动性购买意愿	因变量 Y：冲动性购买行为
W：冲动性购买意愿				0.283***
U：感知水平	−0.372***	−0.361***	−0.532***	−0.194***
F：产品特征	0.466***	0.438***	0.314***	0.355***
UF：感知水平×产品特征		−0.076*	−0.034	−0.027
UW：感知水平×冲动性购买意愿				−0.052
R^2	0.490	0.497	0.532	0.541
F值	154.73***	105.93***	121.68***	75.27***

检验购买冲动倾向与冲动购买行为之间关系。由模型F1可知，产品特征与冲动购买行为之间路径系数为0.466（$p<0.01$），因而产品特征对冲动购买行为有显著正向影响，假设H4a成立。

检验感知水平的调节效应。检验模型F2中系数c_3的显著性，系数$c_3=-0.076$（$p<0.05$），因而调节效应显著，即感知水平对产品特征和冲动购买行为之间关系起调节作用，假设H7a成立。对比模型F1和模型F2的R^2可知，R^2的变化为0.007，即调节效应项感知水平×产品特征解释了冲动购买行为变异的0.7%。

检验冲动性购买意愿的中介效应。检验模型F3中系数a_1和模型F4中系数b_1

的显著性，由表可知，a_1=0.314（p<0.001）、b_1=0.283（p<0.001），由此可知，中介变量冲动性购买意愿在产品特征和冲动购买行为之间关系起中介作用，假设H4b成立。由模型F3和F4可知，产品特征对冲动购买行为的直接效应为0.355，产品特征通过冲动性购买意愿对冲动购买行为产生影响的中介效应为0.314×0.283=0.089，中介效应与直接效应之比为0.25，意味着购买冲动倾向对冲动购买行为的影响，冲动性购买意愿的中介效应占了20%。

检验有中介的调节效应，检验a_3和b_2，a_3和b_1，a_1和b_2这三组系数的显著性，因a_3=-0.034，b_1=0.283（p<0.001），b_2=-0.052，a_1=0.314（p<0.001），由此可知，a_3和b_2，a_3和b_1，a_1和b_2这三组系数没有一组是两个系数同时显著的，因而进行置信区间检验，用Bootstrap进行置信区间检验，区间检验结果如表10.12所示。

表10.12 产品特征模型的置信区间检验表

系数	显著性水平（双侧）	95%置信区间	
		下限	上限
a_3	0.358	−0.101	0.046
b2	0.223	−0.132	0.050

由表10.12可知，a_3和b_2的置信区间均包含0，因而a_3和b_2，a_3和b_1，a_1和b_2这三组系数中，每组系数置信区间均包含0，由此，有中介的调节模型不成立，假设H_7d不成立，检验结束。

由模型F_2可知，Y=0.438F-0.361U-0.076UC=-0.361U+（0.438-0.076U）E，由方程可知，对于更大的U，F对Y的影响越小，因而，调节变量U对F和Y之间关系为负向调节，即U（感知水平）越大，F（产品特征）对Y（冲动购买行为）的影响越小。

二、感知水平在促销广告和冲动购买行为之间有中介的调节效应检验

根据第三章内容总结归纳的有中介的调节效应检验步骤，用SPSS依次构

建相关模型，检验促销广告（G）与冲动购买行为（Y）之间关系，检验感知水平（U）在促销广告和冲动购买行为之间关系调节效应，检验冲动性购买意愿（W）在促销广告和冲动购买行为间的中介效应，检验感知水平在促销广告与冲动购买行为之间有中介的调节效应，模型检验结果见表10.13。

模型G1：$Y=c_{00}+c_{11}G+c_{12}U+e_0$，做Y对G、U的回归。

模型G2：$Y-c_0+c1G+c_2U+c_3UF+e_1$，做Y对G、U、UG的回归。

模型G3：$W=a_0+a_1G+a_2U+a_3UG+e_2$，做W对G、U、UG的回归。

模型G4：$Y=c_0'+c_1'G+c_2'U+c_3'UG+b_1W+b_2UW+e_3$，做Y对G、U、UG、W、UW的回归。

表10.13　感知水平在促销广告和冲动购买行为之间有中介的调节效应检验结果

自变量	模型G1	模型G2	模型G3	模型G4
	因变量 Y：冲动购买行为	因变量 Y：冲动购买行为	因变量 W：冲动性购买意愿	因变量 Y：冲动购买行为
W：冲动性购买意愿				0.448***
U：感知水平	0.316***	0.301***		
G：促销广告	0.419***	0.409***	0.558***	0.352***
UG：感知水平×促销广告		−0.058		
UW：感知水平×冲动性购买意愿				
R^2	0.419	0.424	0.305	0.492
F值	116.16***	78.68***	142.03***	155.66***

检验购买冲动倾向与冲动购买行为之间关系。由模型G1可知，促销广告与冲动购买行为之间路径系数为0.319（p<0.01），因而促销广告对冲动购买行为有显著正向影响，假设H4c成立。

　　检验感知水平的调节效应。检验模型A2中系数c_3的显著性，系数c_3=-0.058，未达到95%的显著性，调节效应部分检验结束，感知水平对促销广告和冲动购买行为之间关系不起调节作用，假设H7b不成立。

　　检验冲动性购买意愿的中介效应。因调节效应检验结果显示感知水平对促销广告和冲动购买行为之间关系不起调节作用，因而在进行中介效应检验时，模型G3和G4中剔除有关调节效应的变量，即模型G3为：$W=a_0+a_1G+e_2$，模型G4为：$Y=c_0{}'+c_1{}'G+b_1W+e_3$。检验模型G3中系数$a_1$和模型G4中系数$b_1$的显著性，由表可知，$a_1$=0.558（p<0.001）、$b_1$=0.448（p<0.001），因此，冲动性购买意愿在促销广告和冲动购买行为之间关系起中介作用，假设H4d成立。由模型A3和A4可知，促销广告对冲动购买行为的直接效应为0.352，促销广告通过冲动性购买意愿对冲动购买行为产生影响的中介效应为0.558×0.448=0.250，中介效应与直接效应之比为0.71，意味着促销广告对冲动购买行为的影响，冲动性购买意愿的中介效应占了42%。

　　检验有中介的调节效应，因感知水平对促销广告和冲动购买行为之间关系不起调节作用，所以有中介的调节效应不成立，假设H7e不成立。

三、感知水平在价格刺激和冲动购买行为之间有中介的调节效应检验

　　根据第三章本书总结归纳的有中介的调节效应检验步骤，用SPSS依次构建相关模型，检验价格刺激（H）与冲动购买行为（Y）之间关系，检验感知水平（U）在价格刺激和冲动购买行为之间关系调节效应，检验冲动性购买意愿（W）在价格刺激和冲动购买行为之间关系中介效应，进而检验感知水平在价格刺激和冲动购买行为之间有中介的调节效应，模型检验结果见表10.14。

　　模型H1：$Y=c_{00}+c_{11}H+c_{12}U+e_0$，做Y对H、U的回归。

　　模型H2：$Y=c_0+c_1H+c_2U+c_3UH+e_1$，做Y对H、U、UH的回归。

　　模型H3：$W=a_0+a_1H+a_2U+a_3UH+e_2$，做W对H、U、UH的回归。

　　模型H4：$Y=c_0{}'+c_1{}'H+c_2{}'U+c_3{}'UH+b_1W+b_2UW+e_3$，做Y对H、U、UH、W、UW的回归。

表10.14　感知水平在价格刺激和冲动购买行为之间有中介的调节效应检验结果

自变量	模型H1	模型H2	模型H3	模型H4
	因变量 Y：冲动 购买行为	因变量 Y：冲动 购买行为	因变量 W：冲动性 购买意愿	因变量 Y：冲动 购买行为
W：冲动性购买意愿				0.345***
U：感知水平	−0.310***	−0.301***	−0.522***	−0.117*
H：价格刺激	0.469***	0.451***	0.235***	0.371***
UH：感知水平×价格刺激		−0.079*	−0.067*	−0.048
UW：感知水平×冲动性购买意愿				−0.011
R^2	0.469	0.478	0.495	0.538
F值	142.14***	97.84***	105.09***	74.36***

　　检验购买冲动倾向与冲动购买行为之间关系。由模型H1可知，价格刺激与冲动购买行为之间路径系数为0.469（$p<0.01$），因而价格刺激对冲动购买行为有显著正向影响，假设H4e成立。

　　检验感知水平的调节效应。检验模型H2中系数c_3的显著性，系数$c_3=-0.079$（$p<0.05$），因而调节效应显著，即感知水平对价格刺激和冲动购买行为之间关系起调节作用，假设H7c成立。对比模型1和模型2的R^2可知，R^2的变化为0.009，即调节效应项感知水平×产品特征解释了冲动购买行为变异的0.9%。

　　检验冲动性购买意愿的中介效应。检验模型H3中系数a_1和模型H4中系数b_1的显著性，由表可知，$a_1=0.235$（$p<0.001$）、$b_1=0.345$（$p<0.001$），因此，冲动性购买意愿在价格刺激和冲动购买行为之间关系起中介作用，假设H4f成立。由模型A3和A4可知，价格刺激对冲动购买行为的直接效应为0.371，购买冲动倾向通过冲动性购买意愿对冲动购买行为产生影响的中介效应为0.235×0.345=0.081，中介效应与直接效应之比为0.22，意味着价格刺激对冲动购买行为的影响，冲动性购买意愿的中介效应占了18%。

检验有中介的调节效应，检验a_3和b_2，a_3和b_1，a_1和b_2这三组系数的显著性，因a_3=-0.067（p<0.05，b_1=0.345（p<0.001），b_2=-0.011，a_1=0.235（p<0.001），由此可知，a_3和b_1这一组的显著性显著，c_3'=-0.048，未达到95%的显著性，因而感知水平对价格刺激和冲动购买行为之间关系的调节作用完全通过中介变量冲动性购买意愿起作用，假设H7f成立。

由模型H2可知，Y=0.451H-0.301U-0.079UC=-0.301U+（0.451-0.079U）E，由方程可知，对于更大的U，H对Y的影响越小，因而，调节变量U通过调节冲动性购买意愿来调节H和Y之间关系，即U（感知水平）越大，H（价格刺激）对Y（冲动购买行为）的影响越小。

由模型H3可知W=-0.522U+0.235H-0.067UH，由方程可知，当调节变量感知水平高于1个标准差时（U=0.935），W=-0.488+0.172H，中介效应为0.172×0.345=0.059，中介效应与直接效应（0.371）之比降至0.16，中介效应占比降低至14%，就是说，对于感知水平更高的消费者而言，冲动性购买意愿的中介效应更低，同时，因为感知水平对价格刺激与冲动购买行为之间关系的调节效是完全通过冲动性购买意愿来影响的，更低的购买意愿即为更少的冲动购买行为，因而调节变量感知水平越高，购买情感对冲动购买行为的影响越小。

有中介的调节效应检验结果汇总如下：

表10.15　有中介的调节效应检验结果汇总

假设	假设内容	研究结果
H1	消费者冲动性购买意愿与冲动购买行为之间呈正相关关系	√
H2a	消费者购买冲动倾向与冲动购买行为之间呈正相关关系	√
H2b	冲动性购买意愿对购买冲动倾向和冲动购买行为之间关系起中介作用	√
H5a	感知水平对购物冲动倾向和冲动购买行为之间关系起调节作用	√
H5c	感知水平与购物冲动倾向之间的交互作用通过冲动性购买意愿的中介作用，进而影响冲动购买行为	×

假设	假设内容	研究结果
H2c	消费者购买情感与冲动购买行为之间呈正相关关系	√
H2d	冲动性购买意愿对购买情感和冲动购买行为之间关系起中介作用	√
H5b	感知水平对购买情感和冲动购买行为之间关系起调节作用	√
H5d	感知水平与购买情感之间的交互作用通过冲动性购买意愿的中介作用，进而影响冲动购买行为	√
H3a	消费者购买时间压力与冲动购买行为之间呈正相关关系	√
H3b	冲动性购买意愿对时间压力和冲动购买行为之间关系起中介作用	√
H6a	感知水平对时间压力和冲动购买行为之间关系起调节作用	√
H6d	感知水平与时间压力的交互作用通过冲动性购买意愿的中介作用，进而影响冲动购买行为	×
H3c	品牌效应与冲动购买行为之间呈正相关关系	√
H3d	冲动性购买意愿对品牌效应和冲动购买行为之间关系起中介作用	√
H6b	感知水平对品牌效应和冲动购买行为之间关系起调节作用	√
H6e	感知水平与品牌效应之间的交互作用通过冲动性购买意愿的中介作用，进而影响冲动购买行为	×
H3e	购物环境与冲动购买行为之间呈正相关关系	√
H3f	冲动性购买意愿对购物环境和冲动购买行为之间关系起中介作用	√
H6c	感知水平对购物环境和冲动购买行为之间关系起调节作用	√
H6f	感知水平与购物环境之间的交互作用通过冲动性购买意愿的中介作用，进而影响冲动购买行为	√
H4a	产品特征与冲动购买行为之间呈正相关关系	√
H4b	冲动性购买意愿对产品特征和冲动购买行为之间关系起中介作用	√
H7a	感知水平对产品特征和冲动购买行为之间关系起调节作用	√

续表

假设	假设内容	研究结果
H7d	感知水平与产品特征之间的交互作用通过冲动性购买意愿的中介作用，进而影响冲动购买行为	×
H4c	促销广告与冲动购买行为之间呈正相关关系	√
H4d	冲动性购买意愿对促销广告和冲动购买行为之间关系起中介作用	√
H7b	感知水平对促销广告和冲动购买行为之间关系起调节作用	×
H7e	感知水平与促销广告之间的交互作用通过冲动性购买意愿的中介作用，进而影响冲动购买行为	×
H4e	价格刺激与冲动购买行为之间呈正相关关系	√
H4f	冲动性购买意愿对价格刺激和冲动购买行为之间关系起中介作用	√
H7c	感知水平对价格刺激和冲动购买行为之间关系起调节作用	√
H7f	感知水平与价格刺激之间的交互作用通过冲动性购买意愿的中介作用，进而影响冲动购买行为	√

资料来源：本研究整理。

第五节　本章小结

在第九章样本数据分析和测量模型检验的基础上，通过验证性因子分析，检验了样本数据的信度和效度，检验结果显示，本研究样本数据具有很好的信度和效度。进而根据第三章总结归纳的有中介的调节效应检验步骤，用SPSS依次构建相关模型，检验感知水平在个体特征（购买冲动倾向、购买情感）、情景因素（时间压力、品牌效应、购物环境）、营销刺激（价格刺激、产品特征、促销广告）与冲动购买行为之间有中介的调节效应。

第十一章　动漫衍生品开发策略

第一节　结合优秀传统文化，突出动漫符号特征

一、运用传统文化特色，提升产品文化内涵

对于动漫衍生产品，未来的研发和设计过程需要结合传统文化和艺术元素，才能有效提升产品的艺术价值。对于新媒体技术而言，加强国产动漫新媒体传播是现阶段打造综合形象品牌的关键。因此，在动漫形象设计过程中有效提升设计水平，能够在未来动漫品牌影响力的进程中，对行业的发展和创新起到有效而重要的作用。对于动漫形象而言，在设计过程中需要结合动漫的文化价值，而此类图像的出现往往具有不受时间和空间限制的特定影响。因此，在开发未来动漫衍生产品的过程中，以民族传统文化为基础的传统文化设计探索中国文化艺术，吸收国际先进技术，融合其表现手法，结合现代时尚元素，打造独特的本土风格。

二、融合传统文化，提升动漫剧市原创能力

在文化艺术方面，一个国家和地区越具有民族性，其文化就越有活力，就会多元化，要想在全球动漫产业站稳脚跟，就必须大力挖掘民族传统文化，传承国家特色文化。同样，动漫衍生品要想进军全球动漫产业，就要最大限度地

发挥优秀的文化资源，这主要体现在动漫衍生品的原创性上，包括动漫角色、剧本材料、人文地理、历史背景等。传统文化资源博大精深，是动漫产品研发设计取之不竭的资源宝库，以中国独特的民间艺术壁画、皮影戏、剪纸等传统文化基础为支撑，使之发展成为一种独特的艺术风格，将中国传统民族文化精神通过新媒体传递给全世界。中国传统文化的故事和寓言往往包含教育理念和传统美德，通过新的传播手段与衍生品的结合，现代与传统技术的融合，创作具有国家特色的动漫衍生品。

三、挖掘传统文化，打造动漫精品

中国传统文化内涵丰富，是动漫产品设计的重要精神源泉，因此，我国动漫产业化发展还有很大的挖掘空间，而新媒体技术的不断进步又为传统文化中的人物形象等转化为动漫产品提供了强有力的技术支持，从而使动漫产品的形象设计和动漫产品生产营销，有更大的市场潜力。此外，多数动漫企业还没有找到良好的商业模式，仍需依靠政府的产业扶持和优惠政策得以持续经营，因此，动漫衍生品产业的发展应该从战略高度出发，在产品设计上，从动漫人物基于文具、玩具、服装、工艺品等诸多衍生品的角度出发，扩展到相关主题公园、游乐园等。从消费者角度出发，将产品设计与消费者需求相结合，找到产品设计的创作源泉，打造动漫精品。

四、树立文化品牌，孵化动漫衍生品龙头企业

为了动漫及电影衍生品的长远发展，企业应规划企业长远品牌战略，让自有动漫衍生品具有鲜明的品牌属性，在竞争激烈的市场中能够提醒消费者，打造良好的品牌效应。只有打造出具有高品牌价值和高认知度的动漫衍生品企业，并以现代商业模式发展，提高消费者顾客忠诚度，并扶持培育动漫龙头企业，打造我国特色动漫品牌，才能有效地带动其他动漫衍生品企业的发展。龙头企业可以代表动漫行业的最高水平，进而成为动漫行业标杆，以龙头企业带动其他中小企业协同发展，既可以有不断进步的动力，也能够促进中小企业相互合作，共同形成一种良性竞争的环境，推动动漫衍生品更好的发展。

五、协同文化特色，推动动漫文化产业发展

在动漫产业的发展过程中，为了在日益多元化的国际市场环境中发展，应结合优秀传统文化，制作出更好的动漫作品。同时，应关注动漫衍生品的原创能力，使其能够有效地将剧本、人物、地理环境等与优秀历史文化相结合，同时，在对动漫衍生品进行设计的过程中，应注重对传统文化的合理利用，以此提升动漫衍生品艺术价值性的同时，对优秀传统文化进行有效传承，进一步扩展动漫衍生品市场规模。

六、运用高新技术全方位展现民族元素，提高动漫衍生品科技含量

中国动漫衍生品有着辉煌的历史，通过创作剪纸动漫、皮影动漫、木偶动漫、水墨动漫等一系列中国动漫衍生传统设计风格，开创了独特的中国流派。目前，《白蛇》《哪吒》等民族元素与现代手法相结合的动漫作品数不胜数。一方面，传统民族元素与现代动漫渲染手法相结合，丰富了动漫衍生品视觉表现张力，带来优秀传统民族元素新的表现形式。另一方面，3D技术能够增强动漫衍生品表现质感，省去动漫角色移动、皮肤纹理优化等复杂动作的过程。运用最新技术全面展示优秀传统文化，不仅为动漫衍生产业增添了地域特色，更通过动漫衍生品传播传统优秀文化，增强文化软实力。

第二节　提高动漫创新意识，制作衍生精品

一、动漫IP创新设计，促进衍生开发多样性

内容是IP商业化成败的关键，能够同时满足消费者需求的优质内容是动漫IP实现货币化的前提。从另一个角度来说，商业化成功的IP应该让其内容为后续的衍生品开发做好铺垫，也就是说动漫IP在内容创作的过程中实现衍生开发前置，在动漫人物、故事场景等各个方面的设计阶段就要以实现衍生开发多样化为目标之一，衍生开发不仅停留在快消品授权方面，还能够向教育、表演、

零售、体验等方面延伸，线上线下相辅相成，让IP保持良性发展。例如：优质的儿童动漫要同时满足儿童和家长的需求，儿童动漫的观看者是儿童，他们对动漫的需求是娱乐，但其内容选择权掌握在家长手中，家长主要关心的是动漫的教育价值，在制作时应以儿童在特定方面的认知作为制作目标。

二、丰富设计主题，提升创新多样性

动漫衍生品的设计应巧妙地运用动漫情节与人物形象，提升设计质量，坚持与时俱进的原则，紧跟动漫发展的潮流和趋势，加强创新，这是现阶段动漫衍生品设计创新的核心衡量标准。例如，与动画电影情节相关的概念，动漫衍生品设计会对动漫人物与情节进行更详细调查与剖析，使设计人员能够对动漫衍生品的设计来源与意义有更深层次的理解，并将动漫角色形象最大化融入动漫衍生品设计中。

三、审美视角的普适化，缩进受众距离感

动漫衍生品是在动漫作品的基础上发展起来的，动漫作品中最重要的组成部分就是动漫的人物角色。在人物设定的过程中，需考虑到大众审美的普遍性，使角色贴合大多数观众的需求。在继承传统审美观念的基础上，人物造型设计需要加入现代审美元素，才能与时俱进。还要注意艺术美学与商业美学的平衡，避免出现与社会脱节的角色。在对角色的设定中，性格特点优缺兼具，使其与现实生活中的真人性格更相近，以更立体的姿态展现在受众面前。

四、立足受众需求，提升设计水平

随着近年来动漫影视题材越来越充实，其内容定位越来越成熟化，动漫娱乐受到青少年和成年人的喜爱，很多新生代群体从出生伊始就有动漫衍生品消费行为。在我国，随着动画内容的不断完善，消费者的积极性也在不断增强。新时代动漫衍生品设计要立足于新生代消费者需求，将物体符号化作为动漫衍生品设计要素，物品符号化是将动漫形象创造性地转化为艺术符号的过程，也是展示动漫文化的魅力和风采的过程，从新生代消费者需求出发，不断丰富动

漫衍生品的设计内涵与创新程度，提升动漫衍生品的内涵与外延，提高年轻新生代消费者的购买意愿。

五、强化产品形象符号，提高消费者购买意愿

动漫衍生品的设计不是单纯基于动漫角色形象的复刻，其设计过程必须包含文化精神的精髓，使用形象丰富的符号，通过艺术创作将其转化为更易理解与欣赏的艺术符号。动漫衍生品的时尚创意设计是一条将动漫衍生设计与传统思维区分开来，与当下设计趋势和青年思维相链接，紧跟时代步伐的创新设计路径，对于动漫衍生设计师来说，最大限度地吸引年轻消费者的注意力，激发购买动机是动漫衍生设计的核心吸引力和基本目标。

六、制定知识产权保护战略，提升行业知识产权意识

动漫带动周边产品受到追捧固然是一件好事，但其所带来的知识产权问题也不可忽视。首先，商标注册是树立品牌的法律依据和基本保障，动漫衍生品想要更好地在市场上推广，应注意对中英文商标的注册和保护。其次，可在不同的产品类别中注册多个商标，即采取联合商标和防御性商标的策略。再次，依据商标保护的地区性标准，在中国申请登记的商标保护范围是中国境内，要摆脱地域保护的束缚，需要申请商标的国际保护，在商标领域的国际化战略具有必要性。最后，在衍生品开发的过程中要注意对著作权、商标权以及专利权等权利的保护，注意及时申请外观设计等专利权。

第三节　多渠道建立品牌形象，强化产品品牌效应

一、增强国产动漫新媒体传播力，加速动漫衍生产品开发

新媒体技术的发展为动漫衍生品品牌建设提供新的发展机遇，动漫形象设计水平的提高与动漫品牌营销传播渠道改革与发展，为动漫衍生品行业快速发展注入新活力。喜羊羊、灰太狼、虹猫蓝兔等国产动漫形象设计在国内有一定

知名度，但在国际市场上知名度较低，这一方面反映了本土动漫的创意有限，另一方面也暴露出动漫衍生品传播推广的不足，动漫衍生品的制作需将当地传统文化融入作品的创新设计中，打造本土化动漫衍生品品牌，并进一步拓展现有动漫题材，树立品牌意识，建立自有品牌形象，进而吸引更多社会投资，整合有利资源。

二、开展动漫在线社群运营，实现有效社群营销

有计划地在动漫衍生品在线社群开展活动。在移动互联网时代，在线品牌社群是传播品牌信息、分享品牌文化、实现品牌有效传播的重要途径。一个拥有良好"粉丝"基础的优质动画IP，可以利用其引人入胜的故事、动漫角色形象和优质的动漫衍生品来吸引消费者，形成共同兴趣爱好的社区。通过与在线品牌社群成员持续性互动，对动漫内容进行二次创作，进而设计出拥有持续性热度的动漫衍生品形象。此外，通过在线品牌社群成员正向的口碑传播，进一步推动动漫衍生品品牌的推广和与销售，实现有效的在线社群营销。

三、精准掌握消费需求，加强产品品牌建设

打造成功的动漫衍生品品牌，不仅要满足消费者的需求，还要带动消费者的需求去捕捉机会与受众，一个好的动漫衍生品品牌应成为当下市场的主流引领者，而不是主流的追随者，这需要动漫衍生品企业跟踪最准确的消费者需求，对收集到的消费者信息进行及时的分析与整理，并定期进行信息反馈，以支持企业对动漫衍生产品的开发与设计。如电视行业会将每周电视节目播出时间的收视率发送给各个电视台，以最大限度地发挥电视节目的优势；动漫衍生品企业还能够通过漫画杂志、音像制品的调查销售等方式，直接通过街道发布问卷或在互联网发布调查，也可以建立相关信息管理机构运用大数据进行数据收集与分析，建立企业自有产品设计数据库。

四、全力打造动漫明星，带动品牌高速发展

随着动漫明星角色的出现，提高该动漫衍生品品牌在动漫衍生品市场的占

有率，树立品牌形象。在提高品牌形象的同时，动漫明星形象的宣传能够提升该动漫衍生品的品牌知名度，为整体品牌战略打下坚实基础，首先，明确创作理念，有针对性地打造特有动漫明星角色形象，根据不同的受众群体，有针对性地创作动漫作品可以拉近动漫明星与相关受众的距离。其次，整合行业丰厚的资源，从不同角度对动漫明星角色形象进行包装。最后，通过动漫衍生品品牌持续经营管理，进一步完善动漫明星形象的创作。

五、明确动漫衍生品新媒体营销主题，建立消费热点

新媒体环境下的动画营销传播应注重营销主题的识别、作品内容的丰富和话题的创新性。目前，国产影视动漫题材在叙事能力与特效方面还不够成熟，使得动漫衍生品竞争力不强，随着观众的审美水平不断提高，对于动漫衍生品的选择越来越多，动漫衍生品企业应提升其产品丰富性与创新性，才能得到更多消费者的关注和喜爱，例如《大圣归来》和《哪吒之魔童降世》，在原题材的基础上结合文化潮流，进行创新改编，现已成为动漫衍生品消费热点。

六、注重产品营销差异化，有效整合营销资源

现阶段，新媒体逐渐进入5G时代，动漫衍生品传播的全媒体格局逐渐清晰。各类动漫短视频与游戏正借助智能手机渠道进行多元化发展，提高了动漫衍生品的娱乐商业价值，移动新媒体环境下动漫行业营销传播的发展空间也在不断扩大。新媒体环境下动漫衍生品在各个传播渠道和平台的特点各不相同，应注意平台和受众的差异化，在动画营销传播活动中应明确动漫衍生品营销主旨与要义，才能有效整合营销传播资源，降低营销成本。

第四节　产品差异化设计生产，充分发挥矩阵优势

一、突出产品特征，满足消费者情感需求

动漫衍生品满足的是客户精神方面的内在需求，因而，产品的特征要素

是消费者购买的首要动机，也是动漫产品冲动购买的重要刺激动因。同时，在动漫衍生品开发和设计的过程中，应注意"纪念版""珍藏版"或"限量版"等概念的使用，使动漫衍生品的购买、使用和收藏具有更为丰富的"意义"和"价值"，提高动漫衍生品的产品特征；另一方面，对动漫衍生品的开发和设计过程，不是单纯从"供给"到"需求"的过程，应注意与消费者进行互动，倾听消费者的意愿和声音，让最终开发和设计出来的动漫衍生品能够最大限度地满足消费者的需求，让消费者在使用这些动漫衍生品的时候能够尽情地抒发其对动漫中特定人物、形象的情感。

二、因地制宜，提高动漫衍生品产品差异化

动漫衍生品企业在进行动漫衍生品开发的过程中，应对产品的使用情景、使用场合进行细分，做到因地制宜；同时企业还应根据不同消费群体的身份、地位和职业等，设计有针对性的、差异化的动漫衍生品。这样才能够让消费者更好地驾驭动漫衍生品，并将其功能充分发挥出来。一方面，动漫衍生品在开发和设计的过程中，应注意时尚元素的融入；另一方面，动漫衍生品在对动漫元素、动漫形象进行整合的时候，应充分考虑到目标消费群体的个性、特点等，并将两者有机结合起来。此外，为消费群体搭建有效的沟通平台，可以促进不同消费者之间的交流和了解，有利于消费者对动漫衍生品消费过程中的快乐进行分享。

三、加强产品差异化设计，提高消费者黏性

目前动漫衍生品市场创新低，原创动漫衍生产品开发力度薄弱。动漫衍生品要摆脱依赖政府补贴，从"以量取胜"向"以质取胜"模式转变，制作一些有特色的高质量精品。在设计方面，可以加强衍生产品个性化和差异化设计，产品的可复制性、高盗版现象就会有所改善，例如采用纯手工DIY制作和限量生产，抓住消费者专属的标识。在制作方面要有新意，不只是简单地抓取动漫人物身上的元素进行再现，要掌握市场流行趋势和不同年龄段人群的爱好，更加细节化地制作。

四、拓展产品内涵，提升消费体验

如今，消费者越来越注重消费质量和消费体验。在理性消费和感性选择之间，消费者会更多考虑产品IP背后的含义，动漫衍生品生产企业应对其产品进行不断创新，完善产品生产线，拓展线下娱乐体验领域，为消费者提供更优质的产品体验。一个好的动漫IP不仅要讲好故事，还应为消费者提供更积极主动的引导与更加优质的消费体验来拓展周边。中国动漫消费市场已经从单一的玩具周边市场逐渐演变为全产业链的消费市场。动漫IP的衍生品不仅围绕玩具行业，还将触角延伸到日常的吃、穿、住、行等更多领域。动漫衍生品企业可以充分利用品牌矩阵，为不同的品牌定制不同的策略和方向。示例：My Little Pony品牌从展现孩子真实自我和时尚相关方面的角度进行打造的，变形金刚抓住男孩的力量和想象力，以"变形"的核心概念进行构建。

五、拓展动漫IP衍生品开发思路，构建完整动漫IP闭环

拓展动漫IP衍生品开发思路，不仅延伸至玩具及实体衍生品的研发、制造、销售，更延伸至泛娱乐板块，延伸衍生品价值链，满足各年龄段消费者的需求。在移动互联网时代，凡是能连接到消费者的东西，都是动漫IP变现为衍生品的一种可能方式。动漫IP与文学、游戏、电影、电视剧、音乐、信息产业、餐饮业、会展业等相互融合，越来越多的行业和行业涉足动漫IP衍生品的设计制作流程。通过产品技术升级，优化长篇动画、衍生短视频、漫画、小说、周边、动漫社区的组合，构建完整动漫IP闭环，提供完整的线上到线下路径。

六、建立有效产品框架，深度开发周边产品

根据艾瑞咨询《2019年中国二次元用户报告》显示，动漫衍生品消费中90后和00后是主力人群。在衍生产品生产之前，需要对各个年龄段的目标消费群体有明确的预判，根据年龄性别收入等因素进行综合考量，以此来制定详细合理的生产计划，有的放矢进行投资，有针对性地进行生产，能够避免盲目投资带来的损失。动漫衍生品的发展不仅需要考虑产品本身，还要保证其在产品设

计生产上有实力能够支撑产品模型的发展。动漫衍生品企业应找到合适的动漫角色IP，动漫衍生品企业应有敏锐的嗅觉，需要专业的"IP买家"进行预测和筛选，以应对动漫衍生品市场的变化。

第五节　多层次产业链融合发展，促进动漫衍生品良好发展

一、加强顶层设计，完善衍生品整体规划

动漫电影衍生品的发展政府要在顶层设计做好宏观把控，在政策支持方面，为营造衍生品发展环境，出台财政补贴政策和投融资政策支持衍生品生产。特别是要加大对原创动漫作品的投入力度，促进原创衍生品的高质量发展。从版权保护角度，加强检查监管，严厉打击盗版衍生品和非法商标侵权行为，为动漫衍生品发展营造良好的市场环境。

二、提升民族品牌产业比重，实现多样化发展

动漫衍生品产业逐渐呈现出市场需求多元化的特点，这在一定程度上是动漫产业发展的体现，动漫衍生品产业正在进入多元化竞争时代，民族品牌要竞争、成长为全球品牌，就必须能够抓住机遇，从中吸取教训，善于学习，与敌人合作共赢，增强核心竞争力，着眼于当前移动新媒体高速发展的时代，实现动漫产业的升级和可持续发展，动漫业生品企业应提升动漫衍生品在动漫产业中的作用，推动创新驱动的发展战略，在未来的产业环境中，动漫衍生品将基于互联网，除传统的视听书、手办等形式，开拓更广阔的创新发展之路。

三、建立文化市场体系，完善产业链

发展动漫影视衍生品，必须发展社会主义文化市场，规范市场经营行为，完善市场运行机制，进一步完善动漫衍生品产业发展规范机制，大力建设市场大统一的市场运营体系，营造平等合作、良性竞争的市场文化环境。全产业链也是动漫衍生品产业发展的趋势，发展动画电影，不仅要把大部分投资用于电

影制作，还要延伸产业链，开发各类产品，上下游产业链的打通促进动漫衍生品品牌的提升和动漫衍生品企业经济价值的最大化。

四、合理规划周期，加快生产进度

动漫衍生品开发需要一定周期，生产也需要时间，这就要求动漫电影公司有长久的战略规划、合理的生产周期。动漫电影衍生品应把握进场时机，在电影制作初期就会介入衍生品的生产环节。要提前进行充足的市场调研，做好投资开发计划与预案，加快设计和制作产品的进度。动漫周边产品最好要与电影同期或稍微滞后推出，抓紧电影上映期的热度和话题占有率来出售商品，及时满足受众的情感需求。

五、与时俱进，贴合动漫产业发展潮流

动漫衍生设计与时代潮流紧密结合，尤其是受到消费模式的变化和生活美学的影响，在设计国产动漫衍生品时，应保持与时俱进的总体思路，紧跟动漫产业的发展趋势。时尚与文化艺术价值，满足大众生活需求，将东方风格和生活融入新概念，加入个人生活方式，将艺术融入时尚生活必需品，进一步开发兼具两者的动漫衍生品，使得动漫衍生设计兼具审美和实用价值，并取得经济效益。

第六节　动漫高层次人才培育，提升行业综合素质

一、创新动漫设计人才培养机制，强化动漫人才队伍建设

动漫衍生品产业应建立合理的人才培养机制。相关动漫高校应注重培养学生的创新能力，坚持"引进来"和"走出去"的原则，学习和借鉴国外先进技术手段。开设动漫设计相关专业的高校通过"产学研"合作与相关企业合作，与相关企业建立联合实训基地和实践基地，聘请动漫设计领域的杰出企业家，举办讲座和聘请导师，培养大学生的创新思维，提高其实践能力。同时，高校

以对外合作、产教融合等多种形式，鼓励师生走向世界舞台，提升动漫人才的整体素质。

二、建立多维校企合作方式，赋予行业更多参与空间

动漫产业的地域性与不断地变化与发展，使动漫衍生品行业对动漫人才需求也在不断地发生变化，这需要动漫衍生品企业与高校建立与动漫衍生品行业变化同步发展的人才培养模式，建立由动漫衍生品企业、专家与高校教师为主体的产学研人才培养模式，负责动漫高校教学体系的建立，将实践经验与动漫院校现有理论教学资源相整合，建立以动漫衍生品企业、行业专家和高校教师为核心的产教融合人才培养模式，制定出符合学校自身专业发展的动漫人才培养方案。

三、行业多层次人才培养，丰富动漫人才结构

现阶段动漫衍生产品的人力资源需求大致分为创意策划、艺术设计、产品开发、技术成型、市场管理、运营管理等类别。动漫衍生品企业应已"设计-研发-推广"为模型，培养一支完善的人才梯队，这类高素质人才不仅具备一定的动漫专业理论素养，并且具有很强的创新能力，拥有灵敏的市场嗅觉。着力培养创新意识和研发能力，捕捉动漫衍生时代的特点，为动漫产业带来利润和收益，提升其商业价值，还要利用动漫衍生产品的产业化运作模式，根据市场灵活掌控市场，在市场上推广设计和产品，提高观众的认知度。经过市场测试后，将进行有效的后期开发和设计改进，着力培养管理者，培养品牌策划、媒体传播、营销推广能力，遵守动漫市场管理规则，具有敏锐的行业洞察力和国际视野，全面发展动漫产业。

四、营造社会环境，引导人才兴趣

通过在社会上营造动漫文化氛围，吸引更多有兴趣的人进入动漫衍生产品的研究，有助于扩大动漫衍生产品的行业影响力、拉近动漫与观众距离，也可以举办一些具有社会影响力的动漫活动，如动漫新品发布推广、动漫展览、

动漫大赛等，使动漫衍生品形象深入人心，并进一步渗透到人们的生活中，并吸引更多的动漫人才，激发专业人士动漫衍生品的创作热情。通过开展相关活动，参与者可以及时了解动漫相关行业和衍生品行业的情况，不仅使动漫衍生品得到推广，也为动漫衍生品的销售创作良好环境。

五、强化高校教学资源，提升教学质量

近年来，随着动漫衍生品产业的飞速发展，动漫职业相关教育得到快速发展，但动漫专业教育过程中师资队伍建设异化的问题越来越突出，动漫院校难以聘请具有丰富实践能力与理论知识的教师，大多数高校动漫专业的教学无法达到既定目标，对动漫衍生品行业水平产生消极影响。为吸引优秀教师，动漫院校一方面，应让进行深入探讨，制定更具吸引力的激励措施，吸引优秀的动漫人才加入院校教育团队，另一方面应优化学校设施，营造良好的创作环境。

第十二章　动漫衍生品渠道策略

第一节　动漫衍生品渠道选择

动漫衍生品的市场规模往往要大于内容市场规模，据调查，动漫IP内容本身的收入仅占动漫产业收入的小部分，不超过总收入的三分之一；而动漫产业的大部分收入主要来自动漫衍生品的研发生产以及销售销量，占总收入的百分之七十。在动漫衍生品的市场推广过程中，要重视渠道策略的选择，正确的渠道战略对公司的其他市场决策有很大的影响，是实现公司销售和运营目标的关键，其中拓宽销售渠道是不可忽视的环节。为满足用户个性化、多样化的消费需求，动漫及其衍生品公司在选择销售渠道时，必须紧紧围绕着"顾客可近性"这一要素，以使其更好地满足顾客的需求。因此，新行业、新模式背景下，传统的销售渠道已无法适应动漫衍生品市场，面对不同的应用场景，下游端需要相应地构建多种销售渠道，推动动漫衍生品产业应用的爆发式增长。

那么渠道策略是什么？在营销体系中，渠道策略是一个非常关键的环节，通过中介机构和营销服务机构，通过多种方式进行深入的营销活动，从而达到客户的目的。营销渠道的选择包括直接渠道与间接渠道、长渠道与短渠道、宽渠道与窄渠道、单一营销渠道与多营销渠道以及传统营销渠道与垂直营销渠道。根据参与到整个销售链条的主体角度划分，本章着重从直接渠道与间接渠道这一角度入手，分析动漫市场中动漫衍生品的渠道策略。直接渠道也被称为零级渠道，是指在没有代理商介入的情况下，将商品直接销售到消费者（使用者）。而间接渠道是则是指生产商将其产品经由多个中间人销售到终端消费者或使用者。

动漫衍生品大多是与知名、成熟的动漫IP进行合作，合作方式主要分为三种：一是动漫衍生品制作产商主动与动漫IP方联系商讨授权事宜，在IP授权以后，由动漫衍生品工作室进行设计；二是动漫IP方寻找OEM厂商进行相关衍生品的设计和生产；三是由动漫IP公司自行承包衍生产品的制作，建立动画衍生产品的工作室，进行产品的设计和制造。这些动漫衍生品的销售渠道以线上电商为主，线下渠道为辅。随着互联网的发展，网络电子商务应运而生，并成为当今重要的销售手段。因此根据渠道的数字化属性进一步细分的话，直接渠道与间接渠道又可以划分为：线上直接渠道、线上间接渠道、线下直接渠道以及线下间接渠道。

第二节　动漫衍生品的直接渠道

在互联网时代，几乎所有企业都会设立线上官方直营渠道。对于企业来说，官方直销渠道的销售成本主要来自于引流成本，以及自有线上、线下店铺或第三方平台店铺的运营和维护成本；对于用户来说，直接渠道是可信度最高、风险最小的购买渠道，产品的质量以及售后服务都能够得到最大限度的保证。在动漫衍生品市场中，建立线上、线下官方直销渠道是需要大量成本的，因此，选择直营渠道的主体一般是动漫行业的头部玩家，这些头部玩家包括知名动漫公司、拥有爆火动漫IP的工作室、厂牌、动漫衍生品企业等，其业务链条涵盖动漫IP开发运营、衍生品生产制造、渠道销售、市场推广等内容，基本覆盖动漫市场全链条，有较强的综合实力以及较大的粉丝流量。

一、动漫衍生品的线上直接渠道

（一）自建品牌官方网站

动漫衍生品的线上销售渠道之一就是品牌官方网站，消费者可以在品牌官网浏览动漫衍生品展示内容，了解动漫衍生品设计制作背景及其品牌理念，而后直接通过官网进行消费。这种品牌官网直销渠道相较于其他销售渠道而言，具有较高的用户黏性和用户信任感，大部分用户认为品牌官网售卖的产品拥有良好的品质保障，从而大大降低了其购物感知风险。但这种线上品牌官网渠道较适用于紧密结合产业上下游资源，集动漫IP作品生产、渠道发行、衍生品开发于一体的动漫企业运用。例如，拥有米老鼠、小熊维尼、白雪公主等热门IP的迪士尼公司旗下的迪士尼中国官网，拥有喜羊羊、巴啦啦小魔仙等热门IP的"东方迪士尼"奥飞娱乐旗下的奥飞娱乐官方网站以及拥有大鱼海棠国漫IP的彼岸天文化旗下的彼岸天官方网站等，这些品牌官网自带粉丝流量，其版面设置能够满足不同消费群体的需求，不管是对动漫品牌感兴趣、或对动漫IP作品感兴趣还是对动漫衍生品感兴趣，消费者都可以通过品牌网站了解相应资讯，并选择是否购买动漫产品，具有一定的消费主动性。此外，一些拥有较多动漫IP版权以及具有一定知名度的动漫衍生品企业，也会选择自建品牌官网的方式来拓宽销售渠道。例如，潮玩品牌52TOYS，以玩具和衍生品文化为核心价值，通过建立"52TOYS—让生活再有趣一点"这一垂直领域大型网站，为用户搭建一个集动漫周边模型、玩具品牌于一体的电商平台，培育中国玩具和衍生品市场，以52 TOYS原创IP为主，并辅之流行动漫IP的精美动漫衍生品打开市场知名度。

（二）开设第三方电商直营店

随着网络经济迅速发展，线上购物成为一种超越时空界限的新型消费方式，给消费者带来了极大地便利，在消费市场上引起了广泛的关注。此外线上购物的发展也为动漫衍生品的销售提供了更多的机会，动漫企业选择依托淘宝、亚马逊、京东、拼多多等具有高知名度、高用户体量的综合类电商平台以及微信小程序平台，开设品牌线上官方旗舰店。通过综合类电商平台网站，企业可以展示多个动漫角色相关的动漫衍生品，使用利用品牌自身知名度以及第三方电商大数据推广进行引流，参与第三方电商"618""双十一"、年货节等网络购物节活动，设计优惠的促销产品组合，为消费者提供一个动漫品牌营销互动平台，提供随时更新的产品信息、详细的产品介绍、优惠促销活动、客服服务、售后服务等功能，这样就可以达到最大化的触达范围和最优的ROI组合。

二、动漫衍生品的线下直接渠道

线上电商渠道的拓展为动漫衍生品市场注入了活力，但第三方电商和垂直电商的触达力是有限的，具有缺乏消费场景和消费体验的缺点，特别是对于二次元服饰而言，线下门店是其破圈的重要方式，消费者通过试穿体验，提高了购买意愿，进而提高了销量，同时建立了二次元服饰品牌的知名度。除此之外，线上渠道还存在动漫衍生品溢价的风险，"闲鱼"等线上二手交易市场的存在大大搅乱了动漫衍生品线上布局节奏。因此，动漫市场头部玩家会选择打造品牌线下直营门店，这不仅能够满足粉丝消费群体在线下进行购物体验、服务消费的需求，还能够转化对动漫IP内容不熟悉的泛用户群体成为品牌重视消费者。其次，品牌线下直营门店布局一般选择全国一二线城市，主要考虑城市消费者购买能力以及对新文化的包容接受能力。

2020年，中国泛二次元用户规模突破4亿大关，动漫衍生品市场潜力巨大，以销售动漫衍生品为主的IP品牌主题店迎来较大的发展空间。泡泡玛特线下布局POP MART品牌实体店以及泡泡玛特机器人商店（自动贩售机），覆盖一二线城市，门店装修风格重视不同视觉效果，门店门口陈列泡泡玛特代表IP人物Molly的巨型手办，店内铺设全系列IP盲盒、手办，给消费者带来一定的冲击感，吸引大批粉丝群体以及泛用户零距离接触潮玩动漫衍生品，直观体验潮玩文化。

Pop Life围绕核心IP打造空间辨识度，构建"零售+体验"社交空间，通过自主原创IP和授权动漫IP研发设计盲盒产品，丰富了盲盒产品的内涵，以盲盒为主要产品，引领潮流玩具新的玩法，涵盖不同的消费阶层，包括提供单价高的限量款作品，及大众价格的盲盒，并通过潮流展览、娱乐活动，为线下渠道引流。

此外，企业还可以选取时下最热动漫IP以及在播动漫IP，尝试在各大中心商业区商超、机场、高铁站等人流量密集场所打造不同的动漫IP主题衍生品快闪专卖店，店中陈设融入IP主题设计元素，创作沉浸式的消费体验，在较短时间内聚集粉丝群体，拓宽衍生品销售渠道的同时打响动漫IP知名度。艾漫旗下品牌潮玩星球，围绕动漫文化的体验式消费，将动漫IP与零售、体验进行深度结合，打造多种类型的主题店铺，在一定时间期限内，对店铺按照不同IP风格进行装饰，提升了原来线下店铺的商业价值。现阶段，潮玩星球已推出黑执事主题快闪店、JOJO的奇妙冒险主题快闪店、名侦探柯南主题快闪店等，均获得较大市场热度。其为不同动漫粉丝消费群体提供多样化的消费选择，并提供动漫粉丝线下交流机会，同时，同一门店多变的风格还会吸引泛消费群体的关注，间接引流，进而提高品牌知名度。

第三节 动漫衍生品的间接渠道

非直接销售渠道，对于具有知名度的动漫品牌来说，无异于在官方直销渠道商锦上添花，拓宽销售渠道的同时能够提高动漫产品的知名度以及产品销售量；对于那些拥有较少动漫IP资源或者动漫IP知名度较低的小品牌或者刚刚兴起的品牌来说，需要权衡好分销渠道的ROI状况，以获得品牌效益最大化。对于品牌而言，选择间接渠道意味着需要向分销商支付佣金以及收益抽成，还会面临着品牌产品价格上涨、产品设计被盗用、产品盗版等问题，影响整个动漫品牌口碑；但非直销渠道能够大大降低品牌线上线下店铺的运营成本。对于消费者而言，间接渠道所提供的产品质量和知名度很大程度上会影响消费者的购买意愿，存在担心动漫衍生产品出现溢价、盗版等不良问题的现象。

在动漫衍生品市场中，选择间接渠道的主体既可以是覆盖全产业链的知名动漫头部玩家，也可以是小型动漫IP品牌玩家，或是动漫衍生品企业以及动漫衍生品研发工作室等购买动漫IP版权的玩家，通过品牌、产品授权的方式进行分销，拓宽动漫衍生品的营销渠道。

一、动漫衍生品的线上间接渠道

（一）授权第三方电商分销商店铺

依托综合类电商平台，例如淘宝、京东、天猫、亚马逊、拼多多等，动漫产业头部玩家不仅可以自建品牌官方旗舰店的方式打造线上营销渠道，又可以以供应商身份与天猫超市、苏宁易购、京东超市等综合类购物平台以及动漫衍生品商城、个人分销商店等进行合作，授权动漫衍生品版权，满足企业对各终端的布局，抢占不同场景的消费市场。而对于大部分动漫衍生品企业，由于缺乏动漫厂牌效应的支撑，其品牌、产品的知名度较低，不利于自建品牌官方网站，而是选择与天猫超市等第三方电商分销商店进行合作，利用第三方电商大数据推送等方式实现引流，扩大品牌、产品知名度。但这些第三方电商分销店铺渠道的专业度、平台影响力、成单数量、评价等指标会影响到消费者对分销产品的购买决策，因此，企业需要根据自身实际，权衡好成本与平台质量之间的关系。除此之外，企业还需要重视动漫衍生品版权问题。目前国内衍生品市场存在盗版横飞的现象，其具有门槛低、成本低、需求量大等特征，相对正版，盗版产品存在数量庞大、市场占有率高、覆盖范围广等优势。同时，不仅是没有拿到授权的厂商在做盗版产品，很多拥有正版授权的授权商也在做"盗版"，在生产和销售量上进行造假，减少版权方授权分成。

除此之外，动漫及衍生品相关企业可以依托中国动画衍生品交易网这一渠道进行产品销售。中国动漫衍生品交易网是国内最具有代表性的正版动漫衍生品电子商务交易平台，充分利用互联网资源优势，整合全产业链资源，聚集大量二次元爱好者，打造B2B和C2C多元化经营模式，为动漫衍生品相关企业和动漫粉丝群体提供销售平台，进一步促进动漫市场和动漫衍生品产业良性发展。

（二）与直播电商平台合作

在数字时代，网络直播与电子商务相互结合，形成了一种新型的网络营销模式。直播电商具有互动性、专业性、娱乐性等特点，为消费者实时提供全方位的、富有媒体内容的商品展示，从而让消费者获得丰富、直接和实时的购物体验。现如今直播电商不断挖掘潜力，大平台不断将资源倾斜电商直播，直播已经成为所有电商平台的常态。动漫及衍生品相关企业可以采取自主直播和平台直播相结合的模式，近距离接触消费者并刺激消费者。首先，与直播电商平台进行合作，例如淘宝、京东为代表的电商平台或者快手、抖音为代表的短视频，解锁品牌直播营销。在直播过程中，主播通过对产品的介绍和体验展示高专业度，并实时与直播间消费者互动，刺激消费者在直播间冲动购买，实现高转化率。其次，随着网红经济的高速发展，网络主播带货成为时下最热门的销售渠道之一。动漫衍生品相关企业可以尝试寻找与李佳琦、罗永浩等头部主播合作的机会，这些头部主播自带高黏性的消费群体。基于对头部主播品控能力和商业合作能力的信任，在直播情境下，大部分消费者愿意对头部主播推荐的产品进行买单，甚至出现抢购热潮。除了带动动漫衍生品的销量外，还可以为动漫衍生品品牌引流，提高其知名度。

（三）利用社交平台搭建私域流量

互联网社交平台为动漫IP衍生品找到新的销售渠道。移动互联网的传播方式利用动漫IP作品吸引相同"价值观"的粉丝，利用社交平台大数据跟踪技术，品牌可以全面地了解用户的消费习惯，有针对性地推广动漫IP内容信息给粉丝消费者，实现精准营销。这使得用户可以在海量信息中了解感兴趣、有相似价值观的产品信息，激发消费者购买意愿。除此之外，互联网社交平台的出现大大降低了中间商环节，对消费者进行直接营销，实现粉丝高转换率，将互联网流量转向线上、线下活动。

以微信、QQ、微博等为代表的社交网络平台突破时间和空间的局限，为用户提供方便快捷的交流互动平台。各动漫及衍生品相关企业依托这些互联网社交媒体平台，利用图文、短视频等形式传播动漫IP以及动漫衍生品相关信息，通过用户不同平台之间的互动分享，形成用户与用户之间连接的社交流量场景。因此，各动漫及衍生品相关企业可以通过建立微信、QQ、微博粉丝用户群的方式来搭建私域流量池，定期推出粉丝福利、优惠折扣、转发朋友圈、空间、微博内容得礼品等活动，盘活粉丝用户，在粉丝消费群内不断更新推广动漫衍生品，并指路产品销售链接，一般为品牌官网链接、第三方电商链接、微信小程序在线商城等渠道。除此之外，微信、QQ、微博等社交媒体平台为动漫IP衍生表情包提供传播媒介，在互联网用户中迅速传播，建立起虚拟品牌知名度，无论是泛用户还是动漫IP粉丝用户来说，表情包这种IP衍生的轻周边潜力是十分可观的，为此微信还专门开通表情包打赏功能，以此鼓励表情包创作者。

二、动漫衍生品的线下间接渠道

在动漫衍生品市场中，相关企业需要重视动漫衍生品的消费场景，特别是在新零售和线下娱乐结合的场景下，线下渠道比起线上渠道用有更高的用户转化率。动漫衍生品的线下间接渠道主要包括传统零售和新零售背景下的线下娱乐场所，主要包括三个方面，分别是线下演出，主题活动和动漫及衍生品展览会。除此之外，还有动漫游戏城、自动贩卖机等渠道。

（一）传统零售

动漫衍生品传统零售渠道主要包括全国大型批发市场、百货商场、大型连锁超市、母婴连锁用品店等。其中大型批发市场是动漫衍生品最主要的销售渠道之一，具有销售网点多、铺展迅速、辐射面广等优点，其面对的客户大多为大型超市、批发商、代理商等。另外，动漫衍生品的销售渠道还包括儿童玩具专卖店、便利店、校园周边零售店等。未来，生活连锁便利店将会成为重要的消费场景，动漫衍生品相关企业可以与7-11、见福、万嘉等便利店进行合作，推出盲盒、艺术装置等动漫IP衍生品，实现双赢，进一步拓宽动漫衍生品的市场规模。

（二）线下活动

动漫IP衍生品线下娱乐活动主要包括虚拟动漫偶像演唱会、动漫IP人物音乐剧等。数字技术驱动下，二次元虚拟偶像的商业化趋于成熟，初音未来的出现将虚拟偶像带到消费者面前，使用VOCALOID技术，以虚拟的人格设定和形象以及独特的嗓音风格出现在各种媒体平台上，其个人专辑、演唱会等活动大获成功，吸引一大波粉丝追捧。目前，虚拟偶像市场大多为原创IP，较少基于已有的动漫IP作品进行改编。因此，针对该市场空缺，各动漫及衍生品相关企业可以选择大热动漫IP人物或者一些存在感弱、形象不够丰满的角色进行改编，复制初音未来的商业模式，尝试在演唱会、游戏、电子音乐等领域进一步发展。同时，虚拟偶像也可以借助直播来拓展收入空间。

除此之外，动漫IP音乐剧、舞台剧等文艺类动漫衍生品也值得开拓。《美少女战士》《网球王子》《火影忍者》等动漫改编音乐剧大受欢迎，相比起日本庞大的二次元音乐剧市场规模，国内动漫改编的音乐剧还处于起步阶段，日后可以在借鉴日本动漫音乐剧模式的基础上结合国内动漫特点进行改编制作。

（三）动漫及衍生品展览会

漫展是二次元线下最重要的消费场景之一，作为时下最热的动漫爱好者聚集地，正成为国内各地文化产业发展的标配。漫展主要分为商业性质的展会和非商业性质的二次元爱好者自发举办的集会这两种形式。为了满足二次元市场个性化、多元化的消费需求，动漫及衍生品相关企业要牢牢把握动漫及衍生品展会这一重要的营销渠道，对于创作者而言，动画和衍生产品展是动漫粉丝消费者购买和消费的一个重要渠道；对于动漫爱好者来说，漫展是获取信息、参与、体验社区文化的一种非常方便的方式。目前，国内著名动漫及衍生品展览会有CCG EXPO、 COMICUP同人展、中国动漫及衍生品展等，展出的产品种类繁多，涵盖动漫、动漫周边、动漫周边、动漫服装、手办等。这些展览将集中行业的优势资源，为动漫及衍生产品的相关公司提供一个广阔的宣传平台，提升参展企业的知名度，并拓展企业的受众群体。

（四）自动贩卖机

在中国动漫衍生品市场中，动漫玩具的市场份额占据整体市场的百分之五十以上，是占比最大的动漫衍生品产品类型，深受大众消费群体的喜爱。而这些动漫玩具类衍生品主要的销售渠道是当下市场大热的自动化设备，塑造全新的"小型游戏产品+消费场景"，主要包括抓娃娃机、扭蛋机、盲盒自动售货机、手办机、福袋机等，主打无人销售，自由体验，相比动漫直营店等直接销售模式，自动售货机所带来的产品珍藏性更高，体验乐趣更足，更能刺激消费者复购。因此，动漫及衍生品相关企业可以在各大商业中心、休闲娱乐中心、美食中心等人流量较大的场所大面积布局娃娃机、扭蛋机等自动贩卖机，甚至可以建立一批专门的动漫衍生品自动贩售机零售空间站，打造实体消费场景，拓宽衍生品消费渠道。同时，在自动贩售机的布局过程中要以娃娃机为主，手办机、扭蛋机、盲盒售货机为辅。相对于其他自动售货机而言，娃娃机的盈利空间更高，受众范围更加广阔，参与成本更低，其"娃娃机陷阱"挑战性刺激消费者重复体验消费，能够获得较高的游戏参与感。

（五）动漫游戏

从内容和用户综合考虑，游戏可能是国内衍生品打开市场的入口。一方面，随着王者荣耀、和平精英、阴阳师等手游受到用户的认可，游戏市场实现迅速增长。目前，网络游戏的制作链条已经十分成熟，底层的建模精度、设计水平有了显著提高，开发者与用户都越来越重视游戏美感，头部游戏的开始采用一流的动漫原画师进行设计；另一方面，移动电竞让用户的黏性更高、并对用户的付费习惯进行了教育，转化率明显可观。动漫及衍生品相关企业可以通过授权或自主开发的方式根据动漫IP内容设计制作网游，黏住垂直用户。除此之外，动漫及衍生品相关企业可以打造一批动漫电玩城，以动漫体验店的形式，提升品牌形象。采用网吧推广模式，从美日韩等拥有成熟动漫文化的国家中引进新型游戏机种，建成充满动漫主题氛围的游戏体验式消费场景，这不仅可以吸引到更多动漫主题玩家加入，还可以吸引一批喜欢尝鲜的潜在消费者主动尝试动漫主题游戏，从而扩大受众范围，提高品牌知名度。

（六）主题活动

1. 主题餐饮店

近年来，越来越多ACG主题餐饮门店陆续开业，受到广大动漫爱好者的关注。其中，《鬼灭之刃》主题餐饮店、《名侦探柯南》主题咖啡店、《请问您今天要来点兔子吗？》主题甜品店等ACG主题门店的大热运营，为动漫及衍生品相关企业提供新兴的销售场景和渠道。这些ACG主题门店大多采用快闪店铺模式，追求短期经营效果，其将动漫IP同线下商业场景相结合，采用动漫IP元素进行布置和装修，同步上线带有动漫IP主题元素的菜品、饮品，并在店内设置动漫IP衍生品展示和销售区域，为二次元消费者和泛消费群体带来全新的消费体验。实际上，这种快闪短期经营的模式的营收规模并不能为整个动漫IP带来太多的收益，后期会随着内容更新的不及时，热度就慢慢消退了，但ACG主题餐饮店的存在能够在一定程度上推进品牌建设和品牌营销。因此，动漫及衍生品相关企业可以将旗下自有IP进行授权，将大量动漫IP通过"主题更换"的运作模式凝聚在一起，打造相对独立且统一的餐饮品牌，让ACG主题餐饮店从原本的短期快闪运营转为长期长线运营。随着业内对线下业务的不断探索，广大动漫IP作品的落地成效越来越好，最终让线下收入成为IP营收的重要组成部分。将大批动漫IP集中到"主题更换"的经营模式中，形成了一个相对独立、统一的餐饮品牌，使ACG主题餐厅从短期的快闪经营转变长期的长线经营。在业界的不断探索中，大量的动漫IP作品在现实中的应用效果也在逐渐提高，最终使得线下收入在IP总营收中占有较大的比重。

2. 主题乐园

近年来，迪士尼、环球影城等国际著名IP品牌在国内掀起了一股消费狂潮，为动漫衍生产品的销售提供了强有力的渠道支撑。

上海迪士尼凭借着玲娜贝尔、星黛露、达菲等网红流量玩偶，冰雪奇缘、玩具总动员、狮子王等故事IP舞台剧，创极速光轮、飞越地平线、沉落宝藏之战等隐藏的黑科技游乐设施，奇光幻影秀、动漫IP角色巡游等娱乐演出以及迪士尼公主奇幻城堡建筑，营造童话世界氛围感，让消费者与荧屏中的动漫角色人物零距离互动,打造沉浸式娱乐体验。此外,迪士尼乐园还专门设置动漫衍生品纪念礼品店和LEGO专卖店,为消费者提供正版衍生品销售渠道。日前,迪士尼衍生品市场规模呈现较大的潜力,迪士尼新晋顶流"玲娜贝尔"爆红网络,沙川妲己依靠美貌和萌态虏获众多芳心,一举将上海迪士尼乐园带上热搜,进一步激发上海迪士尼旅游消费热潮,无数人涌进迪士尼商店,排队抢购玲娜贝尔首发周边,在二级市场中,玲娜贝尔相关衍生品周边无一不涨,正版毛绒公仔以原价的10倍疯狂炒价。相对于上海迪士尼乐园的人潮涌动,200公里外的杭州hello kitty主题乐园可谓十分冷清。杭州hello kitty主题乐园是日本三丽鸥授权的正版线下乐园,拥有大耳狗、美乐蒂、凯蒂猫等大热角色以及花车巡游和三丽鸥家族演出等项目,但却因地理位置偏僻、交通不便利、园区IP氛围感较弱等原因无法发挥自身的IP优势,频频"遇冷"。为了提高主题乐园知名度,进一步拓宽游客群,杭州hello kitty针对节假日开设洛丽塔等大型主题活动,推出众多优惠折扣活动,并与头部主播合作线上直播推广品牌。

目前,国内围绕动漫主题IP打造的主题乐园主要有方特熊熊乐园和猪猪侠主题乐园。由于投入资金大、运营成本高、回报周期长等因素,再加上国际主题乐园品牌的冲击,七成国内主题乐园处于亏本状态,只有10%的主题乐园可以实现盈利。首先,目前大部分国产主题公园单纯依靠门票收入维持场所运营,并没有打造出独特、优质、富有创新的"服务体验一条龙"。其次,国内主题乐园缺乏个性,以照搬照抄、模拟仿效居多,缺乏像迪士尼、环球影城、漫威等品牌IP中的经典角色,使得游客重复消费欲望大大减少,从而导致游客黏性低和重游率低。再次,不可复制性是决定一家主题乐园的生活力和生存周期的关键因素。但国内主题乐园大多缺乏鲜明的主题,未将独有的本土文化特色与现代娱乐化相结合,而所谓的中式仿古建筑结合的过山车并未深入本土特色内核,被冠以"四不像"的称号。最后,主题乐园是一个对投入、选址、设计、建设、运营等具有很高要求的业态,要根据当地市场的特点和需求不断调整运营策略和项目,才能实现盈利,但现阶段主题乐园地产商缺乏长期耐心,急功近利。总的来说,国内主题乐园产业较薄弱,发展之路任重而道远。

未来,国内品牌主题乐园可以在二三线城市打造小型动漫主题乐园,以城市消费群体为核心，主打城市导向型日常消费。一是因为小型主题乐园投入成本较低；二是因为国内动漫主题IP相对较少，知名度也相对较低；三是小型主题乐园可复制性更高。在建设和运营过程中可以借鉴迪士尼、hello kitty等品牌主题乐园的经验，充分考虑到园区选址、娱乐演出打造、氛围感建设、IP角色经营、品牌营销推广等问题。在规划上，需要配备动漫主题游乐设施、动漫衍生品专卖店、文化体验店、餐饮等复合功能，以满足不同阶层家庭的消费需要，从而延长主题公园的生命周期。

除了动漫餐饮门店、动漫主题乐园等新型动漫衍生品零售渠道外，动漫及衍生品企业还可以围绕动漫IP与线下商业场景相结合，开展一系列动漫主题书店、动漫主题展览馆、动漫主题街区等动漫主题活动，为消费者带来不一样的活动体验。

三、动漫衍生品的全渠道

随着移动互联网、电商时代的到来，全渠道零售成为一种不可避免的趋势。动漫及衍生品相关企业为满足消费者对于购物便捷性、服务体验价值、商品多样性的需求，应在数字化背景下，打通渠道间壁垒，对全渠道新零售进行了全新的战略布局，注重实体渠道、电子商务渠道和移动商务渠道的整合，并充分运用大数据技术，构建以人为中心的场景化消费体验。动漫及衍生品相关企业在线下渠道建设过程中，要重视线上商城、线上小程序、企业微信的建设，尤其是针对游客数量较多的主题乐园、动漫及衍生品展览等渠道，在线上下单产品物流到家的同时，方便消费者线下沉浸式体验选品，消费者也可以通过线上和上端寻找售后服务，很大程度上提高了消费者的购物热情。此外，动漫IP与知名品牌合作推出动漫衍生品的联名款，通过线上和线下两个渠道进行销售。如鸿星尔克在ChinaJoy上仿照银魂中的万事屋，搭建了银魂联名款的销售场所，广受关注，消费者可通过线下展会购买，也可通过线上官方电商渠道购买。

各家动漫及衍生品公司也可通过入驻全平台拓宽线上线下的销售途径。为了进一步完善我国动漫 IP衍生产品的良性生态，推动我国动漫IP衍生产品的发展,阿里旗下的阿里鱼和授权宝开放IP合作平台,鼓励和欢迎具有IP衍生产品生产和物流能力的合作伙伴加盟,帮助中国IP衍生产品实现消费升级,达到双赢的局面。进入全平台后,动漫衍生品的开发就直接纳入到动漫IP产品的制作中,即在产品制作前期就考虑到动漫衍生品的开发和销售问题,相关动漫衍生品可以在动漫产品播出和发行的时候推向市场进行销售。动漫IP作品的热卖能够带动相关衍生品的销量,同时,动漫衍生品的热卖也能够为动漫IP作品带来关注度,形成以点带面、以点带面、全产业链有效运转的良好局面,使得动漫作品和动漫衍生品双双成功的可能性大大提升。除此之外,阿里鱼、授权宝凭借着庞大的用户基础和平台流量,为动漫IP和动漫衍生品带来了巨大的流量和精准的市场推广。并能够联合众多国内外知名IP打造网络购物节电商"IP超级专场"。同时,基于动漫IP,阿里鱼推出一系列线下文体活动,例如小黄人趣跑、皮卡丘大游行等系列活动,不仅进一步丰富了消费者的休闲生活,也进一步推动全平台及动漫IP知名度。

在互联网碎片化信息时代,动漫衍生品不再局限于传统领域,而是向新的产业探索,将产业上下游资源紧密结合,逐步扩展到大众化、娱乐化,扩大受众群体,提升全民互动。Z世代对动漫IP概念有了进一步的认同,动漫衍生产品已经不再局限于传统的范畴,而是开始探索新的产业、新的领域,将产业上下游资源紧密结合,逐渐拓展到大众化、娱乐化,从而提高用户互动。当前动漫衍生品市场的规模潜力无限。其行业范围不再仅涉及服装、食品、游戏、文具等行业和领域,而是通过形象授权或自建等方式,将商业与IP紧密结合,向动漫周边零售、动漫DIY实景制作、动漫cosplay专业摄影、动漫服装道具定制租赁、动漫餐饮、动漫游戏等多元化模式发展,极大丰富了动漫衍生品行业的应用场景。为了满足消费者多样化的市场需求,动漫及衍生品相关企业需要充分发挥产业链下游端的作用,完善线上线下直销渠道,不断优化升级产品与服务质量。此外,动漫及衍生品相关企业要不断丰富创新动漫IP新兴零售渠道,尝试与已有的线下商业场景跨界合作,打响品牌知名度,刺激消费。

第十三章　动漫衍生品传播策略

第一节　传统文化与动漫衍生品融合发展

一、中国传统文化元素概述

中华优秀传统的文化元素主要是指我们中华民族文化在其逐渐产生过程和其长期发展演变过程中，所能获得的一些最富有我们中华民族文化特点的优秀物质文明成果和优秀精神文化成就，如中国书法、篆刻、印章、刺绣、瓷器等，凝结并体现着我们中华民族五千年的文明精髓。

我国的传统文化元素主要有以下三个主要特征：第一，多样性，涉及物质方面与文化精神方面，如有书法、篆刻、印章、瓷器彩绘等多种物质形态上的事物。中华民族在一个漫长复杂的社会历史时期产生出来的各种思想意识、道德观念、价值框架以及社会民俗习惯，均已处于最高精神文化层次。第二，历史性，在漫漫的历史演变过程中，我国传统文化元素逐渐形成，这也是中华民族在认知和改造自然的探索中睿智的积淀。第三，我国传统文化元素是我国传统民族文化的具体生动表现形式，是中华民族的宝贵财产，它们具有丰富的内涵，是其他一切形式所不能取代的。

二、中国传统文化元素的内涵和外延效果

（一）中国传统文化元素的内涵

我国传统文化元素具有独特而深厚的国家魅力。它直接反映了中华民族的精神和民族心理，是中华民族光辉文化的代表。它的意义体现在政治、思想、社会文化和民族精神、生活、宗教信仰等领域的有形符号和无形的精神内涵。

主要包含以下要素：图腾文化；儒、道、佛思想教育与社会文化；音乐和歌剧文化；国内书法、美术（风景画）、纸雕；服饰文化（56个少数民族都有自己的传统民族文化）；生活文化（仪式文化、饮食文化、陶瓷中国传统艺术文化、节庆中国传统艺术文化）；中医药文化发展与中医治疗；中国武术和功夫；中国古代建筑。在当今信息全球化和文化交流的时代，动漫衍生品要满足不同年龄、不同文化人群的需求，充分利用"传统文化元素"。只有这样，才能在"走出去"的过程中增加中华文化的分量，让中华文化在世界上更加鲜活、更具吸引力。

（二）"中国传统文化元素"的外延效果

中国传统文化元素是人类不可替代的瑰宝，民族文化与外来文化的竞争就在于此。只有坚持本土文化的精神和价值体系，才能在全球文化体系中占据一席之地，才能在世界舞台上获得"话语权"。

美国、日本等动漫大国成功地将"我国传统文化元素"与本土文化相融合，创作了巨大的文化价值。我们可以看到拓展"中国传统文化元素"的影响、长期后果和效果。在日本动画中，有很多作品广泛采用中国传统主题。从唐、宋、明、清的历史因素来看，日本传统动漫无处不在。但是，我们也可以看到，"传统文化元素"的扩张既有积极的一面，也有消极的一面。

中国传统文化的要素构成了一个庞大的知识体系，思想中心的内容非常丰富，但我们应该知道，中国传统文化的一些衍生品是一种"绿色发展"，是中国传统文化的基本要素。一些衍生动画反映了国外的价值体系和文化观念，但在传播过程中对中国传统文化的误解也对我国传统文化产生了重大影响，我们

必须保持警惕和谨慎。

"创新与创意"的缺失是中国动漫产业发展的主要障碍，而动漫产业是创意产业，创新是其灵魂。动漫产业应充分利用"传统文化元素"资源，与现代商业模式相结合，让具有文化符号的动漫产业增强国内文化实力，提高国产动漫产品竞争力。传统民族文化的元素包罗万象，代表着渊博精深的中华民族。在此背景下，作为世界文化大家庭重要成员的中国民族文化得以蓬勃发展。但是，按照时代的要求，对这些传统文化元素进行保存和更新，是我们的任务和责任。

中国动漫衍生产业的利润占整个动漫产业链的70%以上。动漫衍生产业的健康发展，可以为动漫内容创作、推广中国原创动漫、提升国际文化地位提供温床。中国动漫产业要立足中华优秀民族文化，传承优秀文化，顺应时代潮流创新，打造具有中国特色的动漫及动漫衍生产品，增强中国核心文化竞争力，与世界竞争。"中国传统文化元素"的融合与中国衍生动漫产业的创新发展有着共同的根基，相互支持，争取双赢。

三、中国传统文化元素与动漫衍生品融合传播策略

（一）全新技术推动传统文化故事的推陈出新

深厚的传统文化资产是历史积淀的精彩产物，民族文化也是世界文化。讲好中国故事，让中国动漫产业的发展鲜活生动。在现代网络和便捷沟通渠道的时代，我们应该尊重传统文化，发展创新的技术和生产方式，使传统文化的积极内涵和健康文化与现代价值体系相平衡。

结合时代要求，传统文化元素应在内容和形式上进行更新改造，而不是直接复制到衍生动画中。众多具有中国特色的作品，通过改造传统文化，融入创新元素，深入市场。绘图样式、颜色、特殊效果和渲染效果。因此，传统文化元素作为永久材料，通过新的制作技术和大胆的创新，增加了本土动画电影的全球吸引力。

（二）加强动漫衍生品的原创及从业人员的综合素质

文化工作者要顺应时代需求，以艺术形式表现传统文化，增强创作潜能，是强化传统文化要素的有力保障。相比原著《大圣归来》，动漫版《大圣归来》更加"接地气"。虽然是基于中国神话，但也体现了青年自我提升的价值观，与年轻人的成长过程相对应。事实上，中国动漫衍生品急需一大批高素质人才，他们需要具有扎实的基础功，对本土文化的深入了解和丰富的表达方式，直接决定了中国动漫衍生品的走向和发展趋势。

（三）完善产业链以推动民族特色动漫衍生品的传播

打造可持续的盈利模式，衍生产品是向中国传统文化输出最直观的符号。美国、日本等动漫大国都有自己强大的动漫产品"代言人"。因此，在中国动漫产品逐步走向国际化的道路上，也应该关注动漫衍生品的传播。但目前，中国动漫衍生品仍以儿童为对象，模仿或抄袭国外动漫形象，缺乏全产业链的支持和保障。中国动漫需要广泛的产业链和成熟的产业发展，而产业链的建设需要公共政策的支持和保护，最重要的是要开发出具有独特民族特色的生活作品及其衍生品。因此，中国动漫产业在立足传统文化、发展具有民族特色的动画电影及其衍生作品、打造大产业链的共赢模式、更好地服务消费者、弘扬传统文化等方面任重道远。

第二节　动漫衍生品的跨文化传播

一、跨文化传播概述

跨文化传播是指社会信息的跨文化传播或社会信息系统的跨文化功能，即不同文化信息跨时空传播、交流和相互作用的流程。它不仅包括不同文化背景的人类相互之间的信息传递和人际关系，还包括人类众多文化要素的传播、相互渗透和转移。从本质上讲，跨文化传播是人类社会关系和文化和地区之间社会互动的"延伸"过程。

二、动漫衍生品跨文化传播元素

动漫衍生品可以进行编码和解码以获得公众的认可。作为一种文化传播手段，动漫及其衍生品可以在一定程度上反映一个国家的文化。不同的卡通人物可以有不同的含义，传达不同的文化和价值观。

从语言学的角度看，符号是"能指"和"所指"的统一体。同样，动画是一种用符号来传达意义的文化产品。作为影视的一种艺术形式，它也需要主题、情节、人物等元素来支撑整部电影，从而促成整个动画的形成、发展、高潮和收尾。因此，这些元素的文化反映对于取得好的效果尤为重要。日本动画近年来逐渐发展。它不仅能够从自己的文化中寻找素材，还借鉴了一些亚洲甚至欧洲国家的经典动画形象和主题，使它的内容和漫画主题更接近外国文化。场景、人物和地点又被编码成符合观众喜好的元素。

三、动漫衍生品跨文化传播的障碍

当不同的文化相遇时，人们会本能地排斥外来文化，但对同质文化会产生天然的亲和力。当衍生动画所包含的文化元素与观众现有的文化模式发生冲突时，文化就会在观众与衍生动画之间架起一道无形的屏障，当冲突发生时，观众可以进行调解；当冲突激烈时，甚至会出现强烈的抵抗。因此，在一种文化中效果最好的衍生动画可能在另一种文化中表现不佳。

文化影响衍生动画的创作、制作和传播。在传播过程中，传播者必须传播的动画副产品通过媒介到达观众，进而产生效果。然而，在实际的传播过程中，受众并不是一个固定的目标，而是需要选择性摄取、理解和记忆的信息选择。除了个体心理结构、先天天赋、后天习性等方面的差异外，观众的文化背景也是动漫内容对观众影响机制的一个不容忽视的障碍。

（一）语言与非语言符号的障碍

语言符号和非语言符号是人类交流的手段，是文化积累和储存的手段，是不同文化之间交流的终极和最明显的障碍。语言符号包括书面语和口语。衍生动画发行采用国际通用语言，或将衍生动画的语言特征翻译成当地语言进行发行。然而，由于文化差异，衍生动画的语言符号经常被误解。例如，中文含蓄、委婉、意味深长，而西方语言则充满活力、幽默、直观，这是跨文化交流的一个鸿沟。非语言符号系统包括各种肢体语言，相同的非语言符号在不同的文化中可以有不同的解释。例如，手势"OK"可以被有些文化中的人理解为"好""可以"或类似的东西，而对另外一些文化中的人则意味着其他内涵。

（二）不同价值观念的理解

价值观是文化最根本的内核，是保证一种文化长盛不衰的最稳定保障层。它们包含了一个文化群体成员评估行为和事物的标准，并代表了一个文化群体为满足需求而自然建立或形成的行为准则。东西方公民对家乡的差异也体现在漫画中。根据居住地的不同，中国人都有"故乡"情节，处处体现了中国人对美好生活的向往。西方人虽然有很强的民族意识，但他们经常迁移和改变居住地，倾向于自由生活和个人冒险。东西方价值观的差异，让动画衍生品无法顺利跨文化传播。

（三）道德观念的差异

道德观念是一种普遍接受的规范体系和内部行为准则。道德观念随着社会的发展而逐渐形成和完善，并保持相对稳定。尽管人类道德具有某些共同特征，但不同文化的判断标准存在差异。不同文化中不同的道德观念也导致衍生动画跨文化传播的困难。衍生动画的传播必须尊重观众的审美情趣、生活方式、习惯、行为规范、价值观、观念和思维方式，例如对美与丑的判断标准、视觉形象的不同含义、个性的表达方式、家庭价值观与文化差异。

四、动漫衍生品的跨文化传播策略

（一）跨文化整合策略

"文化整合"，又称文化融合，是指两种截然不同的文化相遇时，承认文化差异的存在，主动了解彼此的文化特征，相应地调整自己的行为，增加空间之间的文化交流。在动漫衍生品的传播中，文化融合就是根据一定的文化特征将动漫衍生品置于不同文化中，调整传播策略和制作工作计划，以达到有效传播的目的。

跨文化融合首先是从全球角度看待事物。对人们的心理需求、行为选择、社会责任和义务的理解应该是全球性的，而不是局限于任何特定文化的狭隘框架。其次，为了增强我们的文化自尊，我们需要了解自己的文化模式，了解自己的优势和劣势，了解自己的演变和发展过程，塑造我们对其他文化的态度。最后，要对目标文化有透彻的了解，熟悉目标文化的经营习惯、管理技巧、人际关系和消费心理，才能更有针对性地开展衍生动漫传播活动。

（二）文化中的共性策略

应该努力寻找人与人之间的共同点，例如，跨越所有文化的爱、善良、友谊、情感等。动漫衍生品应该是友好的、易于接受的、易于理解的、对大多数人有吸引力的，它们应该具有一种跨文化的包容性。除了爱、沟通和理解的共同愿望外，人们还特别喜欢幽默。虽然东西方文化存在差异，但幽默本身给人一种轻松乐观的感觉，可以克服各种文化障碍。

（三）实施本土化策略

所谓本土化策略，是指动漫产品跨文化传播的品牌经营策略，充分利用东道国当地资源，针对东道国具体社会经济发展和文化背景以及当地市场需求，开展有针对性的活动。定向策略是跨文化交际中对文化差异的一种适应行为。

本土化策略是处理动画衍生的跨文化传递中文化差异与效果之间冲突的有效策略，其核心内容是宣传计划的全球性和本土化。国际化和定位从表面上看是对立的，但如果把跨民族文化动漫衍生品的传递看成一个持续的过程，那么有计划的国际化可以成为传播过程中信息化战略的一部分，而定位的实施则是战术性信息的一部分。

计划全球化：信息战略应考虑拟播出的动漫衍生品的利益、细分市场和定位。一个品牌要想通过动漫衍生品的发行成为全球品牌，最重要的是统一品牌的基本定位。

实施本土化：信息化策略将动漫信息所体现的文化与细分市场受众的文化相结合，使产品文化蒙上一层柔软的面纱，避免文化冲突。因此，动漫衍生品传播计划的全球化和本土化也可以解读为"国际品牌和本土文化"。在动漫衍生品全球化的背景下，动漫衍生品的国际化与本土化有着千丝万缕的联系。对于动漫衍生品，我们不能脱离本土需求，简单地遵循国际标准，但也不能忽视国际环境，盲目应对本土市场需求。

对于动画衍生品的跨文化传播，传播者和接受者之间的共同文化体验领域非常重要。公共区域越大，沟通效果越好。它要求传播者和接受者分享共同的价值观、相似的行为模式和其他共同的文化模式。就跨文化传播而言，这是动画传播者提高文化技能的客观障碍。

第三节　动漫IP形象与品牌融合传播

一、动漫IP形象

IP（英文Intellectual Property的简写，原意为"知识财产"），是指人们在经济和社会生活中所产生的知识和劳动成果的所有权。IP的核心要素，是指人类通过运用创作力和思维所表现出来的被市场上和使用者之间所广泛接受的不同形式的信息和标志。IP可以是具有代表性的传统文化和象征意义，也可以通过创意创作出新的形式，在动漫、音乐、影视、网络游戏等领域得到广泛应用。IP的价值，往往会在一定程度上引起市场的轰动，也会引起更多的观众的共鸣。

IP的综合价值在于创作的人文艺术性、文化内涵上的延伸性和粉丝群体的聚合力等。优秀IP既是一个有形而又有价的重要资产，同时这种价值还能够在市场价值链的持续延伸中再升值，在市场产业链中持续形成新的经营价值。所以，在动画行业中也开始特别注意把优秀IP作为资本，加以培养与发展。

动漫IP的类别大致有三种。第一种：公共IP，其内涵被视为可以无偿开放利用的文化元素。此类IP源自经典小说中，其情节已经是家喻户晓了，人们对里面的形象都有一定的亲密感，比如《西游记》里的唐僧师徒，《安徒生童话》里的公主们和丑小鸭。第二种：专属IP（已有授权IP），但不能被无偿利用，因为此类IP在被创作出的时候有著作权。这一种的版权IP因为出现的时间比较长了，所以通常是指一个系列或一个动漫风格里的代表作，而其中的动漫角色也是我们较为熟悉的，比如迪士尼出品的唐老鸭与米老鼠、藤子不二雄的小说里的机械猫、日本宫崎骏小说里的龙猫、国内外著名动画片《喜羊羊与灰太狼》里边的动画人物等等。第三种：自创IP。这种IP是一个新创产品，它是在零基础积累上被创作出来的，人们之前并不知道，而是经由创作出来，大家才对其关注和喜爱，比如《捉妖记》里的小妖怪胡巴，不过这种IP由于持续时间和认知度上的深入，也可能慢慢被人们纳入第二种IP。

动漫IP的产业链结构包括：上游、中游、下游。上游：指动漫主体的内涵，即在整个动漫IP产业链中，创意位于整个产业链的上游。主要的产品种类是小说、动漫等。中游：在原作品和动漫的基础上，进行了大量的改编，这种作品属于IP的中游。但由于改写过程依然是基础于原漫画的基本内容，而改写投资的成本支出相对较小，又可以有更广的宣传涵盖力，所以处于中游状态。下游：网络游戏、玩具制作、实景体育题材项目等派生商品则处于生态圈的下游，可以进行IP利益的多途径变现。

二、动漫IP形象与品牌融合传播策略

（一）注重消费者需求，转化消费潜力

动漫IP的概念产生于娱乐文化与消费时代的背景下，于是，以消费者为主导，以用户的喜好、需要为主要发展对象的社会经济运行机制，成为动画文化迅速成长的基础。通过动画的"快乐文化"可以满足社会所有年龄层的消费需求，从而产生了巨大的市场潜力。广受社会大众欢迎的动漫品牌，经由影视播放、书刊登载等形式授权便可转变为社会实际的生产力，而这些强大的文化动力也就是广大人民群众对动漫文化的娱乐性消费的结果。正是这些以娱乐为目

的的视觉消费行为直抵人的内心，从而形成了独特的"体验式消费"。

漫画IP结合产品经营，是以内容情感溢价带动消费的需求。根据漫画人物形象进行定位开发和人性化设计以适应消费者需求，并从各个年龄、性别、各个职业等角度，准确地把握目标受众的接受心态。将产品的开发和设计融入营销活动中，使其更具人情味的注入产品的设计之中，同时，也为中国动漫形象的营销开拓了更加广阔的消费空间。不但在功能上更能迎合各年龄段的消费者的个性化需要，而且还将其独特的品牌形象融入了人们的日常生活中。我国的衍生产品在国际上的销售总额还不到动画漫产品的50%，但在国外，这个比率却能够做到70%以上。要改善这一状况，前提就是要发展"全年龄化"的生产，根据消费者需要，创作出每一年龄段观众都能够接受的动漫原作。

（二）借力文化破圈，提升IP形象

优秀的动漫IP通常承载着中华民族文化的历史渊源和人文传统，而中华民族人文的文化基因又为优秀动漫IP的制作带来的是源泉持续的动力。古代的民间故事和传奇常常成为普通老百姓耳熟能详、脍炙人口的话语，并具有深刻的人文认同的根基。

动漫IP角色可以与地方人文结合，赋能一座城，并与城市文化融合激发出自身更多活力。"IP+城市"的战略合作对于整个IP行业来说，具有重要示范作用。随着IP文化逐步脱离了传统影视改编与周边发展的路径依赖，并向越来越深入的文化发展与"大文化"格局进军，一种崭新的时代正在IP面前开启，更高的文化商业价值与精神艺术价值也正在酝酿。如果上海迪士尼能够打造一座座梦想之园，国漫IP文化将有可能把世界改变成梦想之都。

一个好故事还包含了故事中的IP符号，具有极高识别率和唯一性。从角色的外貌、特点以及功能特征方面来看，一个优秀的角色设计必须具有一定的特点，如系列性、时代感以及创造性。从造型方面来看一个优秀的设计师应该从人物造型、服装搭配、颜色运用和外貌与个性的结合等方面来设计角色。相较于80后、90后深受日漫影响，95后、00后心中的最爱已是深刻烙印中国古典文化的《一人之下》和《狐妖小红娘》。另外，00后成长于中国经济全面腾飞的年代，他们对自己国家的民族文化也有较强的认同与自豪。再者，作为一个高新技术的土著居民，如WiFi、高铁、3D电影等现代高科技产品都是00后的生活日常，而不日常的中华传统文化，也更易激起孩子的审美兴趣。具有中国传统文化元素作品也在持续刷新着国漫的创作记录，并培养出了95后、00后的国漫铁粉，以及激发了他们对传统文化的浓厚兴趣。

（三）发展互联网粉丝经济，构建大数据视野

对于IP来说，粉丝的积极关注与消费是其强大的动力。网络也是最重要的交流平台，可以让粉丝在网上"部落化"，并经过积累而产生群体效果。有些较为成熟的IP作品，就是通过与粉丝之间的互动，通过大量的数据分析来进行创作，从而成为IP的经典。面对新媒体时代信息的爆炸性增加，大数据分析已表现出了极大的功能性。原创漫画IP也应该主动应对大数据分析时代所提出的全新挑战，透过运用大数据分析为原创漫画IP赋能，激活创新型业态与新兴业务，利用大数据分析的能力与思维方式，来推进原创漫画IP的转化与成长，为国产动漫IP的转型与升级，创作了必要条件。如今原创动漫IP的发展普遍呈现离散态势，所以，急需建立完善的动漫IP数据库，并运用大数据分析所拥有的各种资源为自身赋能与转换其经济效益，以进一步提升原创动漫IP的发展水平和市场变现速度。能够更有效地帮助原创的动漫IP避免风险，从而获得投资。大数据库的整合与应用技术可以帮助原创动漫IP的资源整合与价值形态的转换，实现动漫文化产业与其他文化产业之间的资产置换。在原创动漫IP的研发中，必须将单一动漫IP的研发变成更多动漫IP的共同研发。互联网时代发展下，原创动漫IP在提升原创质量的时候也要提高创作产品质量。因此，原创动漫IP必须运用在大数据挖掘下的个性化功能，针对不同的目标用户人群精准地创作，并根据动漫IP的产业现状确立了量化指标，以此革新了原创动漫IP的文化内容和作品的形式。

（四）规范知识产权保护体系，保护动漫IP形象

目前市面上很多动漫影片的正版授权还处于预售期，而那些被盗版的产品

却占据了整个互联网市场，客观地反映出中国动漫产品的泛滥，同时，也有部分不法商人利用网络上存在的法律漏洞，阻碍了我国动漫行业的正常发展。由于各类动漫 IP 与品牌公司的合作范围日益扩大，动漫 IP 的形象一旦发行，就很容易被模仿和复制。所以，在网上、线下销售场所都存在大量的盗版或"模仿"商品，而部分生产厂家因缺乏法律意识，或者擅自地在商品上模仿一些动画IP形象、或者明目张胆地进行侵权，甚至通过宣传低劣的商品或者低廉的售价以阻碍正常品牌产品的售卖，无论是动漫公司或是品牌授权公司均面临着双重冲击。相关侵犯的维权程序烦琐、侵犯范围广阔、维护合法权益成本费用巨大，处罚手段一般以经济补偿居多，所罚赔款较低缺乏威慑性，种种原因也不利于漫画著作权的合法维护。做好漫画行业的著作权保护，第一，必须增强全体公民的版权保护意识，坚决反对购买侵权产品；第二，动漫制作公司在创意前期要注意版权保护，可以聘请专业的版权专家或专业人士，但不能只局限于侵权后的法律问题；第三，要强化网上交易平台的知识产权保护，增加其侵权行为的费用。而随着新商业模式越来越多，在网络商业的大环境下，动漫IP形象和品牌的联合拓展将有更多的可行性，建立授权服务体系，规范商务合作规则，加速授权研发周期，以维护各方的合法权利与权益。

第四节　新媒体时代下的动漫衍生品传播

一、新媒体概述

（一）定义

广义的新媒体则包含了大量的新媒介形态，是指依托于计算机网络、移动通讯、数码科技等新兴电子信息技术发展所产生的新传媒类型，既包含了计算机网络载体，又包含了传统媒体中运用新信息技术及其与新媒介融合所形成并发展起来的新媒介形态，例如电子书、数码报等。狭义的新介质则是指区分于常规新闻媒体类型的新介质，一般包含了被称为第四媒体的信息网络平台（以私人笔记本电脑为最终客户的电脑信息互联网）和第五媒体的行动平台（以手机电话等移动通信设备为最终客户，采用移动通信技术手段的行动网络平台业务或者电讯网路增值服务等传媒类型）。

（二）特征

新媒介的传播特征有：

1. 快速的复制与推广；

2. 渠道或内容引导消费；

3. 成本低；

4. 快速定制主题，跟踪热点；

5. 零库存。

（三）新媒体与动漫产业的关系

1. 新媒体是全新的传播媒介，动漫是全新的创意艺术；

2. 新媒体文化以创作全新的传播平台而运作，动漫文化以创作全新的传播内容而发展；

3. 新媒体创新依托新的数字技术平台，动漫创意借助新的数字技术手段。

由此可见，新媒体与动漫产业有着密切的关系。在新一代传媒科技的推动下，动漫的传播方式与内涵也在改变，并潜移默化地改变着我们的日常生活。

二、新媒体动漫

（一）定义

利用新兴媒体渠道，目前主要为移动互联网，进行宣传的原创动漫商品或者漫画衍生商品称之为新媒体动漫。其主要业态既包括了网络漫画、互联网动漫、手机游戏等，还包括了利用新型媒体渠道开展的各类数字衍生业态，包括了动漫彩信、壁纸屏保、手机主题、彩漫、QQ表情等。新媒体动漫将以手机、运动电视、网络、数字电视、数字影院、触摸媒体等为主要平台，向受众全面呈现。

（二）特点

1. 互动性。没有哪种动漫产业能像网络动漫那样使个人个性的创作、表现、交流、共享都显得如此简单便捷，而似乎就在一夜之间，许多深具个人个性的动漫、网络游戏创作的网页也如雨后春笋般涌现了，这就极大地推动了动漫文化的传播。

2. 具有鲜明的网络风格。新一代的带有鲜明网络风味的动漫产品构成了一个全新的动漫形式，虽然这个形式很难以用固定的文字来描述，它总看起来轻松、快捷、时髦、简单、更富有科学意义和时代特色，也更加前卫与新锐。但这个全新的动画形式却相较于传统样式来新颖而突兀，且带有着鲜明的"快餐文化"的烙印。

3. 人人都是创作者。在新媒体时代，每个人都可以参与到自己的创作中去，让自己的作品更容易被人发现，这样的循环就会加速，新媒体就会推动和催化我们国家的动漫发展。

三、新媒体时代下的动漫衍生品传播策略

在传统的媒体时代，一般每一部优秀动漫创作都是经过了这样的流程：优秀文学创作仍受热捧→漫画家将文学创作修改为动画并在周刊上连载受热捧→动漫企业将同名动画制作为动漫商品依旧受热捧→将该动画制作为剧场版电影→以及动画衍生品开发的发展。在新媒体时代，动漫衍生产品与内容的整合营销传播者，愈来愈意识到整合与营销的重要宣传功能，以及其带来的巨大商机。在动漫行业的市场推广中，投入的精力和费用也日益增加，宣传活动设计的多样化和可行性也在日渐提高。

（一）注重内容精细化，刺激消费需求

如今的动漫衍生品，已经通过数字技术强化内容，和现实世界的知识系统衔接，人人都能够参与，从而更加私人化、平民式、普泛化、更加自主化。已成为一个价值的来源，获得了越来越多的接受和关注，满足消费者如今的生活

心态和需要，可以转变为商业价值的一个重要注意力来源。同时，目前的动漫衍生品具有传播媒介更加多元化、品牌内容更具多样化、双向互动更为频繁、青年消费群体居多的特点。新媒体时代下，"内容为王"仍然是我国漫画行业的核心竞争力。动漫产品生产公司在考虑市场营销之前首先要提升企业宣传内容的质量，并遵循"内容为王"的根本准则，并在此基础上针对作品内容开展有针对地市场营销，如此方可真正立于商业不败之地。就当前的形势来看，当今手机网络发展很快，市场竞争日益强大，唯有保持产品高度的个性化与差异化，才有机会让企业产品出类拔萃。独特性要求必须深入理解消费者的兴趣和需要，所创建的品牌价值产品应当专、深、透，洞悉用户心声，使产品更富有针对性，符合市场个性化要求。而差异性需求则不是单纯适应消费者的利益导向，而是必须防止市场同质化竞争，增强企业差异性能力，并重视培育公司独特的品牌价值内涵。

（二）关注品牌文化，坚定文化自信

品牌文化的重要性也是不容忽视的，它不仅能使人们更好地了解其价值与地位，而且可以与用户间建立品牌归属感，它所带来的影响力成为和其他产品争夺的重要战斗力。中华民族文化底蕴厚重，丰富的人文资源为中国动画作品与动漫品牌的建立提供了优势，我们应该坚持人文自信，走中国特色动漫品牌道路。动漫产品在宣传国家文明中也能够起到巨大作用，但各个国家动漫产品的中国文化特点也不尽相同，因此，各个国家动漫产品中的所展现的中国文化共性也成为参与国家文化软实力市场竞争的重要组成部分。而近年来，一些中国原创动漫产品也通过民族化的发展而获得了不错知名度和较高的市场地位，如《大鱼海棠》《魁拔》系列、《秦时明月》等，并通过我国优秀的中华文化特色而获得了许多有着中国文化情感的粉丝。因此，建立国内动画产品市场除有助于中国动画作品的宣传推广和海外宣传之外，还有利于中国动画产品的衍生品发展。在品牌文化建立以后，品牌也能够通过旗下的各类衍生品发展起来，不但进一步推广了品牌文化，还能够提高客户的品牌价值认知，进而转变成更大的购买力，大大增加公司的盈利能力。

（三）利用移动新媒体优势助力传播

5G等互联网信息技术的快速发展，也促成了移动新媒体的蓬勃发展，传统动漫与手机等新兴的媒体结合呈现出一种新的趋势，手机动漫、手机动画、动漫游戏等新媒体动漫的兴起。移动动漫以短视频 App 和微信传播为核心，也极大地改变了传统动漫单一的模式。随着越来越多的观众使用移动手机，动漫产业链也在不断地发生着结构上的转变。将广告植入到电影、将原动漫改编成手机动漫游戏、发布付费手机动漫形象包已是司空见惯。中国移动和中国电信等移动运营商开发的各类益智游戏、主题桌面、聊天社区、视频媒体等也深受广大消费者的喜爱，也有可能通过手机动漫，QQ表情包，微信表情包等各种方式，变成手机媒体。此外，移动动漫也在逐步推动动漫和相关行业的繁荣。比如，《铠甲勇者》《星际飙车王》等动画作品，就与玩具及其衍生产业有着不可分割的紧密联系。

（四）借鉴动漫强国优秀经验

在世界动漫市场中，好莱坞的动漫营销和品牌建设实力尤为优秀。其科学高效的模式已被广为了解借用。好莱坞的动漫产业链和整合营销传播方式均已相当完善，其营销实际是一个基于目标受众群体的全局性整合营销模式。因此本文中可参考他们的一些优秀经验，希望获得一点有益的启迪。第一，构建基于消费者的市场营销框架。好莱坞一直非常注重消费者的分析，不论是产品建设、产品定位，或是影片宣传等都统统建立在消费者基础上，而且市场分类精细、强调差异性行销，可以看出对消费者偏好与市场把握方面的钻研甚深。在文化品牌价值建立与维系方面，越来越强调最大限度消解各种文化间的差距，以寻求共振；在市场定位和拓展方面，越来越强调发掘各个市场的文化潜能，为不同市场差异化定位，以便完成其国际化计划；在影片宣传和信息反馈方面，越来越重视受众的心理需要，互动性与灵活性也大幅增强。第二，形成贯彻全局的营销思想。好莱坞的动漫市场营销注重整体，在动漫项目制作前期便开始树立市场营销理念，制定市场营销规划，这种贯穿全局的理念使得市场营销策略和市场开发的活动都充分协调，并通过采用试映的手法进行策略优化。

这种从全局角度出发的市场营销手段必须全面了解广大受众的不同口感和消费心态，才能提出比较有针对性的市场营销对策。其三，重视产业生命力的延长。好莱坞企业很善于利用延伸价值链从而延长产业生命力，特别是对动漫产业而言，上下游价值链的延伸对于提升产业增长的意义巨大，同时还有助于更深入地发掘产业价值、巩固企业品牌形象。好莱坞公司在动漫及影视衍生品研发与行销等方面均居于全球领先水平，其对衍生产品的高价值研发也已为企业创作了大量收益。其从项目初期就已开始了制作衍生产品的开发计划，并将衍生产品投放市场后的相关影响更是长达多年，从而极大地延续了影视产业的活力，并使品牌形象更加深入人心。

第十四章　动漫衍生品开发案例

第一节　从破壁到出圈：《阴阳师》的IP衍生之路

搭载电信技术的春风，中国手游市场迎来井喷式爆发。据权威数据统计，2016年，中国国内手游市场总收入迎来新高，突破800亿大关，首次超过电脑客户端游戏玩家市场，移动游戏的发展已势不可挡。在2016年手游收入top前十的榜单中，《阴阳师》以排名第八的成绩入选。9月2日，作为中国网易移动游戏公司自主研发的3D日式和风回合制RPG手游，《阴阳师》正式首发，仅用了不到三个月时间便创下超过20多亿的收入，同年12月，一路高歌猛进，成功冲击App Aniie中国区2016年度十佳游戏。

网易游戏高级营销总监贾先生坐在办公桌前，翻看着2016年的年度财务报表，《阴阳师》的表现不仅超出了团队的预期，也意外赢得用户的认同与支持，市场的热烈反响令他感到意外和欣喜的同时，也赋予了制作团队更重要的责任与使命，在中国游戏行业深耕多年的他明白，当前手游市场变幻莫测，一款游戏的成功不能仅依赖核心用户的拥护，更要开阔泛用户这片广阔且价值非凡的蓝海，只有打造丰富饱满的衍生类产品矩阵，辐射各个圈层用户需求，才能形成游戏IP衍生内容反哺游戏，游戏和IP衍生品共创价值的闭环生态系统。

一、造"蛋黄"到造"蛋白"：泛娱乐矩阵战略开启

2016年即将进入尾声，经过一个月深入的市场调研及内部详细的论证，

游戏热爱者年度盛典上，贾总监正式宣布了《阴阳师》一个超前且大胆地试水——布局泛娱乐市场，在动画、番剧、舞台剧、漫画等多领域，通过多形式对《阴阳师》自身品牌IP打造，以及泛娱乐延伸进行创新的探索和挖掘。此举引发了国内游戏行业对游戏IP泛娱乐模式的思考热潮，一时间获得了众多游戏热爱者的对《阴阳师》衍生品的期待与瞩目，不少支持者在网络为《阴阳师》泛娱乐产品应援。然而，行业内也出现了质疑的声音：刚萌生的《阴阳师》手游，虽然是年度的最大黑马，但其受众毕竟有限，有多少用户愿意花钱买这个单呢？不少业内人士认为这种玩法只是为了博人眼球，昙花一现。一款手游的研发成本巨大，在团队资源有限的情况下，许多游戏开发公司往往更愿意将重心放在游戏本身的价值挖掘上，鼓励用户进行充值以快速变现，或者在游戏中投入广告获取收益。但贾总监深刻认识到，这种消耗用户流量以获取短期利益的做法无疑是饮鸩止渴，无法挖掘更深入的用户需求。网易作为中国游戏行业的领先者，创新精神和工匠精神是其长足发展的核心价值观所在，以热爱之上为游戏者精神的《阴阳师》，更应当敢为人先，走在中国游戏行业衍生品开发的前列。2016年，中国在线文化娱乐市场整体营业收入增长率突破41.8%，首次达到3376.6亿元，游戏IP在泛娱乐市场已充满前景，贾总监相信，在IP浪潮席卷下，游戏玩法的不断升级更像是造鸡蛋的蛋黄，其延伸的文化内涵则是蛋白，《阴阳师》不仅要造"蛋黄"，还要造"蛋白"，《阴阳师》在泛娱乐市场的布局将使其从游戏圈渗透至大众领域，成为中国游戏衍生品的领跑者。

二、小众题材的大众化：二次元IP跨界衍生的试水

打造深入人心的文化IP，《阴阳师》布局泛娱乐矩阵的第一件事就是在衣食住行方面打造衍生品，在服务二次元文化用户需求的同时，推动阴阳师IP在大众层面的认知。《阴阳师》周边商城于2016年末上线，与以往游戏IP衍生品不同，除了大厂合作的高品质周边手办与花样盒蛋外，产品范围涵盖公仔挂件、服饰包饰、碗碟家居等生活必需品，为品牌延伸打造更多样、日常化的选择。其中，《阴阳师》剑走偏锋，与珠宝巨头周生生联合研发黄金饰品系列，和简单的产品叠加不同，《阴阳师》对品控的把握以及周生生对游戏内涵的产

品设计，使得不知火橘色离影戒指、达摩黄金转运球等个性化产品令人耳目一新。2016年，《阴阳师》线上商城销量、销售额冲击行业第一，此番战绩已表明"阴阳师"IP的消费者拥有很强的支付意愿及付费能力。2017年，《阴阳师》与肯德基开启了网易游戏史上最大规模的跨界联动，不仅有主题套餐、闪卡、8大主题店外，更专门在全国5200多家肯德基门店开启了线下LBS鬼王击杀活动，供玩家狂欢。同时，携手农夫山泉推出手游定制款果味饮料，上线跨界表明活动，玩家既能享受揭盖有奖的回归活动，又能收集精美的式神瓶子。逐步拓展跨界衍生内容。此外，《阴阳师》再次携手必胜客重磅推出"现世集结相约必胜"活动，玩家凭"式神必胜卡"到店购买套餐可享受专属优惠，更有机会获得限量版式神闪卡。"创新性玩法+定制化体验"实现《阴阳师》IP与产品方的共赢，给贾总监和团队一剂强心剂，让他们更加坚定创新衍生产品，塑造IP长线价值的方向无疑是正确的选择，但此时一个新的疑问盘旋在大家的头上，如果仅仅依靠游戏IP本身的衍生产品，吸引的只有部分忠实玩家的购买，只是拓展了品牌延伸的宽度，如何拓展游戏IP的延伸深度呢？怎样才能真正将小众的产品推向大众化呢？

三、绮丽世界你我共创：从二次元到三次元的进化

物以稀为贵，这是商业亘古不变的道理。当前的游戏市场，IP早已成为标配，如同柴米油盐一样常见。在供给优势平衡打破的情况下，市场竞争的方式逐渐由争夺IP转变为深度开发，提高现有产品IP表现，完成从以量取胜到以质取胜自然演变，IP产业化和风格化成为最大的竞争力。在2017年网易"游戏热爱者"年度盛典上，正值《阴阳师》成立一周年，"未来计划"开启网易游戏IP新纪元，以全球互通、IP联动、IP开放你我共创、泛娱乐布局等四大战略为基石，《阴阳师》火力全开，正式开启游戏IP从二次元到三次元的进化之路。

（一）启动全球同人开放计划，"官同共创"反哺IP

日本动漫市场发展的经验表明，随着游戏产品的更新换代，单靠厂商努力吆喝的卖点已无法满足用户的需求，玩家的沉浸感与认同感才能注入IP长线

运营的活力。而要想让玩家主动参与IP化进程，就需要官方主动提供让用户可以自由发挥的创作空间。网易启动的全球同人开放计划正是基于此应运而生。基于"绮美世界你我共创"的初心，首先，网易开放了游戏包资源，为同人创作提供官方的素材与资源，并在官方网站设置"同人手账""同人大触"等板块介绍优秀的同人创作者及作品。其次，搭建互动共享开放的创作平台，设置专属游戏的"同人社区"，社区内玩家作者可自由交流作品及经验分享，还为其提供了作品展示平台与奖励扶持。最后，举办形式多样、类型丰富的同人比赛，皮肤大赛和式神设计大赛获得玩家追捧与认可，其中脱颖而出的优秀作品将被官方采用。同人作品使《阴阳师》完成从热门手游到形成品牌IP的华丽转身，将官方引导与鼓励和玩家自主创作联动起来，真正把《阴阳师》的IP化从"官方自创"变为"全民共创"。

（二）为爱发电，虚拟偶像掘金粉丝经济

粉丝经济一直倍受瞩目，网易也将玩家对式神的喜爱上升到粉丝对偶像的推崇，使NPC具有偶像品格。2017年7月，《阴阳师》在BML-VR演唱会上推出人气式神大天狗虚拟偶像，并以其角色歌曲《黑色旋风》亮相舞台，现场气氛火爆，《阴阳师》正式开启NPC虚拟偶像计划。式神偶像出道的消息立刻在网络咆哮，其微博话题"#大天狗C位出道#"在三天内获得3000万阅读关注，同时，各路玩家粉丝自发性创作大天狗周边衍生为其出道应援。市场的热烈反响推动了虚拟偶像与商业品牌的联手合作：诸如人气大神雪女作为宝洁公司首位"二次元大使"参与冬奥会；海尔、奥利奥等18个国际品牌联手"为崇而战"游戏特别活动；式神大天狗与茨木童子跨界代言广汽丰田等各类跨界合作缤纷呈现，《阴阳师》的虚拟偶像计划开启了全新的IP想象空间。虚拟偶像为游戏带来商业价值提升的同时，也使得游戏IP更加深入到玩家的日常生活中。

（三）从终端到舞台——奏响"2.5次元"音乐剧华丽乐章

"2.5"次元音乐剧源于日本，是一种以真人演员来还原"二次元"作品的一种演出形式。近些年来，国内陆续引进包括《美少女战士》《火影忍者》

等高人气音乐剧，而《阴阳师》是手游界探索音乐剧衍生文化"第一个吃螃蟹的人"。2018年3月30日，音乐剧《阴阳师》"平安绘卷"于深圳首演，拉开了中国巡演的序幕。不少粉丝从外地特意赶来，游戏玩家和音乐剧粉丝齐聚一堂，盛况空前，可容纳1200人的日本青年馆几乎场场座无虚席，其中不乏一些二刷甚至三刷的观众。作为一部还原度几乎100%的音乐剧，从现场特效到演员表演，都充分体现网易给予观众的满满诚意。在制作方面，邀请日本专业的顶级阵容担任编曲编舞，演员方面更是挑选日本实力人气演员阵容。现场绚丽的舞台、华丽的灯光特效以及唯美的和风歌舞，向观众呈现了一个气势恢宏的平安京。据音乐剧出品方统计，截至2020年上半年，《阴阳师》系列音乐剧全国巡演票房突破2500万元，其中售票比例与上座率均突破90%，而随着音乐剧的巡演，游戏的日均在线率同时提升了15%。《阴阳师》音乐剧的成功巡演，使其打破"二次元"和"三次元"的体验壁障，实现游戏、动漫等元素与传统舞台艺术的完美融合，游戏通过全新的形式渗透更广泛的受众圈层，而音乐剧则借助游戏的影响力深入人心，原作与衍生品相辅相成，实现从终端到舞台的延伸。

（四）梦境照进现实，主题店打造线下沉浸式体验

2020年7月25日，在上海思南公馆23号楼，全国第二家Onmyoji阴阳师主题店盛大开业，当天访客络绎不绝，相比广州店，上海店深度优化了买、食、观、玩一体化的休闲体验，此外，旗舰店首次将多玩法串联，为玩家打造沉浸式的文化交互场所。复古玻璃窗、棕色原本墙、手工玻璃吊灯装饰的老上海风情，与妖怪食堂、无限平安京、百鬼集市等平安京游戏元素灵魂碰撞，令访客仿佛置入一个妖怪的梦境，利用空间传递拉近虚拟世界与玩家的距离，破次元的对话成为可能。

四、破壁到破圈：跨界联动让衍生更有温度

《阴阳师》的每一次IP衍生都是建立在充分挖掘剧情与理解游戏人设的文化基础上，这使其能贴合用户兴趣和社会热点精准寻求合作品牌，网易团队

不仅运用多品类泛娱乐衍生品，使《阴阳师》IP植入各圈层用户的记忆中，更是通过热心参与各项社会公益事件树立积极进取的公众形象，跨界联动，使得《阴阳师》IP成为有血有肉有温度的IP形象。2020年9月，一个地球自然基金会（OPF）、世界自然基金会（WWF）与《阴阳师》团队共同举办"蔚海相守"主题的海洋环境保护活动，募集玩家以"WWF海洋守护者"麓铭大岳丸之名创作宣传视频。而麓铭大岳丸在游戏中便是一名传颂大海的战士，压制岛屿上的恶灵，是名副其实的"海洋守护者"。时隔两年多的等待，2021年SP辉夜姬终于登陆《阴阳师》，在让"卫星"落地的同时，网易官方却又把它再次"送上了天"——一场《阴阳师》手游×九天微星的跨界合作，借助九天微星瓢虫一号卫星，将玩家们对SP辉夜姬的美好祝愿传递到距离月宫最近的地方，此番《阴阳师》与瓢虫一号卫星的携手，便是以前沿科技延续玩家们对辉夜姬的美好想象，为游戏里辉夜姬的故事画上一个更加圆满的句号，也让运营五年的《阴阳师》再一次以最暖心的方式出了圈。

五、尾声

五年常青。《阴阳师》如同一棵大树，深深扎根于二次元领域，并逐渐朝着更广阔的天地开枝散叶，汲取各方阳光和雨露反哺自身IP，以丰富饱满的再创作力，构建、完善、升华《阴阳师》的多元化IP宇宙。2021年9月22日，《阴阳师》五周年庆盛宴上，贾总监回顾《阴阳师》从诞生到茁壮成长五年的发展历程，突破手游平均生命周期的第五年，《阴阳师》依然能够散发出这般旺盛的生命力，也表明它的上升期远远没有结束。毕竟，IP宇宙进化之路永无尽头。

第二节　功夫动漫——打造超级IP生态平台

李竹兵，功夫动漫创始人，中国城市超级IP理念的创作者，年轻创业时便有成名的愿望，如今，李竹兵也如愿以偿，实至名归。但成功的鲜花浸透了奋斗的血泪。1997年，16岁的李竹兵在不满父亲让他辍学的决定下，愤然离家，怀揣着成为一名漫画家的梦想，只身一人到广东寻求工作机会。无奈年纪太小，李竹兵投出去的作品虽然好，却没有一家动漫企业敢录用他。为了生存，他去过修车厂，当过洗碗工，而后在一次机缘巧合之下得到了一笔业务，正是这笔业务，让李竹兵萌生了创业的想法，随着时间的流逝，这种想法越发根深蒂固……

一、摸着石头过河，逐渐走向行业龙头

2003年，李竹兵成立了一家设计公司，这家公司正是最佳拍档设计公司的前身。在2003年至2007年期间，五年创业历程，五次倒闭经历。但李竹兵丝毫没有放弃，在一次出差途中，他看到了农运会吉祥物设计比赛的宣传单，认真思考后决定参加比赛。凭借自己的绘画天赋和辛勤努力，经过数月的修改，他创作的作品"同同"最终胜出，成为农运会的吉祥物，这更加坚定了李竹兵的信念。2008年，李竹兵开始追逐自己的动漫梦想，在泉州创立了首家专业动漫公司，取名"功夫动漫"，并暗暗立下把带有中国元素的动漫传播到全世界的目标。

刚刚成立的功夫动漫如襁褓中的婴儿，嗷嗷待哺。人才稀缺、模式不清、政策不明，在这样窘迫的情境下，李竹兵如热锅上的蚂蚁，四处招兵买马，打造首部民间闽南语动画片《蔡六》。但一切操之过急，尚无经验、不够成熟的公司运营制度使得公司再度陷入困境，出现了财务危机，此时超过一半的员工提出了离职，一大堆的辞职信让李竹兵陷入了沉思，几乎一夜白头。

为了挽救局面，李竹兵开始了奔波之路，去各个城市拜访动漫公司，整合

资源，寻求合作。不幸的是，尽管奔波劳碌，仍然吃了很多闭门羹，因为大部分企业都觉得功夫动漫不够庞大。就这样，在各种质疑、嘲笑声下，李竹兵摸索出了公司新的道路：结合实体产业，探索立体式动漫营销。实践证明，这个模式是正确的。2010年，功夫动漫和小玩皮品牌、央视一起打造的动画大片，也是功夫动漫首部在央视播出的动画片。《小玩皮》借助动画片的形式，使得童装产业与动漫相结合，创新性进行儿童服饰的营销，如此一来，不仅可以实现企业品牌增值，提升企业品牌影响力，而且也为动漫企业提供了全新的发展机遇和发展道路。

2013年，《小玩皮》正式在央视上映，一夜之间，功夫动漫火了。但李竹兵并没有满足于现状，而是全面发力，努力从国内走向国际。为整合各国资源，他到日本、美国、法国等展会参展，不断接触收集大量信息，结识更多人物，形成资源链。由此，功夫动漫代理了多个国内外知名动漫品牌，构建贯穿央视、卫视、省级、地方、全网络的发行渠道。

2014年，功夫动漫携手特步打造动画巨作《梦想总动员》，由《猫和老鼠》编剧埃里克肖担任总编剧，该动画片也是全力打造童装产业超级IP。同年，功夫动漫获得中国风险投资基金。2016年，功夫动漫在不断创作价值的过程中，估值也不断提升，吸引多家投资公司进行投资，并荣获"福建省动漫重点龙头企业"称号。历经磨难，靠着一腔闽南拼劲，李竹兵让功夫动漫从小微企业走向了行业龙头。

二、讲好中国故事，打造中华文化超级IP库

文化是一个国家、一个民族的灵魂，文化作为一种精神力量，给国家和民族带来光明和希望。文化兴，国运兴，文化强，民族强。功夫动漫正致力于打造优质的中华文化超级IP，挖掘中华文化，讲好中国故事，做好中国动漫。

城市代表着一个民族文化的记忆，同时也承载着一个民族的情感。文化和情感生动展现了一个城市的底蕴和魅力，通过将动漫与城市相结合，建设城市超级IP，以动漫的形式把城市呈现给大众，为城市打造一张特别的名片，并源源不断地输出城市文化精神，持续打造城市超级IP的创作力和感召力，是对城

市文化宣传的最有效手段，以点带面，弘扬中华文化。李竹兵认为，通过动漫形式展现出来的城市超级IP，可以让中国的孩子们从小对博大精深的传统文化产生兴趣，并自发地去了解中华传统文化，从而发展形成学习、热爱、追求、传承、创作、持续的行动力。同时，也可以成为国外孩童了解中国，领略中华千年文化魅力的优质方式。功夫动漫用心打造的城市超级IP已经遍地开花，同时，也致力于把中华文化打造成具有全球传播力和感召力的超级IP。把中华文化名片传播至全国各地乃至全球，不断提升中华文化的影响力，为振兴中华文化不懈奋斗，努力实现文化强国中国梦是功夫动漫孜孜以求的目标。目前，功夫动漫成功打造的城市超级IP有《蹴鞠小子》《少年苏东坡传奇》《长征先锋》等。

表14.1　城市超级IP

地区	城市超级IP	地区	城市超级IP
山东淄博市	《蹴鞠小子》	浙江奉化区	《神奇布袋小子》
四川眉山市	《少年苏东坡传奇》	福建石狮市	《狮来运转》
江西兴国县	《长征先锋》	四川宜宾市	《神将哪吒》
河北柏乡县	《牡丹侠》	山东台儿庄区	《运河大联盟》
山东城阳区	《动车侠》	四川德阳市	《三星堆·荣耀觉醒》
江苏泗洪县	《环保特攻队》	山东滨城区	《黄河守护者联盟》
四川自贡市	《时空龙骑士》	广西北海	《海丝世界大冒险》
山东平度市	《节气小精灵》	四川渠县	《封神勇士·忘忧之城》

在功夫动漫覆盖欧美、日本、东南亚等多个国家地区成熟的全球发行渠道加持下，众多动画作品陆续出海，推动中华文化对外输出，让中华优秀传统文化举世闻名，让全世界观众以动漫的优质渠道认识中华文化，领略千年中华文化魅力。

三、《三只松鼠》火爆，超级IP运营平台火力全开

功夫动漫不仅在动漫和童装联姻上发力，也瞄准了动漫和视频的结合。三只松鼠创始人章燎原对功夫动漫充满信心，他曾表示，让功夫动漫打造《三只松鼠》，力争三只松鼠零食成为动漫界中处于领先地位。不出意料，在《三只松鼠》首播当天，收视率达到第一，三只松鼠零食成为家喻户晓的品牌。但在《三只松鼠》火爆的背后，功夫动漫费劲了功夫：搭建好莱坞级创作阵容，聘请《小熊维尼历险记》著名作者卡特·克罗克担纲总编剧，曾为《冰河世纪》设计场景玛丽娜·勒维科瓦担任场景设计师，曾为《漫威：复仇者联盟》服务的南森·巴切德担任道具设计师。为更好地处理动画制作过程中遇到的问题，还专门成立了海西动漫研究院。而后，功夫动漫借着其强大的发行实力，通过"百家电视台+全网播出"大阵仗，助力《三只松鼠》动画在短时间内火爆全网，并走上超级IP的进阶之道。

在《三只松鼠》动画片的火爆的浪潮下，俏皮可爱的三只松鼠形象随即引来无数粉丝，受到热捧。在此契机下，功夫动漫以动画为支点，将《三只松鼠》和恒安集团、中国电信等知名企业展开跨界交流与合作。此外，在《三只松鼠》动画超级IP影响下，三只松鼠形象的手机壳、玩具、图片等创意文化产品不断被涌现，销量火爆。

功夫动漫已经形成"制、播、销、授"全产业链超级IP生态平台，潜心研究动漫超级IP的智造。在《三只松鼠》的项目中，功夫动漫承担了从创意、制作、发行到授权、销售等所有工作，功夫动漫完整的IP运作机制可以确保《三只松鼠》的核心IP资源掌握在自己手中，并依靠《三只松鼠》的影响力，以影视作品、动漫、游戏、玩具等衍生品吸引大众，实现快速变现。

四、推出笨文化，研发打造笨世界超级IP产业链

功夫动漫推出的"笨文化"不是真正意义上的笨，而是倡导保持刻苦努力、坚持不懈、吃苦耐劳、用心创作、专注修炼等一系列优秀品格，在工作中不怕困难，敢于挑战，愿意付出。功夫动漫以"笨文化"为信仰，坚持"笨精

神"，脚踏实地，不断创新，不断突破。

笨世界起源于自主超级IP笨笨鼠，是一个商业生态圈，致力于打造国内首个集"吃、喝、玩、乐、购、产、娱、教"为一体的超级IP商业平台。笨世界通过创作IP+场景+平台业态开发等丰富强大的内容，研发出上千款衍生产品，成功打造笨锅、笨食、笨影院等多个新商业业态，创新了新零售业态内容。

表14.2 笨世界

笨商业平台						
吃	喝	玩	乐	产	娱	教
笨锅	笨茶	笨网吧	笨唱	笨潮	笨乐队	漫学院
笨菜	笨咖	笨乐园	笨抓	笨剪	笨剧场	笨漫馆
笨一点	笨酒	笨电竞	笨酒屋	笨街	笨夜游	笨笨商学院
笨堡	笨水	东方本世界		笨世界	笨影院	笨笨图书馆
笨饭	笨能量			笨爱一生		
笨卤				笨笨美食		
笨串串				笨笨梦想馆		

五、结语

把功夫动漫打造成百年企业，实现文化强国的中国梦，把中国创意传播到全世界，让世界能看到中国的动漫，创作出世界最大的超级IP是李竹兵现在的梦想。近年来，许多优质国漫IP在不断积蓄力量的过程中纷纷破圈，成功进入大众的视野，并成为影视市场的爆点。在国漫的快速发展中，随之而来的是"国漫IP热"，使得我国动漫IP市场呈现出一片繁荣的景象，也可看出国漫IP产业发展潜力巨大。要创作具有全球传播力的中华文化超级IP，加强中国缔造文化话语权，需要中国动漫企业与功夫动漫一道，不懈努力，全力打造，通过动漫这一超越语言的文化形式，让世界加深对中国文化的认知，让中国动漫更好地拥抱世界。

第三节　故宫文创，来自故宫的礼物

故宫博物院是当今世界上保护的最完善以及规模最大的木质建筑群。创建于1925年，成立在中国明朝与清朝两朝皇宫的基石之上，其建筑本身就足以成为象征北京乃至中国的文化符号，用建筑记载了明朝和清朝宫廷历史，也是中国明朝和清朝时期宫廷旧藏文物为基础的我国古代文化艺术品的珍藏、研究和展示机构，它的生命线就是从这里六百年的盛衰荣辱中延展开。

故宫博物院妥善细致的保存着明清时代留存下来大量世界上绝无仅有的皇家宫殿和旧藏至宝，并且在国家层面、社会层面以及个人层面，通过各种各样的形式，集成总数超过180万件的古代珍品，在体量上拥有得天独厚的文化优势。

如今的博物馆已经不仅仅局限于文物的保护与展示，而在文创产品的开发上扮演者重要的角色，与其他文创企业相比，承担者更大的责任以及担当着更大的使命。北京故宫在连年的探索中，积极转变自身形象，努力融入年轻化的潮流中，不再让人们觉得触不可及。

在故宫馆藏的基础上，立足于北京独特的地域文化特征，汲取深厚的中华传统文化，同时与时俱进的地开发设计各种各样满足现代人需求的文创产品，建立了"故宫大IP"，也实现了故宫文化教育的社会功能。

一、与时俱进，博物馆文创的领军者

故宫成立的文创产品是一支专业的团队所研发，团队为文创产品的持续开发提供了强大的保障，如今在全国范围内的博物馆文创中名列前茅。

1983年，故宫出版社成立，是迄今为止全国三千多家博物馆中唯一的出版社。本着"个性化出版、品牌化经营、市场化运作"的原则，依靠故宫资源，形成宫廷文化、文物艺术、明清历史三大板块，出版故宫博物院藏品大系、故宫经典、紫禁书系等多个丛书系列及《紫禁城》期刊。2009年起，发行《故宫

日历》，其精巧的设计和丰富的文化内容深受大众的喜爱。2019年，出版了《谜宫·如意琳琅图籍》，图书采用中国古籍四孔线装的装订工艺，书脚用绢布包裹，值得一提的是还配套了线上游戏，极大的丰富了用户体验，此外，还推出《故宫酒历》来向大众介绍故宫酒文化，呈现故宫酒文化的魅力，在传统事物中融入现代元素，大众的接受度高，故宫IP也随之壮大。

随着信息时代的到来以及互联网的普及，故宫博物院加大了数字平台的开发，积极使用3D打印、AI等现代科技，推出故宫壁纸、故宫游戏、故宫App等文创产品迎合时代的需求，持续吸引着年轻群体的关注，互联网经济是故宫文创持续且快速发展的最大助力器。至2021年年底，故宫壁纸已经制作了上千幅，此外，还设计了"海错图""千里江山图"等输入法皮肤，"紫禁城祥瑞""皇帝的一天"等表情包。创作了"争议的决定""南下之路""湖上风波"等故宫漫画，开发了"太和殿的脊兽""宫门关""曲水流觞"等游戏以及众多有趣的App，构建了多元化的场景。

随着微信等互联网平台的兴起，故宫通过诙谐幽默的方式与大众互动，2014年，故宫淘宝微信公众号推送一篇文章《雍正：感觉自己萌萌哒》，这篇文章让人们认识到不一样的雍正，他比着剪刀手、挤眉弄眼，萌翻了广大网友并获得了超过10万的浏览量，故宫文化IP开启了网红之路。随后故宫博物院与腾讯签订了长期合作伙伴关系，以故宫故事和馆藏资源为原型推出了一系列具有故宫元素的表情包、小程序等数字化内容，将浓厚的文化潜移默化传播到大众的日常生活中。

2016年，纪录片《我在故宫修文物》播出后深受年轻群体的喜爱，随后央视又推出了《上新了·故宫》《国家宝藏》等纪录片，端庄严肃的故宫开始变得平易近人，故宫文创产品的销售额以快速增长的趋势前进，从2016年的10亿元到2017年的15亿元。2018年年底，故宫文创产品突破1.1万件。

故宫博物院最脍炙人口的还属创意衍生实物产品，用衍生品传达出有温度的历史，这些衍生品在线上和线下均有售卖，2010年，故宫博物院在淘宝网开设了故宫淘宝，此外还在天猫、微店、京东开设了线上店铺。除此之外还有线下平台——故宫博物院文创实体店。故宫文化产品的开发设计中通过文创产品述说了中国故事，将中国文化内涵体现得淋漓尽致，让大众感受到更多的民族自信、民族精神，既弘扬了民族优秀历史传统文化，也有效地推动文创产业发展。

二、彰显文化底蕴，让文物活起来

故宫文创产品开发都有迹可循，均来源于故宫建筑、馆藏抑或是历史文化，在彰显中华民族博大精深文化的同时，结合了现代流行的"萌"文化，赢得了广大群体的喜爱，特别是年轻群体的喜爱。馆藏中各式各样的服饰、器具、书画都可以提取出纹样，将这些纹样运用在文创产品中，不仅能让消费者体味到中华文化，丰富精神世界，增强文化自信，还让传统文化生生不息。

长期以来，博物馆对大众提供的服务仅有展览，近年来，博物馆仅仅提供展览已经不足以满足人们的精神需求，与此同时，博物馆也在积极寻找新的方式进行转型。博物馆背靠丰富多彩的文化资源是最好的突破口，因此，故宫博物院不断提出创新的思想理念，并将这些文物资源融入文创产品上，开发出了既有趣味性又有实用性的故宫文创产品，并通过线上电商平台和线下实体店进行营销和售卖。

故宫文创产品的实用性意味着产品贴近大众的生活，设计团队筛选出合适的品类，并且进行主题化、系列化的产品研发。因此，故宫文创设计了各种带有国潮元素的家居、香氛、文具、彩妆、饰品、陶瓷、伴手礼、书画、扇子等品类，随春节等特殊时期的到来还会推出新年贺卡、生肖限定玩偶等具有时效性的创意产品，此外，故宫文创还追随时代潮流推出盲盒产品。

博物馆作为非营利组织并且具有传播文化的职责，因此，在故宫文创的开发中，最重要的是以产品为载体进行文化传播。在家居品类中，小到零钱包，大到汉服的设计都体现了吉祥的美好寓意，搭配宫廷元素，展露出极致的细节。故宫彩妆从诞生开始就深受大众喜爱，包含口红、眼影等各式各样的彩妆产品与化妆工具，大胆推出具有中国审美特色的口红色号，例如"斩玉色""宫墙红""郎窑红""胭脂红"，还包括了取自雍正朝瓷器颜色的"祭红"、源出均窑玫瑰紫釉的"紫靛"，来自康熙朝豇豆红釉的"美人霁"，每一件产品都可谓是中国古代东方美学与当今潮流的完美结合。"故宫文具"具有以故宫为代表的丰富文化内涵，在设计上兼既有实用性又不失趣味性。在品质上精益求精，追求环保的材料，对文具的安全有严格把控标准。"故宫文具"将故宫文物的故事呈现出来，推出各式各样的文具。通过实用的文具，"让收藏在禁宫里的文物、陈列在大地上的遗产、书写在古籍里的文字都活起来"，使历史与传统更具生命力。一些文创产品颇有趣味性，例如"朕亦甚想你""朕心之寒极""朕实在不知怎么疼你"系列折扇、"如朕亲临""奉旨旅行"系列行李牌。故宫文创对当下热点表现出了极强的敏感性，具有很高的产品更新换代频率，2021年年末，推出"老虎摆件""老虎鼠标垫""老虎拼图""老虎眼罩""老虎地垫"等颇具特色的虎年实用物品。可以看到在各个品类中，几乎包含了所有能想到的产品，可见故宫文创创作团队的用心和努力。

故宫文创产品具有丰富的文化内涵、优美的外观形象，起到了很好的文化传播作用，既发挥其使用价值，又传播故宫的文化价值，可谓是一举两得。故宫淘宝店铺打出营销语"来自故宫的礼物"，体现了故宫衍生品的做工精致、有内涵，同时定价也十分可观，实现了只要你想，就可以把"把故宫文化带回家"，使得故宫文化真正走进了寻常百姓的生活。

三、结语

故宫文创不仅彰显了北京的风土人情、更反映了中华民族独有的历史发展、传统习俗、审美情趣，具有极强的独特性和不可复制性。故宫文创产品一方面能激发大众对中国文化的自信心和自豪感，另一方面也是传统文化与现代文化碰撞焕发出的别样生命力，也是保护和传承文化的重要方式。

第四节　熊本熊城市IP开发的成功之路

　　城市文旅吉祥物是为城市旅游所打造的文创产品，不仅能为城市代言，起到宣传作用和提升旅游资源价值，还能发展各种衍生品进行营收。

　　日本是动漫文化发达的国家，动漫产业拥有较好的发展环境。日本政府也积极推动城市吉祥物的发展，成为城市吉祥物发展较好的国家，城市吉祥物向外输出实际是软文化的输出，城市吉祥物既可以给当地旅游带来收益，也可以发展动漫产业。好的城市吉祥物产品可以让旅游者体验到精神的愉悦，极大地促进旅游业等地方产业的发展。

一、熊本熊的诞生

　　熊本熊诞生在日本熊本县。在熊本熊还未出现时，熊本县是一个知名度低、不起眼的偏僻小城。在2010年以前，熊本县以农业为主，就业机会少，人口大量向外流动，地方经济一度萎靡。转眼到了2011年，九州新干线开通后熊本县的交通大为改善，外地游客可以轻松便捷地来到这里，熊本县的低迷经济迎来了转机，面对这个机遇，熊本县牢牢把握在手中并且有意开始做旅游推广活动，盘活县域经济，"熊本熊"吉祥物也因此诞生。

　　熊本熊诞生后，熊本县旅游人次不断攀升，旅游经济快速增长，其中不乏国外观光游客。熊本熊在2010年诞生后仅仅两年就为熊本县创作了超过12亿日元的财富，以及对熊本县的宣传效果巨大，还为旅游产业节省了巨大的广告宣传费用。2011年至2013年，为熊本县创作了1000亿日元的财富。熊本熊衍生品的销售额也超乎想象的逐年攀升，显著提升了当地经济发展。2013年4月，日本调查显示，各地居民对熊本熊的认知度不断提升，最终知名度达到第一。熊本熊的形象宣传效果出乎意料，传播速度极快，快速引爆了日本乃至全世界对熊本县的认知度，熊本县也从单一的精准农业化小城变成了一个有名的旅游小城。

如今，以熊本熊形象制作的产品随处可见，日本的商场里、街道里、日常生活用品中到处都能看到它的形象。熊本熊是日本向外输出最成功的吉祥物，它的表情包也火遍全球互联网。此外，熊本熊的满满日程是公开的，许多人到熊本县就是为了与熊本熊合影，为什么一只熊有如此高的人气？

二、熊市熊城市IP成功之路

（一）别出心裁的外形设计，为卡通形象注入灵魂

熊本熊的设计师是水野学，其团队花费了大量人力、物力、财力创作出熊本熊形象，其具有很好的辨识度，简约的造型却不简单，适宜出现在各种场景中，是对日本二次元文化特征的高度浓缩和再创作，符合日本民的"萌文化"。熊深受大家喜爱离不开它那呆萌的外在形象和被赋予的有趣灵魂，可谓是人见人爱，所到之处皆有粉丝为其尖叫。

熊本熊只采用了黑、白、红这三种简单的配色，实则彰显了熊本县本身。具体来看，熊本熊黑色的造型体现的是熊本城的色彩，脸颊上两个大大的腮红看起来憨厚可掬，十分惹人喜爱，此外，腮红代表了熊本县盛产红色农作物。中性的表情也是其一大特色，不仅显得呆萌可爱还降低了人们的心理防线。此外，熊本熊还拥有圆圆的大眼睛、圆润笨拙的身体、这样呆萌、亲切的形象对各类人群都具有吸引力，特别是在全球获得了大量的年轻"粉丝"。

熊本熊不仅仅作为一个平面吉祥物，而是使用真人扮演，熊本熊皮套拥有绒毛的材质、肥大憨厚的外表。熊本熊扮演者至少有5个，只有这样才能同时应付办公出差、商演、导游等各项工作。

设计者还为熊本熊赋予了"贱萌""淘气""乐观亲切""好奇心旺盛"等独特性格，成功塑造一个有"温度"、有"故事"的角色。"捂嘴""歪头""抬脚"等经典动作以及各种与人互动的方式都是精心设计过的，它不会说话，所有的情绪都可以通过丰富的肢体语言表现出来。当熊本熊做出一些可爱的动作时，立马就能收获群众热情的呼喊声，熊本熊还时常在社交媒体上与大众互动，这些与公众亲密的互动的行为使其在互联网持续火爆，引起一浪

又一浪的传播。当有人说熊本熊有啤酒肚时，它会高举双手表示抗议；当有工作人员责骂它时，它会低下头表现出一副委屈的样子；熊本熊还有一项拿手才艺——熊本熊体操。这个体操虽然动作简单，在各种各样的场合，这套体操都能掀起热潮，不管是大人小孩都会跟着一起跳。熊本熊还曾为日本天皇天后表演，对日本这个国度来说，这是非常高的殊荣。熊本熊虽然看起来笨拙，但在与公众的互动中，它能做各种精细的肢体动作，甚至使用筷子、参加赛跑、骑小摩托都不在话下，这要求熊本熊的扮演者充分了解熊本熊的性格，准确地传达为熊本熊精心设计的动作，此外还需要依据熊本熊的性格、活动内容做出合适的临场反应。

熊本熊还作为"网红"承接各种演出、参与时装周走秀、歌舞伎等娱乐活动，甚至在活动中与其他吉祥物"大打出手"。熊本熊的调皮使得它在大量的吉祥物中凸显出来，给我们营造出一种它是活生生存在的角色，而不是皮套里的人扮演的。也正是因为熊本熊不会说话，它用肢体语言表达出情绪，全世界的人都可以明白它所要表达的意思，在国际上更加没有障碍的交流，不会让人觉得这是一只日本的熊。

在熊本县的大街小巷都有可能偶遇熊本熊，它积极与市民们互动、玩闹。当人们面对可爱又调皮的熊本熊，会给人们带来轻松愉快的感受，能有效获得幸福感、释放生活压力。熊本熊的形象也在积极的互动中越来越丰满，越来越受欢迎。

（二）免费授权形象

当今社会越来越重视版权问题，拥有版权也是创作收益的重要途径，熊本熊的版权却反其道而行进行免费授权，熊本熊的形象制作衍生品只需要经过熊本县政府的审核就可以使用，因此，我们能看到熊本熊的形象被广泛使用在衣、食、住、行、游、购、娱等各个领域上，所以，我们能看到熊本熊各式各样的衍生品。

免费授权的模式取得了成功，第一年有超过三千家家企业申请合作，第二年新增了5400家，到2013年已经有超过1.6万件商品使用了熊本熊的形象。

各大商户都将熊本熊形象融入商品中，促进了熊本熊形象的曝光率，熊本熊授权给知名品牌使用更是让熊本熊人气大涨，其中包括徕卡相机、本田摩托、宝马汽车、名侦探柯南妖怪手表等。企业盈利的同时也在世界范围内提升了熊本熊的人气和影响力，让更多人了解熊本熊进而了解熊本县。随着熊本熊的知名度提升，熊本县的旅游经济也呈现快速增长的态势。熊本熊的免费授权模式看起来是损失了版权价值，但也快速地推广熊本熊形象以及提升了熊本县的知名度，促进了熊本县的旅游和各个产业的发展，带来了巨大的收益。

三、政府主导并推动熊本熊发展

日本是动漫产业在全世界属于领先国家，政府持续积极推进动漫旅游产业保护与发展。熊本熊的持续走红很重要的原因就是得到了政府的扶持。

熊本熊最先也最常利用的宣传方式是网络营销，为其打造了完善的网络传播渠道。政府为熊本熊注册各种社交软件账号，利用这些媒体渠道的及时性、交互性分享自己的生活、发布自己的行程、定期更新工作动态、更有趣的是每条消息后都会加上语气词"mon"，这些社交账号让熊本熊与大众直接且密切的进行极强的互动联系，时常向粉丝求助"今天又闯祸了，这么办？"等问题，分享"又学会了新的舞蹈"等日常，拉近了熊本熊与群众的距离并且增加了亲密感，策划团队还适时且恰当地使用各种时下热点进行营销，成功吸引了大量粉丝，获得越来越多人的喜爱。

在当地政府不懈的推动下，熊本熊知名度和影响力不断提高。这一系列政府主导的事件，不仅仅是通过广告、图片等网络途径宣传，而是让熊本熊真正地参与到人民的生活中，熊本熊的人格化特征也越来越明显，这极大提升了熊本熊在群众中的人气。此外，这些事件的营销效率很高，让熊本熊的形象迅速且持续走红。

熊本熊在全世界宣传的过程中运用了许多前所未有的营销手段。政府参与并主导着推广进程，为提升熊本熊的知名度，策划了一系列疯狂的营销计划。其中发生了"任命为公务员""大阪失踪案""腮红遗失案"等一系列有趣的营销事件。

（一）任命为公务员

2011年，熊本熊担任熊本县临时公务员。这项具有创新性的举动给熊本熊明确了身份，给群众直观的呈现了熊本熊的角色定位，熊本熊从诞生就肩负了国际友好交流的外交工作，它曾到访法国与欧洲友人打麻将、到访中国与地方政府领导一同接受采访……由此看来，熊本熊不仅促进了文化交流，还拓宽了文化传播途径。随着一系列营销事件的成功，2011年9月30日，熊本熊被正式任命为熊本县营业部长兼幸福部长，主要负责让熊本县的人民感受到幸福和快乐，此外还担负着推广当地景点、美食的任务。这个职位是熊本县的重要职位，等级仅低于知事和副知事，与熊本县宣传部长齐名并且直接听命于知事。

2015年3月30日，官方政府称熊本熊半年的减肥计划失败，原因是其偷吃巧克力，随后熊本熊被降职，熊本熊得知这个音讯难过地坐在地上并且劝诫减肥者引以为戒，还借势让大家多吃熊本县本地蔬菜。2015年6月底，政府又宣称由于熊本熊降职后仍然努力工作，所以恢复其原职。

熊本熊这个卡通形象被任命为公务员是世界上绝无仅有的事。而作为公务员，熊本熊调皮古怪的性格又区别于传统公职人员端庄严肃的形象，十分招人喜爱。

（二）大阪失踪案

熊本县政府安排熊本熊在大阪出差以推进熊本县的城市宣传，将分发一万张名片这项任务交给了熊本熊。但是结果没有如熊本县政府所愿，熊本熊并没有顺利完成这项任务，而是在分发名片的途中被大阪市这个大都市的繁华所吸引，竟然罢工并且失踪了。随后熊本县知事在互联网上紧急发布新闻，希望大阪市民留意熊本熊的出没，通过TWitter提供线索并劝熊本熊回来完成任务，一时间大阪市民全都在留意这只呆萌的熊，在市民轰轰烈烈的寻找下，熊本熊最终才恋恋不舍地回来继续分发名片。这起熊本熊"大阪失踪案"成功让熊本熊在全日本一炮而红，熊本熊开始被大众所了解，还参加了各式各样的节目、电视剧、电影的拍摄，开启了"网红"之路。

（三）腮红遗失案

2013年11月，在熊本县政府的"指使"下，熊本熊把自己脸庞上的腮红丢失了，连续多次参与活动都没有了腮红，变成了一直平平无奇的熊。熊本县政府惶急呼吁大家帮助熊本熊找回腮红并且认真的调查该事件，还在社交媒体上、电视台上发布了"寻腮红启示"，体现出了政府对熊本熊腮红遗失事件十分重视。而熊本熊自己也十分在意这对腮红并且去警局报了警寻找自己的腮红。最后，熊本熊的腮红在田间找到，原来是熊本熊在贪吃熊本县的番茄和草莓时丢失在了田间，这次的营销事件实则是为了宣传熊本熊的"红色"农产品。

事后熊本县政府召开记者会解释这起熊本熊腮红遗失事件的原委，目的是希望大家了解熊本县的"红色"内涵。这次熊本熊的腮红遗失的营销事件并不是简单地增加熊本熊的知名度，而是熊本县政府借熊本熊的影响力宣传熊本县的特色农产品。熊本县利用创新的网络营销事件，花费了少量的资金得到了巨大的收益，不能不叫人佩服！

四、结语

熊本熊在短短几年内，带动熊本县旅游产业高速发展，成为成功的城市IP营销范例，打造了不可替代的城市名片。大多数吉祥物随着赛事或者广告的结束渐渐褪去热度，消失在众人眼中。而熊本熊在全世界的走红，不仅热度不减，还极大发展了熊本县的旅游，带来了超乎想象的经济收益。

熊本熊的走红并非一件容易的事，其中包含着地方政府的支持、创作者和营销团队的奇思妙想。在内容为王的时代，熊本熊成功做到了内容丰富有趣，在人们心里熊本熊就像身边的一个好朋友，造就了营销奇迹，创作了巨大的IP价值。熊本县政府在一系列的营销活动中，转变了往常庄重严肃的形象并且时常与民众进行幽默的互动。蒲岛郁夫知事对熊本熊一系列营销事件颇有心得，还专门出版书籍来阐述熊本熊的营销成功，他在书中提到，熊本熊营销的成功就在于勇于突破的创新精神。

第五节　迪士尼动漫衍生品的开发与探索

"请记住，一切始于一只老鼠。"这是华特·迪士尼曾经说过的话，这句话也在迪士尼火热起来之后得到了验证。这只老鼠就是众所周知的经典卡通形象：米老鼠。米老鼠是迪士尼最早的卡通IP。如今，迪士尼成为全球娱乐产业的龙头老大，在动漫卡通、主题乐园、媒体网络、衍生品市场颇有建树，其成功秘诀来源于IP的打造，IP是迪士尼最强的核心竞争力。在其强大的IP影响下，迪士尼动漫衍生品也迅速火热全球……

一、品牌问世：迪士尼的前世今生

（一）初创期

1901年的冬天，华特·迪士尼在美国的一个小镇上呱呱坠地，由于家境贫寒，迪士尼从小过着颠沛流离的生活，且常常因为各种原因受到父亲的体罚，童年时期的痛苦回忆成为迪士尼一生的缺憾，而绘画是迪士尼获得快乐的源泉。1920年，不到二十岁的迪士尼在遭到漫画被拒稿、工作被辞退的挫折后，决定和朋友一起开公司，自己成为老板。在不断学习钻研后，迪士尼学到很多使动画片更有美感的方法，并且在自己组建的欢笑动画公司中进行营销推广，新的制作方法让该公司推出的动画片大受欢迎，也是在这一时期，华特·迪士尼开始创作《爱丽丝梦游仙境》系列，但由于没有得到全国发行商的支持，公司收入巨微，最终倒闭。

华特·迪士尼在如此窘迫的情况下，只能靠给别人画像谋生。一年后，华特·迪士尼决定去洛杉矶，与哥哥罗伊·迪士尼会合。二人经过一番讨论后，创立了迪士尼兄弟动画工作室，后来更名为华特·迪士尼动画工作室。1926年，华特·迪士尼和被称为"天才艺术家"的乌布·伊沃克斯一起制作《幸运兔子奥斯华》系列，作品推出后反响热烈，受到追捧。有了轰动一时的奥斯华，不久，他们得到环球电影公司的邀请，为环球电影公司创作动画片。但好景不长，由于在价格上没有达成一致，环球电影公司夺走了对奥斯华的所有权。

痛定思痛后，华特·迪士尼决定卷土重来，在乘坐火车途中，他在图纸上描绘出了米老鼠的雏形，迪士尼将其取名为"莫迪默"，而后听从妻子的建议改名为"米奇"。就这样，米老鼠这个后来家喻户晓的卡通形象，在如此艰巨的情况下诞生了。

1928年冬天，在纽约科罗剧院放映了世界上第一部有声动画片：《蒸汽船威力》，该片的问世意味着米老鼠形象正式被人所知，凭借着其可爱的形象，米老鼠在"威利号汽船"的荧幕上一炮而红，并踏上星光大道。在米老鼠的一路走红下，迪士尼并没有仅局限于米老鼠的创作，而是不断为米老鼠增加新伙伴，如此一来，卡通IP群开发迅速，布鲁托、唐老鸭、高飞等卡通形象相继登上荧幕。另外，迪士尼公主系列、海底总动员系列、玩具总动员系列卡通IP形象也提上日程，数量持续上升，迪士尼童话之林热闹非凡。

（二）精耕期

从米老鼠诞生、卡通IP群开发，作品被广为人知、获得大众喜爱，迪士尼真正走过了初创期，在美国站稳了脚跟，在名声大噪的荣誉时期，迪士尼没有沉迷已有的成绩，而是趁热打铁，放眼全球，着力打造受全球喜爱的迪士尼作品。2001年，迪士尼公司把旗下动漫中最受欢迎女主角集合一起，打造"迪士尼公主"品牌，成为实现女孩公主梦的"造梦者"。被册封为迪士尼公主的角色身上都有共同的特质：诚实、自信、忠诚、乐观、上进、永不言弃等，这些美好的品质向人们传递了正确的价值观，充满了社会正能量。截至2021年，迪士尼公主系列作品共计13个，有6部作品被拍成真人电影，5部已正式上映，《小美人鱼》真人版电影于2021年7月份杀青，预计在2023年5月份正式上映。无论是动画电影还是真人电影，口碑一度风靡全球。

表14.3　迪士尼公主系列作品及真人电影

上映时间	电影名称	公主名称	真人电影上映时间	真人电影名称
1937年	《白雪公主》	白雪公主		
1950年	《仙履奇缘》	仙蒂	2015年	《灰姑娘》
1959年	《睡美人》	爱洛	2014年	《沉睡魔咒》
1989年	《小美人鱼》	艾丽	2023年	《小美人鱼》
1991年	《美女与野兽》	贝拉	2017年	《美女与野兽》
1992年	《阿拉丁》	茉莉	2019年	《阿拉丁》
1995年	《风中奇缘》	宝嘉康蒂		
1998年	《花木兰》	花木兰	2020年	《花木兰》
2009年	《公主与青蛙》	蒂安娜		
2010年	《长发公主》	乐佩		
2012年	《勇敢传说》	梅莉达		
2013年	《冰雪奇缘》	艾莎、安娜		
2016年	《海洋奇缘》	莫阿娜		

2009年，迪士尼公司斥资四十亿收购漫威，在《蜘蛛侠》《钢铁侠》《美国队长》《复仇者联盟》等众多大IP上继续探索更新，不断吸引全球粉丝。

（三）规划期

迪士尼在全球流行后，开始走上全球的产业链扩张道路，不再局限于单一平台，也不再局限于动画电影领域，而是进行多平台多元化运营，跨国跨界合作。在电视领域，迪士尼斥资将近200亿美元收购了美国最大电视网络公司ABC，而后又将福克斯家庭频道收购，在这些操作下，其用户量大大增加。在电影领域，迪士尼先兼并了米拉麦克斯独立发行公司，而后又收购了莫谦特-

艾福瑞独立制片公司，如此一来，使得迪士尼影视在专业票房收入上处于领先地位。在音乐领域，由于动画IP的火热，迪士尼的音乐也广受追捧，其制作的音频产品、光盘磁带等销量遥遥领先。而今是互联网时代，迪士尼也致力于将产业链扩展至网络媒体，通过收取内容服务费、版权费等增加收入。

在跨界合作方面，迪士尼通过电影作品《灰姑娘》和法国奢侈品Christian Louboutin展开合作，打造水晶鞋产品，与化妆品品牌丝芙兰合作，设计香水产品，此外，丝芙兰品牌还为电影作品《阿拉丁》中的公主设计了一款镜子。迪士尼还与优衣库携手，推出印有米老鼠等卡通形象的服饰，受到大众追捧，销量暴增。我国海尔冰箱品牌也获得迪士尼《冰雪奇缘》等动画形象使用权，为消费者带来个性化体验和需求。

二、衍生产品：动漫IP的商业道路

（一）传统媒介下的衍生产品

迪士尼衍生品的出现要从三百美元说起，1929年，一个商人找到沃尔特，询问他是否可以将米老鼠这个卡通形象印刻在写字台上，商人付给沃尔特三百美元，此时沃尔特几乎身无分文，这三百美元不仅为他制作电影提供了重要的支持，也让他有了将卡通形象授权他人使用获得收益的想法。于是，以动画电影、卡通IP形象为核心辐射出去的衍生产品，如雨后春笋般涌现，迅速火热起来。这些衍生产品的经营方式有代理、直营以及零售。在新媒体还没兴起时，衍生产品市场主要是以传统媒介为载体。

在品牌授权方面，迪士尼将选取的热门动漫形象版权出售给各大经销商，允许其将印有这些动漫形象的产品在市场上流通销售，将故事和产品进行生动结合，吸引大众买单，这在全球多个国家和地区流行。形象授权是迪士尼动漫衍生品主要盈利点之一，截至目前，迪士尼的授权产品多达数十万种，在全球的直营店数量为三千家左右，中国有一家，在上海。因为迪士尼直营店的商品大部分是特供的，授权店无法销售，这让大众对直营店的商品尤为珍视，因此，上海迪士尼直营店开业当天，参观人数爆满，游客需排队超一小时才能进店观望。在迪士尼主题乐园中，糖果、饼干、冰淇淋、汉堡等产品印上米老鼠、小熊维尼等经典动漫形象后，其价格远远高于普通同类食品，众多消费者仍然愿意为此买单。

（二）新媒体下的衍生产品

在数字化背景下，迪士尼紧跟时代，搭乘数字化便车，研发推广以新媒体为载体的衍生产品。在教育教学方面，迪士尼公司大有可为，制作各种幻灯片、视频、电影等影像资料，提供给学校、图书馆等教学地点使用。迪士尼教育玩具、教学用具、播放设备等琳琅满目，迪士尼通过制作视频故事、卡通形象拼图、问答互动等生动形象的内容吸引儿童注意，并可以对孩子进行早期的教育、兴趣的开发、正确的价值观引导等，丰富孩童的内心世界和情感体验。

除了上述实体衍生品，迪士尼还推出种类繁多的虚拟衍生产品，如针对上海迪士尼乐园开发出的语音导航软件、实时互动地图等，让游客不仅节省了时间，也丰富了游玩体验，迪士尼还与各大手机品牌合作，定制迪士尼系列手机主题，手机壁纸、软件图标等都可以根据用户需求设置其喜爱的动漫IP形象，毫无疑问，这对迪士尼粉丝来说是一个巧妙的吸睛设计。此外，在VR、AR兴起之时，迪士尼开设了"漫威复仇者联盟互动体验站"，在这个体验站中，可以通过VR设计，还原真实场景，感受到钢铁侠、蜘蛛侠等英雄形象的力量。

三、机遇挑战：在中国市场的当下与未来

（一）面临的挑战

时至今日，迪士尼公司拥有将近一百年的发展历程，在不断探索发展中，慢慢拥有今天的成就，成为全球最大的娱乐产业之一。随着国际业务的不断推广和扩展，华特迪士尼在各国、各地区的分公司遍地开花。迪士尼（中国）总部坐落于上海，尽管迪士尼拥有很多成就与实力，但进入中国市场仍然存在不少的挑战。

第一，文化差异。迪士尼在其强大的文化认同基础上，产业链才得以延伸

和扩展。迪士尼代表美国本土文化的一部分，大部分美国人跟着迪士尼一起长大，受到迪士尼的影响，可以说迪士尼对美国民众的文化熏陶已经融入内心，并且根深蒂固。迪士尼电影集中体现出了其文化渗透，它希望通过把全世界的素材进行"美国化"，由此来宣扬美国思想，传播美国文化，兜售美国意识形态。以动漫电影《花木兰》为例，在中国原著中，花木兰本是一个非常孝顺的淑女形象，女扮男装、替父从军是出于孝，因此，花木兰还被列在"二十四孝女"之中。但迪士尼在选取素材、打造花木兰这一形象时，却除去花木兰的孝道思想以及淑女形象，取而代之的是对个人荣誉的追求和活泼豪放的性格，注入了美国的个人主义思想，迎合了女权主义观念，向全球输出了美国的文化和价值观念。尽管迪士尼不断向全球输出注入美国文化的产品，但传统的东方思维和西方思维仍然存在较大的差异，迪士尼作品在中国水土不服的现象屡见不鲜，在新的文化冲击下，国人可能会出现盲目跟风的热潮，而在一段时间的狂热追捧后，最终还是会回归理性的思考，进而正确认识和对待外来文化。

第二，政策限制。我国引进片有很多限制，审核过程非常严格，很多海外影片不能进入中国市场，迪士尼就有很多电影无法进入中国，而且被允许进入中国市场的影片有可能不是最初的原版，此外，我国电视台也不允许外资进入，迪士尼拥有非常雄厚的电视台资源，儿童频道对其营收创作了非常大的贡献，由于政策的限制，在中国无法开展这个业务。没有内容的依托，衍生品就失去了内核，如此一来，对大众的吸引便会降低，消费者的购买欲望也就没有了。其次，迪士尼电影在美国上映时会预先知悉档期，根据档期实施衍生品设计和生产方案，有效应对衍生品消费市场，但在中国无法实施。衍生品市场是迪士尼的重要组成部分，由于政策的限制导致衍生品市场不能更好地顺利开展成为迪士尼整个产业链的痛点。

第三，创新壁垒。在技术层面和艺术传播上，迪士尼都发展在历史的潮头，也不断在学习中前进和成长，但改编的真人电影仍然处于赞扬和批判不断交织的处境，其真人电影改编创新之路有待继续探索。首先，改编的真人动画电影在制作成本、技术手段方面肯定比原动画电影更高，在互联网大背景下的数字时代，宣传也更为广泛和简便，但令人遗憾的是，其真人动画电影的口碑和艺术却不足以撼动原作，对原作的创新突破存在较大的瓶颈。其次，迪士尼改编的真人电影在女性角色上有一定的突破，能够紧跟女性崛起的潮流，夺得眼球，但在男性角色形象方面，没有很大的突破，让人不免有些乏味之感。随着电影行业的蓬勃发展，敢于突破、创新创作变得至关重要，在内容和形式上的创新有利于抓住观众的心，如果仅仅是在原版上进行改编，会让观众觉得没有新鲜感，也不会对熟络于心的内容和情节产生兴趣。

第四，竞争加剧。迪士尼动漫经典形象授权和衍生品市场收割了一波红利之后，众多动漫公司随之效仿，争相搭建了授权市场和衍生品产业链，以求在全球市场上分一杯羹，这些小众品牌主打价格优势，以较为低廉的价格出售质量可控的产品，来抢夺市场上一定的份额。此外，在主题乐园方面，迪士尼乐园门票价格昂贵，主打中高消费客群，在中国，方特、欢乐谷等游玩乐园价格更有优势，且随着娱乐游玩项目的趋同化，大众更倾向于选择更具价格优势的本土乐园。

（二）发展的机遇

第一，体验营销。从技术层面上看，迪士尼从二维走到了三维的大道上，在动画真人电影上，一直在进行技术的不断升级更新，利用数字科技，3D技术等打造了令人流连忘返的虚幻场景，让身处影院的观众仿佛身临其境，用心去体验和感受电影中的场景，加深了观影印象。一直以来，迪士尼都以"造梦者"的身份让大众尊敬和向往，而迪士尼也确实是在不断创作各种童话延伸作品、创作更多更加真实的场景，让大众"梦想成真"。

第二，童话婚礼。迪士尼有一个让绝大部分情侣梦寐以求的业务：童话般的婚礼。这是专门为"王子"和"公主"打造的浪漫、唯美、奢华的童话婚礼，实现王子和公主的童话故事。婚礼上，新娘身穿公主的衣服，坐上豪华的马车，在浩荡的皇家车队带领下，来到身穿王子服装的新郎面前，在浪漫唯美的古典音乐中，在牧师、亲友等人的见证下，他们立下誓约，交换戒指，亲吻相拥，而后米老鼠和它的女朋友米妮蹦跳而来，与新郎新娘欢快热舞。这项业务的推出，让迪士尼成为众多情侣举办婚礼的梦想之地。

第三，传递能量。在这个物欲横流、现实又功利的世界里，生活节奏太快、工作压力猛增，有时让人喘不过气来，但还是有刺耳的声音在不停地催促你：走快一点，再快一点。这时候，迪士尼出现了，并且用温和的声音跟你说：慢一些，慢慢来。迪士尼让人们坚信，纯洁美好的爱情依旧存在，勇敢善良的灵魂依旧鲜活，正义会打败邪恶，光明永远战胜黑暗……正是有了这些积极向上、充满正能量的表征，迪士尼IP衍生品不仅在儿童市场火热，在成年市场也非常火爆。

四、结语

从迪士尼的发展脉络和产业扩张来看，迪士尼非常明智地构建了自己的IP生态圈，在这个生态圈中，种类越来越多，环境越来越好，成果也越来越丰富。迪士尼植根文化，敢于创新，创作价值认同，建立情感联系，不断开拓衍生品消费市场，实现创收，通过不断提升强大的IP建设、推广和变现能力，维持着自身IP生态圈的动态平衡。迪士尼在整个文化产业中，IP是其成功的密码，既产生于IP，也兴盛繁荣于IP，其IP战略给全球文化产业提供了借鉴参考。